U0402702

成风化人·润物无声：重庆理工大学课程思政教学案例设计选编

◎主编 康骞

北京理工大学出版社
BEIJING INSTITUTE OF TECHNOLOGY PRESS

版权专有 侵权必究

图书在版编目(CIP)数据

成风化人·润物无声：重庆理工大学课程思政教学案例设计选编 / 康骞主编. --北京：北京理工大学出版社，2024.6.
ISBN 978-7-5763-4303-8

Ⅰ. G641

中国国家版本馆 CIP 数据核字第 2024H4J781 号

责任编辑：徐艳君 **文案编辑**：徐艳君
责任校对：周瑞红 **责任印制**：李志强

出版发行 / 北京理工大学出版社有限责任公司
社　　址 / 北京市丰台区四合庄路 6 号
邮　　编 / 100070
电　　话 / (010) 68944439 (学术售后服务热线)
网　　址 / http://www.bitpress.com.cn

版 印 次 / 2024 年 6 月第 1 版第 1 次印刷
印　　刷 / 保定市中画美凯印刷有限公司
开　　本 / 787 mm×1092 mm 1/16
印　　张 / 19.25
字　　数 / 437 千字
定　　价 / 88.00 元

图书出现印装质量问题，请拨打售后服务热线，负责调换

编 委 会

主 编

康 骞

副主编

何建国 丁 军 邹 政 张 勇

李宏展 李启来 胡程程 路世青

策 划

重庆理工大学教务处

重庆理工大学课程思政教学研究中心

前　言

习近平总书记指出："做好高校思想政治工作，要因事而化、因时而进、因势而新。要遵循思想政治工作规律，遵循教书育人规律，遵循学生成长规律，不断提高工作能力和水平"，"要用好课堂教学这个主渠道，思想政治理论课要坚持在改进中加强，提升思想政治教育亲和力和针对性，满足学生成长发展需求和期待，其他各门课都要守好一段渠、种好责任田，使各类课程与思想政治理论课同向同行，形成协同效应"。课程思政作为新时代党加强高校人才培养和思想政治教育的新要求、新举措、新方向，其重点在专业教学内容与思政教育元素的有机结合，做到"盐溶于水"，在专业课教学中巧妙渗透思政元素，实现"成风化人、润物无声"，这也正是本书书名的由来。

重庆理工大学诞生于1940年，前身是国民政府兵工署第十一技工学校，曾是享誉国内的"兵工七子"之一，现为重庆市重点建设高校、重庆市高水平新工科建设高校，是西南地区唯一具有兵工背景的普通本科高校。在80余年的办学历程中，学校始终秉承首任校长李承干先生"值得吾人尽力而为者，惟有教育"的办学情怀，潜心为党育人、为国育才，积淀形成了"自强不息、求实创新"的重理工精神，凝练形成了"产学研用深度融合"和"国防科技"两大办学特色。

为深入贯彻落实党的二十大精神和习近平总书记关于教育的重要论述，落实立德树人根本任务，践行"身心同健、文理兼修、德才并进、知行合一"的人才培养理念，加强校本特色的课程思政体系建设，构建融"抗战文化、红岩精神、兵工基因"于一体的课程思政元素库，结合学校实际，重庆理工大学于2022年和2024年分别开展了课程思政优秀教学案例和课程思政高质量教学案例评选活动。本书为2022年课程思政优秀教学案例选编，共收到参评案例133份，精选出50份优秀教学案例编辑出版，选编的案例分为公共课和专业课两个大类，案例作者皆为学校专任教师。

本书能够顺利出版得到了重庆市教委高教处和重庆市普通本科高等学校课程思政工作指导委员会的关心指导，得益于参编教师的辛勤付出，以及北京理工大学出版社的大力支持，在此一并表示诚挚的谢意。

目　　录

线性代数课程思政教学案例 …………………………………………… 王丽丽（1）

信息系统审计课程思政教学案例 ……………………………………… 朱谱熠（8）

药物分析课程思政教学案例 …………………………………………… 胡　光（16）

汽车构造课程思政教学案例 …………………………………………… 陈　宝（20）

机械创新设计课程思政教学案例 ……………………………………… 路世青（23）

材料表面工程课程思政教学案例 ……………………………………… 沟引宁（28）

流通经济学课程思政教学案例 ………………………………………… 黄　芳（36）

国际经济法与商法课程思政教学案例 ………………………………… 王腊梅（41）

网络爬虫及数据可视化课程思政教学案例 …………………………… 崔贯勋（44）

物理化学课程思政教学案例 …………………………………………… 胡学步（56）

电子商务概论课程思政教学案例 ……………………………………… 殷　聪（59）

材料科学专业生产实习课程思政教学案例 …………………………… 郭　非（67）

毛泽东思想和中国特色社会主义理论体系概论课程思政教学案例 ………… 代渝渝（73）

电工学概论课程思政教学案例 ………………………………………… 杜　红（79）

材料成型装备及自动化课程思政教学案例 …………………………… 蒋璐瑶（84）

语音信号处理课程思政教学案例 ……………………………………… 彭醇陵（87）

会计学课程思政教学案例 ……………………………………………… 周　静（90）

财务管理课程思政教学案例 …………………………………………… 黄金曦（97）

高级财务会计课程思政教学案例 ……………………………………… 尹长萍（105）

会计学基础课程思政教学案例 ………………………………………… 杨翟婷（109）

大学化学课程思政教学案例 …………………………………………… 冉秀芝（117）

精细化学品化学课程思政教学案例 …… 周德文（123）
制药安全与环保课程思政教学案例 …… 唐亚琴（127）
药物化学课程思政教学案例 …… 王　娟（132）
大学英语 3 课程思政教学案例 …… 杜云飞（137）
工程训练—机械制造基础训练Ⅲ课程思政教学案例 …… 刘敬露（144）
大学体育——篮球课程思政教学案例 …… 徐延林（154）
跆拳道课程思政教学案例 …… 刘　佳（161）
数据结构课程思政教学案例 …… 卢　玲（165）
学术英语课程思政教学案例 …… 姜有为（171）
材料加工冶金传输原理课程思政教学案例 …… 王新鑫（177）
“仪器之光”——精益求精的科学精神确定最佳测量方案课程思政教学案例 …… 程　瑶（182）
数字电子技术课程思政教学案例 …… 王玉菡（191）
足球课程思政教学案例 …… 赵　普（196）
计算机组成原理课程思政教学创新案例 …… 石美凤（204）
高级财务会计教学方案设计 …… 刘会芹（209）
物流管理课程思政教学案例 …… 李海燕（216）
金融学课程思政教学案例 …… 姜　松（221）
社会保障调查课程思政教学案例 …… 罗　静（228）
中国对外经贸概论课程思政教学案例 …… 王全意（239）
会计学基础课程思政教学案例 …… 程　果（243）
宪法学课程思政教学案例 …… 范小渝（247）
生物化学与分子生物学课程思政教学案例 …… 张云茹（251）
大学物理学Ⅱ（1）课程思政教学案例 …… 胡　南（256）
高等数学课程思政教学案例 …… 赵振华（265）
侵权责任法课程思政教学案例 …… 涂　萌（271）
生物技术制药课程思政教学案例 …… 付钰洁（276）
综合商务英语（4）课程思政教学案例 …… 王　宇（280）
中国古代文学（2）课程思政教学案例 …… 张　会（285）
机械制造基础训练Ⅳ课程思政教学案例 …… 王玥霁（293）

线性代数课程思政教学案例

理学院　王丽丽

一、课程基本信息

<table>
<tr><td>课程名称</td><td colspan="3">线性代数</td></tr>
<tr><td>课程性质</td><td>公共基础课</td><td>学科门类</td><td>理工科</td></tr>
<tr><td>学分</td><td>3</td><td>授课对象</td><td>大二本科生</td></tr>
<tr><td>学时</td><td>48</td><td>授课方式</td><td>线下</td></tr>
<tr><td colspan="4">课程简介</td></tr>
<tr><td colspan="4">线性代数课程是讨论代数学中线性关系经典理论的课程，它的基本概念、理论和方法具有较强的抽象性、逻辑性和广泛的适用性，是理科类、工科类、经济学类、管理学等各专业的重要的数学基础课程。
随着计算机和智能技术的迅速发展，科学计算在工程技术中的重要性日益突出，线性问题存在于科学技术的各个领域，较多实际问题也可以直接地或通过离散化、线性化等转化成为线性方程组问题或矩阵问题，用矩阵方法解决实际问题已渗透到多项领域。因此，线性代数已经成为自然科学、经济科学和工程技术领域中广泛应用的数学工具，其理论和方法得到了广泛的应用。
基于以上背景，本课程以思政案例融入教学内容，尤其思政元素融入课程教材、教学案例，以全程育人、润物无声的方式开展课程思政，使学生既能获得相关专业必需的和进一步发展所需的数学知识，又注重了人文素质、治学态度、社会责任、爱国情怀、科学精神的培养，达到传授知识、培养能力、发展综合素质的教学目标。</td></tr>
</table>

二、教学目标

知识目标	（1）掌握线性方程组、矩阵、向量组等基础理论知识（概念、关系、判别等）。 （2）掌握线性方程组、矩阵、向量组在现代科技发展中起到的作用。
能力目标	（1）透过现象洞察本质的能力，观察、探究问题的能力。 （2）抽象思维能力：获取核心知识和学科基本知识，运用知识和原理思考现实问题。 （3）创新实践能力：能够设计并实现每个知识板块涉及的模型。

续表

课程思政育人目标	以不同的思政案例激发学生的社会责任感和民族自豪感： （1）树立科技强国、人才兴国的远大理想和炽热的爱国情怀。 （2）弘扬求实、求真的职业态度和精益求精、追求卓越的科学精神。 （3）增强锐意改革、勇往直前的创新热情和执着的探索精神。

三、教学设计

案例名称	老药新用、科教兴国——向量组的关系		
授课章节	第 3 章第 4 节　向量组的关系	学时	1
本节课教学目标	（1）掌握向量组的等价、判别及应用。 （2）掌握向量组的关系在药物配置、减肥食谱设置、化妆品研发等方面发挥的作用。 （3）理解本节知识在科技发展中的重要作用，以新冠药物的储备为线激发学生的社会责任感和民族自豪感。 （4）能够设计并实现药物配方的设置等模型。		
本节课教学设计	学习强国平台 2022 年 3 月 3 日文章《科技，打赢新冠疫情战役的底气!》（人民日报海外版）讲述了科研人员“以科技利剑、遏新冠蔓延”，提出“老药新用”科技宣言，应急科技攻关，撑起打赢新冠病毒底气的故事。 新冠疫情反复肆虐的今天，如何快速有效实现“老药新用”？分析老药成分—把老药转换成新药—药物配置重组是实现“老药新用”的手段之一。 本学时“向量组的关系”与药物的研发有着密切的联系，通过学习，从原理上理解向量组中的等价关系及其转化，重点将向量组的关系与“药物配置”进行有效结合，从而提高学生的学习热情和社会责任感，促使“知识服务社会”深入人心，培养学生的科学思维方法、科学精神，牢固树立创新发展理念，助力“科教兴国”阶段战略目标的达成。 **（一）组织教学（5 分钟）** 提出问题：引导学生抓住问题的本质。 新冠口服药成战疫新“武器”，人工合成抗体治疗传染病……六大科学突破闪亮 2021（shobserver. com） **新冠口服药成战疫新“武器”** 今年，除疫苗外，抗新冠病毒口服药物也加入人类战疫“武器库”：如果在感染早期服用抗新冠药物，能有效预防症状和死亡。抗新冠口服药的问世入选《科学》榜单。 11月，全球首款抗新冠口服药——美国默克公司和里奇巴克生物医药公司联合研发的莫那比拉韦在英国率先获批使用。据默克公司提交给监管机构的最终数据，该药可将未接种疫苗的高风险人群住院或死亡风险降低约30%，低于iii期临床试验中期分析得到的降低约50%的结果。 12月，美国食品和药物管理局批准首款可紧急用于治疗新冠感染的口服药paxlovid。该药由美国辉瑞公司生产，ii/iii期临床试验中期分析结果显示，该药能降低89%的住院和死亡风险。 更多口服抗新冠药物临床试验正在进行，其中包括“老药新用”。巴西研究人员10月报告说，新冠感染早期患者服用常用抗抑郁药氟伏沙明后死亡风险可降低约90%，重症住院风险可降低约65%。 《科学》评论说，科学家强调抗病毒药物不能取代新冠疫苗，但它们仍至关重要。如果奥密克戎毒株导致突破感染（指接种疫苗后发生的感染）激增，抗病毒药物将变得更为重要。		

续表

本节课教学设计	以新冠口服药成战疫新“武器”，抛出问题：不同的药物为何能起到相同的治疗效果？ **回顾知识**：矩阵 $A=(\alpha_1, \alpha_2, \cdots, \alpha_s)$ 初等行变换化成行最简形矩阵 B。 **设计意图**： ➽复习巩固基本的向量组和方法；引出新知识。 **课程思政**： ➽通过回顾知识，自然引入新冠疫情，使学生产生强烈代入感，抗击疫情、人人有责，激发学生的社会责任感，进而引出新知识，激发学生学习热情。 **（二）讲授知识点（15 分钟）** 引导学生思考药物的成分与向量组的联系，引出向量组的关系在药物配置中的应用，引发学生对知识解决问题的期待，进而引起学生对将要学习知识的热爱。 注意讲授过程中的难点与易错点，合理设问，通过教师与学生的互动引导学生思维，推进讲授过程。 1. 向量与向量组的关系 问 1：给定向量组 A，零向量是否可以由向量组 A 线性表示？ 问 2：如果零向量可由向量组 A 线性表示，线性组合的系数是否不全为零？ 转化为：齐次线性方程组 $Ax=0$ 是否存在非零解？ 答：齐次线性方程组不一定有非零解，线性组合的系数不一定全不为零。 结论 1：向量 b 能由 A：$\alpha_1, \alpha_2, \cdots, \alpha_m$ 线性表示$\Leftrightarrow R(A)=R(A, b)$ 2. 向量组与向量组的等价 问 3：向量组 A：$\alpha_1, \alpha_2, \cdots, \alpha_s$ 与其最大线性无关组 $\alpha_1, \alpha_2, \cdots, \alpha_r$ 是什么关系？ 答：向量组 A：$\alpha_1, \alpha_2, \cdots, \alpha_s$ 与其最大线性无关组 $\alpha_1, \alpha_2, \cdots, \alpha_r$ 可相互线性表示。 结论 2：向量组 A：$\alpha_1, \alpha_2, \cdots, \alpha_s$ 与其最大线性无关组 $\alpha_1, \alpha_2, \cdots, \alpha_r$ 等价。 （1）用 A_0 来代表 A，掌握了最大无关组，就掌握了向量组的全体。 特别地，当向量组 A 为无限向量组，就能用有限向量组来代表。 （2）凡是对有限向量组成立的结论，用最大无关组作为过渡，立即可推广到无限向量组中去。 **设计意图**： ➽通过问题层层递进和比较，让学生掌握理论知识，学会从细节入手，联系所学解决问题。 ➽上述过程以知识的积累达到“化繁为简”的目的，从而解决未来知识。 3. 向量组的等价的判定 结论 3：向量组 A：$\alpha_1, \alpha_2, \cdots, \alpha_s$ 与其最大线性无关组 $\alpha_1, \alpha_2, \cdots, \alpha_r$ 等价 $\Leftrightarrow R(A)=R(B)=R(A, B)$ 分析：设向量组 B：$\beta_1, \beta_2, \cdots, \beta_t$ 能由向量组 A：$\alpha_1, \alpha_2, \cdots, \alpha_s$ 线性表示，则 $(\beta_1, \beta_2, \cdots, \beta_t) = (\alpha_1, \alpha_2, \cdots, \alpha_s)\begin{pmatrix} k_{11} & k_{12} & \cdots & k_{1t} \\ k_{21} & k_{22} & \cdots & k_{2t} \\ \cdots & \cdots & \cdots & \cdots \\ k_{s1} & k_{s2} & \cdots & k_{st} \end{pmatrix}$

续表

本节课教学设计

课程思政：

➢让学生更深刻体会到“积跬步以至千里，积小流以成江海”，学会脚踏实地。

➢培养学生“化繁为简”的能力；培养学生透过现象洞察本质的能力，观察、探究问题能力；提高学生的知识应用能力、逻辑思维能力、抽象思维能力。

（三）实践演练（20 分钟）

由“新冠特效药之间的转换”为案例引导学生彻底理解本节知识为何能回答问题“不同的药物为何能起到相同的治疗效果”？从而摒弃“线代知识、大学数学知识学而无用”的错误想法，产生“学习即有用”的观念，进而生出运用所学知识服务社会的向往。

实例：某药厂用 9 种中草药根据不同比例配制了 9 种治疗新冠的特效药，各用量成分见下表。（单位：克）

序号	1 号	2 号	3 号	4 号	5 号	6 号	7 号	8 号	9 号
A	10	2	14	12	20	38	100	40	162
B	12	0	12	25	35	60	55	62	141
C	5	3	11	0	5	14	0	14	27
D	7	9	25	5	15	47	35	44	102
E	0	1	2	25	5	33	6	53	60
F	25	5	35	5	35	55	50	50	155
G	9	4	17	25	2	39	25	71	118
H	6	5	16	10	10	35	10	41	68
I	8	2	12	0	2	6	20	14	52

某医院通常用其中的 1，2，4，5，7 号药治疗新冠疾病，某天医生在为病人开药时发现 2，4，5 号药缺货，请大家为其想个办法。

分析：方案 1——考虑找出 α_1，α_2，…，α_9 中两个等价的向量组。

思考：配置比例是多少？为了提升抗疫效率，你认为医院应该必备哪些成药？

方案 2：找出向量组 α_1，α_2，α_3，α_4，α_5，α_6，α_7，α_8，α_9 的一个最大线性无关组。

分组讨论：下表是一个小规模的含有 7 种食物的剑桥减肥食谱，人类所必需的 6 种营养元素用 A ~ F 来表示，某人平时一般使用 1，3，6 号食物来减肥，时间久了他想换一种口味，但是又想要和之前相同的减肥效果，请大家帮他想个办法。

序号	1 号	2 号	3 号	4 号	5 号	6 号	7 号
A	0	14	10	2	14	12	20
B	35	44	12	0	12	25	35
C	6	53	5	3	11	0	5
D	50	50	7	9	25	5	15
E	25	71	0	1	2	25	5
F	10	41	25	5	35	5	35

续表

本节课教学设计

设计意图：

➼用实际案例回应学习的理论知识，引领学生抓住问题的实质，应用所学原理解决问题。

➼提高学生的数学建模能力、实际问题转化成数学问题能力及应用数学知识能力。

课程思政：

➼培养学生的科学思维方法、科学精神（用科学数据来分析问题和做出评价，而不能停留在事物的表面）。

➼加深学生对知识服务社会的向往，激发学生更深的爱国热情和科学报效祖国的情怀。

（四）总结回顾（5 分钟）

请学生分析总结本节主要内容，探讨所学知识在科技和社会中的作用。

（1）向量组之间的线性表示。

（2）向量组之间的等价关系。

（3）向量组等价关系的判别和应用：$R(A)=R(B)=R(A, B)$。

线下讨论：两个等价的向量组的最大线性无关有何关系？

设计意图：

➼串联本节学习要点，完成理论向实践的转换。

➼观察学生的学习效果，以便有针对性地指导学生。

课程思政：

➼应用信息技术，掌握学生学习反馈，促进教学相长。

➼培养学生的总结反思能力，激发学生的社会责任感。

课后练习：混凝土厂家的生产设备只能生产三种类型混凝土，配方如下表所示。

项目	超强型 A	通用型 B	长寿型 C
水泥 c	10	15	20
水 w	10	12	12
沙 s	15	20	25
石 g	15	5	8
灰 f	8	6	2

现某房地产只需要 C 型混凝土，但是厂家的存货不足了，而 A、B 型混凝土还有大量剩余库存，要判断其现有设备能否完成该订单，请帮其设计解决问题的思路。

（五）教学活动图片

1. 课堂授课：学生讨论 + 教师讲授

续表

本节课教学设计	2. 在线答疑：学生讨论 + 教师（助教）答疑 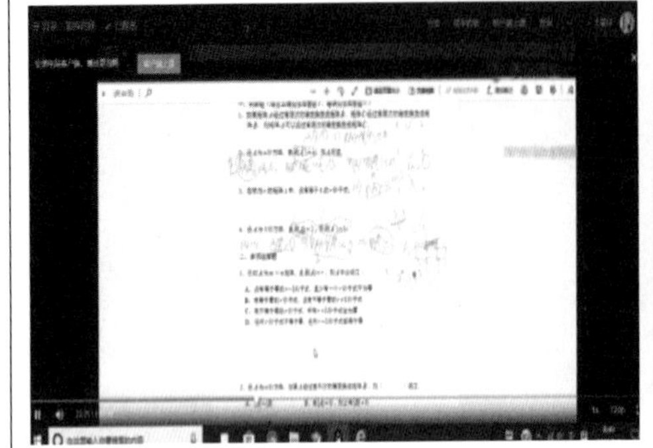 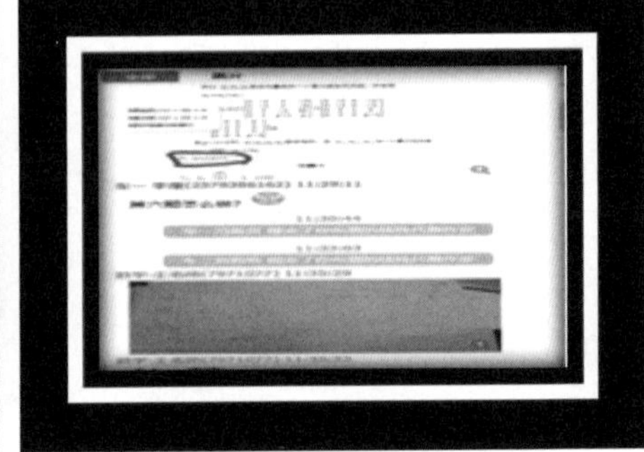
课程思政元素	（1）通过回顾知识，自然引入新冠疫情，使学生产生强烈代入感，抗击疫情、人人有责，激发学生的社会责任感，进而引出新知识，激发学生学习热情。 （2）让学生更深刻体会到“积跬步以至千里，积小流以成江海”，学会脚踏实地。培养学生“化繁为简”的能力；培养学生透过现象洞察本质的能力，观察、探究问题能力；提高学生的知识应用能力、逻辑思维能力、抽象思维能力。 （3）培养学生的科学思维方法、科学精神（用科学数据来分析问题和做出评价，而不能停留在事物的表面），加深学生对知识服务社会的向往，激发学生更深的爱国热情和科学报效祖国的情怀。 （4）应用信息技术，掌握学生学习反馈，促进教学相长；培养学生的总结反思能力，激发学生的社会责任感。

四、课程思政融入效果

（1）加深了学生对科学知识服务社会的向往，激发了学生更大的社会责任感、科学报效祖国的远大情怀。

（2）让学生更深刻体会到“积跬步以至千里，积小流以成江海”，学会了踏实、严谨的科学态度。

（3）培养学生“化繁为简”的能力；培养学生透过现象洞察本质的能力，观察、探究问题能力，提高了学生的知识应用能力、逻辑思维能力、抽象思维能力。

（4）进一步使学生摒弃“线代知识、大学数学知识学而无用”的错误想法，产生“学习即有用”的观念，进而生出运用所学知识服务社会的向往。

（5）激发了学生积极主动参与探索和学习的兴趣，锻炼了学生观察、分析、归纳、实践、获取新知识和新方法的能力，进而培养了学生的数学创新意识、创新能力和解决实际问题的能力。

五、教学反思

以思政案例融入教学内容，尤其思政元素融入课程教材、教学案例，以全程育人、润物无声的方式开展课程思政，使学生既能获得相关专业必需的和进一步发展所需的数学知识，又注重了人文素质、治学态度、社会责任、爱国情怀、科学精神的培养，达到传授知识、培养能力、发展综合素质的教学目标。

（1）将知识与生活实例结合能最大化激发学生学习兴趣和学习主动性。

（2）在探讨环节中学生各抒己见，可以充分表达自己对知识和对案例的观点，能让学生更深层次理解所学知识。

（3）学习过程中潜移默化、润物无声的思政教育，增强了学生的社会责任感和科技兴国的伟大抱负。

（4）课程思政案例与教学时间要协调合理分配才能达到最优效果。

信息系统审计课程思政教学案例

会计学院　朱谱熠

一、课程基本信息

课程名称	信息系统审计		
课程性质	专业必修课	学科门类	管理学
学分	2	授课对象	大三本科生、研二学生
学时	32（理论 16，实践 16）	授课方式	线上、线下
课程简介			
信息系统审计课程以信息系统从设计开发到实施维护的全过程各个阶段为线索，结合当前信息系统审计新方法、新技术，系统地介绍了信息系统审计的产生与发展、特点、准则、IT 治理、一般控制及审计、应用控制及审计、系统开发与获取审计、系统运营与维护审计、应用程序审计、数据文件审计等内容。 通过本课程的学习，学生能系统地掌握信息系统审计专项知识和技能，能针对企业开展以确保信息系统的安全、可靠和有效运转为目的的信息系统审计工作，满足现代企业对跨专业综合型人才的需求。			

二、教学目标

知识目标	掌握《中华人民共和国审计法》（以下简称《审计法》）的要点；掌握信息系统审计的实施流程；掌握如何运用《审计法》在信息系统审计实施过程中发挥关键作用。
能力目标	经过学情分析，总结育人目标，进而构建“三位一体”的课程思政目标。在本案例中，学生在学习审计流程及实务理论知识的同时，需掌握《审计法》，依托法律指导审计实务工作。
课程思政育人目标	根据课程案例分析，进行课程思政总结、提炼、提升：培养学生民主法治精神，树立国家安全意识，坚持党的领导政治立场，培养文化自信和制度自信。

三、教学设计

<table>
<tr><td>案例名称</td><td colspan="3">《审计法》及其在信息系统审计实施过程中所发挥的作用</td></tr>
<tr><td>授课章节</td><td>第一章第三节</td><td>学时</td><td>线上 2 学时 + 线下 2 学时</td></tr>
<tr><td>本节课
教学目标</td><td colspan="3">
（一）专业目标
掌握《审计法》的要点；掌握信息系统审计的实施流程；掌握如何运用《审计法》在信息系统审计实施过程中发挥关键作用。
（二）课程思政育人目标
经过学情分析，总结育人目标，进而构建“三位一体”的课程思政目标。在本案例中，学生在学习审计流程及实务理论知识的同时，需掌握《审计法》，依托法律指导审计实务工作。因此，结合本教学模块的理论内容，选取《审计法》作为课程思政总体目标，如图 1 所示。
学情分析
知识认知：·对《审计法》了解不足 ·对依法审计的认识不深入
能力分析：·不能独立分析涉法案例 ·不能联系具体法律依据
价值认知：·社会主义民主法治意识需强化 ·依法治国的公民意识需强化
育人目标
知识传授：·深入讲解《审计法》知识点 ·了解国家法治通识知识
能力培养：·掌握相关法律条款的应用方法 ·了解国家法治通识知识
价值塑造：·树立社会主义民主法治意识 ·遵守国家法律和社会公德
课程思政目标
通过讲解《审计法》深耕法治精神
学法、守法，逐步形成正确的世界观、人生观和价值观
图 1　课程思政总目标
</td></tr>
<tr><td>本节课
教学设计</td><td colspan="3">
（一）线上课程思政微视频
（1）授课形式：线上微视频。
（2）视频内容：教师录制思政教学微视频，围绕“公正、法治、敬业、诚信、创新、国家安全、社会利益为先、胸怀天下”八个主题讲述，学生在线上观看。本小节思政微视频的主题为“带你了解《审计法》”，视频时长 4 分 40 秒，可通过以下方式观看。
<table>
<tr><td>①直接打开附件视频。
《信息系统审计》课程思政微视频：审计法 . mp4。</td><td rowspan="2">③今日头条/抖音/西瓜视频 APP 扫码</td></tr>
<tr><td>②复制网址到浏览器。</td></tr>
</table>
（二）案例引出
1. 介绍案例
1999 年 11 月，安然公司创建了第一个基于互联网的电子商务平台“安然在线”，提供从电和天然气现货到复杂的衍生品等 1500 多种商品交易。不到一年时间，即发展成为年交易规模接近 2000 亿美元的全球最大的电子商务交易平台。公司从名不见经传的一家普通天然气经销商，逐步发展成为世界上最大的天然气、电力、石油等能源的线上交易平台。
</td></tr>
</table>

续表

<table>
<tr><td>本节课教学设计</td><td>
高效率的电子商务交易平台成就了安然的辉煌，同时也埋下了安然崩塌的隐患，安然通过电子商务交易平台“方便、高效、快捷”地在关联企业之间进行“对倒”，通过“对倒”创造虚假的交易量、利润和经营神话。2001 年 12 月，在全球拥有 3000 多家子公司，掌控着美国 20% 的电能和天然气交易的安然公司突然宣布申请破产保护。
2. 教师提问
（1）电子商务是如何影响企业的财务数据和业务数据产生的？特别是对百度、阿里巴巴、腾讯等完全依靠网络的新型企业而言，信息系统审计师如何与注册会计师合作共同评估电子交易的真实性？
（2）在对某电商平台进行信息系统审计时，审计人员需要核查其销售数据，但该公司拒不交出其数据库的访问权限，审计人员该如何处理？
（3）如果你在某网购平台上的个人信息被倒卖给第三方，并给你的生活带来麻烦，甚至造成财产损失，你该如何维权？
3. 学生头脑风暴
列举各种能够想到的社会经济发展中常见的问题及其解决方法。
4. 教师点评反馈
引出在人类经验、现代的科学之外，还有一个强大的社会免疫系统——法律。安然公司电商数据造假，最终导致破产的制度根源在于当时没有任何法律制度对电商平台的系统和数据进行审计。刚才提到的几个问题也可以通过法律解决，具体的法律可参考 2022 年 1 月 1 日起施行的《审计法》和 2019 年 1 月 1 日起施行的《中华人民共和国电子商务法》。
（三）案例展开
（1）授课形式：讲授。
（2）由《审计法》引出民主法治的概念后，教师展开观点，讲解法治的作用。
（3）教师讲解材料：
法治是人类政治文明的重要成果，是现代社会的一个基本框架。审计是指依照法律，对国家各级政府、金融机构、企事业单位的重大项目和财务收支进行审查的独立性监督活动。在整个审计过程中，审计人员还要遵守《注册会计师职业道德守则》，严于律己，拒绝收受贿赂，提防不同类型的“糖衣炮弹”，对广大的财务报表使用者负责、对人民负责、对国家负责，不得为了自己的利益而去损坏国家、单位、他人的利益。
2020 年 1 月，习近平总书记强调，审计机关要认真贯彻落实党中央决策部署，依法履职尽责，扎实勤勉工作，在推动党中央政令畅通、助力打好三大攻坚战、维护财经秩序、保障和改善民生、推进党风廉政建设等方面发挥重要作用。审计是党和国家监督体系的重要组成部分。审计机关要在党中央统一领导下，适应新时代新要求，紧紧围绕党和国家工作大局，全面履行职责，坚持依法审计，完善体制机制，为推进国家治理体系和治理能力现代化作出更大贡献。
（四）案例升华
1. 授课形式：分组讨论
此教学环节以分组讨论形式进行，在教师引导下，以“民主法治”和《审计法》的意义和作用为议题（这里的议题即“思政元素”），每组学生选定一个议题先阅读材料，再开展讨论。学生分组讨论现场如图 2 所示。
</td></tr>
</table>

续表

<table>
<tr>
<td>本节课教学设计</td>
<td>

图2 学生分组讨论现场

2. 具体的思政议题

思政议题1：保障国家经济安全是《审计法》的根本目标。

讨论材料1：经济安全是国家安全的基础。没有经济安全，任何国家都不可能实现可持续、稳定的发展。审计是实现经济安全的关键制度，也是开放经济的基本属性。《审计法》是以法律的方式确定财政权这一关乎国家钱袋子安全的重要监督制度，同时，国家审计在国家经济安全体系中发挥预防作用，以实际调查为重点的审计可以对改善国家经济安全产生积极影响。审计能否有效发挥维护国家经济安全的“经济卫士”职能作用，则需要依靠每一位审计人员基于审计制度和审计合理性，在审计实践中切实履行好自己的角色职责，通过增强审计合理性不断缩小审计期望差距。在中国特色社会主义新时代，审计监督作为国家治理体系的重要组成部分，坚持在党的领导下依法独立审计，维护国家经济安全，在当好“经济卫士”的基础上，更好地在党和国家监督体系中发挥职能作用，维护人民群众的根本利益和国家安全。审计保障国家经济安全的基本路径是：以财政审计为基点并不断扩展审计领域，维护法治建设和发挥权力制约功能。

思政议题2：以基于审计的民主政治根基站稳政治安全立场。

讨论材料2：目前，西方一些国家以意识形态渗透为手段，诋毁中国共产党和中国政府的形象，企图颠覆和破坏中国的国家安全和社会稳定。对此，要深刻意识到国家审计与政治安全特别是意识形态安全之间的密切关系，从而坚决抵御和防范西方意识形态的渗透和影响，通过课堂讨论和实践教学，在知行合一中逐步形成正确的世界观、人生观、价值观。中国特色社会主义政治体制决定了我国的审计监督必须坚持社会主义政治方向，致力于促进社会主义民主政治建设，服务于将权力关进制度笼子里的党和国家监督体系建设目标，实现以人民为中心的公共价值和公共利益。

传统的审计职能往往着眼于对市场经济部门经济责任进行监督，但是这已经不能很好地适应国家治理现代化进程发展的现实需要。中国特色社会主义审计作为党和国家监督体系的制度支柱之一，发挥着权力监督和制约的职能作用，因而在本质上是政治性的，具有深刻的政治逻辑。其独特的政治逻辑在于其政治权力基础、政治体制优势和民主政治动因。
</td>
</tr>
</table>

续表

<table>
<tr><td>本节课教学设计</td><td>现代国家治理中审计监督发展的真实动因其实是政治性的，是政治发展的民主化进程所推动的。现代审计监督制度作为民主与法治的产物，更是民主与法治建设的工具。审计人员担负着监督公共权力的政治使命，这就要求审计监督人员除了必须具备专门的审计专业技能，还需要特殊的政治素质，如此才能保证审计活动成为正义的审计活动。审计人员的政治立场、政治意识和政治素养是其开展审计工作、维护经济安全的根基，其主要内容包括审计的政治方向与政治立场、政治责任意识与使命意识，以及审计过程中的公平、公正与公开原则。
思政议题3：围绕审计的“经济卫士”职能强化经济安全技能。
讨论材料3：从最一般的意义上说，审计的经济鉴证职能就是旨在促进财务报告的真实性。英国审计学家迈克尔·鲍尔认为，审计是一种减少风险的做法，旨在证明合计后构成财务报表的交易的完整性、准确性和有效性。的确，促进财务报告真实性、公允性和准确性是审计监督活动经济鉴证职能的基本要义。审计监督的经济鉴证职能传统上也被认为就是财务认证职能。不过，随着审计监督内容的扩展，其经济鉴证职能的内涵也在不断发展。国家治理中的审计要有效发挥“经济卫士”职能，维护国家的经济安全。可以说，作为高悬于一切权力头顶的一把“达摩克利斯之剑”，国家审计是防范风险、制约权力和预防腐败，以及维护经济安全的制度性工具。从发挥审计在国家治理体系中维护经济安全的职能作用角度来说，审计机关的专业化是其依法独立审计并且充分发挥审计监督职能的能力基础，只有不断加强审计人员专业知识和方法的训练，才能使其适应审计工作所面对的日益复杂的新情况和新挑战，满足审计工作对其专业技能、政治素养以及安全意识的全方位要求，进而充分发挥审计职能作用。信息化时代审计工作的综合性、系统性、复杂性，要求国家审计机关始终坚持科技强审，不断加强审计信息化建设，从而有效应对经济安全中的危机与挑战。与审计人员专业知识和方法直接相关的是其理解力，包括对审计过程中各类问题的理解力，以及对于自身责任包括政治安全责任和经济安全责任的理解力。只有在正确的理解力基础上，才能围绕经济安全不断强化审计监督的专业能力。
此外，个人利益不应凌驾于公共利益之上，二者之间的协调应以符合公众期望的职业道德标准为前提。当二者之间发生冲突时，要以审计职业道德准则所提倡的道德价值观指导审计人员。因此，基于社会主义核心价值观的职业道德准则就是要致力于维护国家经济安全，保护好人民群众的公共利益。
思政议题4：立足审计的历史文化基因提升文化安全意识。
讨论材料4：西方推动的各种“颜色革命”是以其文化霸权和文化侵略为“开路先锋”，目标是实现文化殖民。运用文化力量推销民主自由等所谓的“普世价值”以实现自身的国家利益，是西方大国文化侵略和文化渗透的战略目标。当前西方文化延续其霸权逻辑所进行的显性扩张和隐性渗透，已经成为威胁我国本土文化安全的重要国际文化因素。
中国古代留下许多宝贵的审计文化。在中国古代审计实践发展过程中，形成了“考、稽、计、比、勾、审”等审计方法和相关制度，形成了具有一定特色的审计制度文化。其中，西周时期出现的由宰夫稽察审计制度对后世审计监督体系的建立产生了深远的影响。国外学者也承认，正式的记账制度在周朝就有了发展。在内部管理、预算和审计程序方面，中国西周时代在古代世界中可以说是无与伦比的。从春秋战国时期的上计制度到清代的“六法考吏”，都是对各级官员实施经济责任监督的重要手段和工具，甚至被认为是我国经</td></tr>
</table>

续表

本节课教学设计	济责任审计制度的先行形态和历史文化基因。始于民国初期的现代中国审计监督制度不仅继承和发扬了中国古代审计监督的制度建设和组织建制以及深厚的审计文化传统，同时也学习借鉴了欧美等西方资本主义国家在审计监督方面的制度设计和实践做法。这一时期的国家审计充分体现了孙中山的政治理念和审计监督思想，开始逐步向制度化和规范化的方向发展。1912 年中华民国临时政府实行国家预算制度，这为审计监督制度的实施奠定了基础。监察权作为孙中山“五权宪法”构想中的一权，在国民政府时期，成为“五院”之一的“监察院”所执掌的监督权力，形成“监审合一”的权力监督体制，在社会政治生活中发挥了积极作用。但是由于外国列强的政治控制，孙中山无法实现自己的政治理想，他精心设计的“五院”制下的“监察院”及其“监审合一”体制在现实中无法发挥职能作用。可以说，一个国家的审计监督职能作用的发挥始终离不开相应的政治体制和社会文化环境。当代中国审计监督制度是中国共产党人在长期的武装斗争中探索建立起来的，1922 年 5 月成立的安源路矿工人俱乐部就已经开始对经济审计工作的探索。 坚守文化安全的前提是在文化自觉的基础上坚定文化自信。文化自觉既不是要对中国传统文化的“复旧”，更不是主张“全盘西化”，而是要在弘扬优秀传统文化的过程中，以“美美与共”的开放心态与多种不同文化融会交流、取长补短，从而明确中国特色社会主义文化发展道路和文化安全的坚定信念。只有在真正实现了国家的一切权力属于人民的人民主权原则基础之上，才能从根本上保证人民享有当家作主的广泛民主权利，包括民主审计和公共问责的权利，进而保证人民真正享有管理国家财政和控制公共预算的权力。中国共产党作为马克思主义政党，始终高举人民民主的伟大旗帜，把建设人民民主的社会主义政治制度付诸实践，致力于实现最广大人民的根本利益。 **五、反思（课后完成）** （1）学生发表这一阶段课程思政学习的心得体会，并撰写思想总结，如图 3 所示。 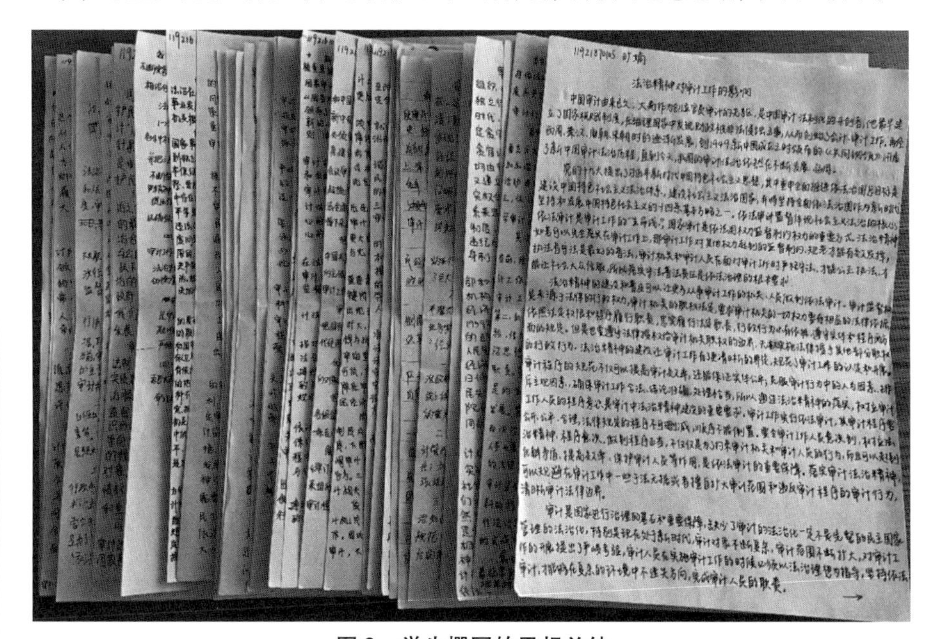 **图 3　学生撰写的思想总结**

续表

<table>
<tr><td>本节课
教学设计</td><td>（2）教师汇总同学们的思想总结，将优秀的思想感悟加以凝练，单独录制成微视频，分享给其他同学，如图 4 所示。

图 4　学生讲述课程思政感悟微视频截图
视频时长 1 分 47 秒，可通过以下方式观看。
<table>
<tr><td>①直接打开附件视频。
信息系统审计学生课程思政感悟 . mp4。</td><td rowspan="2">③今日头条/抖音/
西瓜视频 APP 扫码</td></tr>
<tr><td>②复制网址到浏览器。</td></tr>
</table>
</td></tr>
<tr><td>课程思
政元素</td><td>家国情怀、科学思维、社会责任、文化自信、工匠精神、创新精神、宪法法治意识、社会主义核心价值观、追求真理的科学观。</td></tr>
</table>

四、课程思政融入效果

本次课的专业内容是“《审计法》及其在信息系统审计实施过程中所发挥的作用”，知识性的教学目标是学生识记《审计法》的几个作用。而思政内容是“培养民主法治精神，树立国家安全意识，坚持党的领导政治立场，培养文化自信和制度自信”。可见，本次课的专业内容和思政内容是完全契合的。课程思政案例同时也是课程专业知识的典型案例，专业知识和价值分析同步、同向、同过程完成。案例最后进行的总结和升华，也提升了本次课“法的作用”专业知识的站位和理论层次，即：其一，更好地理解法的价值追求，才能更好地理解和掌握法在审计工作中能起到什么作用和为什么起到这样的作用；其二，更好地理解法的作用，就能更好地理解审计人的责任担当，能够更牢固地树立法治信念。二者在教学内容和教学目标上彼此契合，共同促进。

五、教学反思

如何达成课程思政的预期目标？采取适宜的教学方法和教学模式。这些教学方法和教学模式如下：

（1）案例导入使用参与式课堂活动的方法，将学生带入有重大社会影响的事件中。再用课堂提问来引导学生联想亲身经历的事件。既使学生主动对社会发展规律、社会治理以及纠错机制进行思考，又点出学生普遍忽视的法律武器，加深学生对《审计法》的作用的理解和认识，将学生带入价值思考中，为后面课程思政的开展做好思想准备。

（2）使用微视频对《审计法》进行简单介绍，快速将学生带入民主法治与社会经济问题的双重视野中，对国民经济发展的保障、国家经济和文化安全立场进行勾勒。小视频有助于提升学生的学习兴趣，强化学生对《审计法》的直观认知，更好地理解这部法律是如何保障和实现国民经济高速发展的，使学生获得一种对《审计法》的学习动力与从事审计职业的期待愿望。

（3）使用讲授法，展开观点，讲解社会主义民主法治在国民经济和社会民生中发挥的作用，在宏观背景下将本案例提升到爱国主义、文化自信、制度自信、时代担当的高度，进一步使学生树立起牢固的法治信念和职业信心，激发学生持久健康的学习动力，激励学生在今后的学业过程中克服学习困难，实现专业和职业理想。

（4）使用分组讨论法，教师给出讨论议题和讨论材料，学生通过讨论发言，相互启发，升华对社会主义民主法治的理解和认识。这个环节是本次课程思政教学的重点部分，需要通过教师充分的引导，达成以下思政目标：

①培养学生牢固树立国家安全意识，明确信息系统审计的经济安全职能。审计作为国家公共经济财产权力的监督制约机制，就是为了保障国家公共资金得到最安全有效的使用，促进公共经济的健康运行，防止公共资金的不当使用。

②在教学过程中深入挖掘中华民族优秀审计文化传统，同时也批判性地学习借鉴西方资本主义国家的审计制度文化，进而充分认识建立在人民民主的社会主义政治制度基础上的中国特色社会主义审计制度文化。课程教学中，立足于中国特色社会主义审计制度的历史文化基因，通过古今中外的制度比较，深入浅出地讲解各种审计体制的历史文化传承和现实制度选择，在课堂教学中不断提升学生的文化安全意识和比较鉴别能力，最终实现从制度他信到制度自信的飞跃。

药物分析课程思政教学案例

药学与生物工程学院　胡　光

一、课程基本信息

课程名称	药物分析		
课程性质	专业必修课	学科门类	药学
学分	3	授课对象	药学、制药工程专业本科三年级
学时	48	授课方式	线上、线下
课程简介			

重庆理工大学药学与生物工程学院开设的药物分析课程，目前属于校级一流课程，正在冲击重庆市一流课程，由重庆市课程思政示范教学团队（胡光、吴玉、李思奇、胥秀英）负责授课，是我校“国家一流专业”——制药工程专业，以及“重庆市一流专业”——药学专业学生的专业必修课。

药物分析课程是我国药学及相关专业的一门主要专业课程。它应用有机化学、分析化学、药物化学等相关学科的理论和技术手段，研究药品质量控制规律，建立和发展药品质量控制方法，并进行药品质量监督与管理。

随着生命科学、环境科学、新材料科学的发展，生物学、信息科学、计算机技术的引入和分析化学迅猛发展，药物分析学科已经进入崭新的领域，也正发挥着越来越重要的作用，在科研、生产和生活中无处不在，尤其在新药研发以及药品生产等方面扮演着重要的角色。

药物分析的基本任务是药品质量的检验、药物生产过程的质量控制、药物贮存过程的质量考察及临床药物分析工作。因此从内容的构成上看，该课程被分为了17章，主要介绍了药品质量标准及药典、药物的鉴别、杂质检查、含量测定、体内药物分析、生物制品分析、制剂分析，以及不同类型的药物如巴比妥类、芳酸类、杂环类等的分析方法。

二、教学目标

知识目标	学生应掌握药典的基本组成与使用；掌握典型化学药物的结构与性质、鉴别试验和含量测定的基本规律与方法，中药及其制剂的鉴别；熟悉质量标准的制定原则，了解典型化学药物的有关物质检查、生物药物的分析。

续表

能力目标	学生在完成课程学习后有一定的自主学习、团队协作能力；同时能够基于“质量源于设计”的理念，设计相应的解决方案解决实际问题，并能体现创新意识和综合考虑法律法规、环境与安全、社会与文化等因素的能力。
课程思政育人目标	学生在完成课程学习后，能树立正确的价值观，坚定不移地为全民健康事业做出贡献；作为药物工作从业人员，能坚守职业底线，在药品生产、流通、贮存、销售过程中严格控制药品质量，杜绝药害事件发生；严格管理具有特殊性能的药品，避免不法分子非法获得牟取暴利。

三、教学设计

案例名称	昂首承民族之瑰宝，俯身攻荆棘之栈道——中药制剂分析的机遇与挑战		
授课章节	第 19 章	学时	1
本节课教学目标	**（一）知识目标** 掌握“中药质量控制”相关的基本概念，初步了解中药制剂分析理论。 **（二）能力目标** 具备基本中药剂型的鉴别和检查能力。 **（三）课程思政育人目标** 通过教师引用案例和习近平总书记的讲话，引导学生认识： （1）中药是祖先留下的重要宝库，树立文化自信； （2）目前中药的质量控制状况堪忧，与国家发展中药的决心之间存在一定矛盾；激发学生为祖国的中医药发展做出贡献的决心。		
本节课教学设计	**（一）开场导入（5 分钟）** 导入新课：中药出海难在哪里? 事例一：我国中药产品国际市场占有率：3% ~5%。日本汉方药国际市场占有率：约 90%。 事例二：2015 年，澳大利亚对其国内市场上的 26 种中药进行痕量分析（trace analysis），结果显示： • 77% 的中药含有较高含量的有毒重金属； • 50% 中药含未公布的植物或动物 DNA 成分； • 50% 的中药含有处方药成分； • 仅有 2 种中药达到澳大利亚治疗物品管理局的标准。 事例三：习近平总书记指出，要进一步发展中医药。 过去，中华民族几千年都是靠中医药治病救人。特别是经过抗击新冠疫情、非典等重大传染病之后，我们对中医药的作用有了更深的认识。我们要发展中医药，注重用现代科学解读中医药学原理，走中西医结合的道路。		

续表

<table>
<tr><td>本节课教学设计</td><td>（二）讲授知识点（35 分钟）
1. 概述
（1）中药：以中医药学理论体系的指导下，用于预防、治疗、诊断疾病并具有康复和保健作用的物质。
（2）中药制剂（中成药）：用中药为原料，按中医药学理论遣药、配伍和组方，以一定制备工艺和方法制成的一定剂型的药物制剂。
2. 第一部分　中药的特色与分析特点和对策
（1）中医理论指导：整体观、君臣佐使理论、中药药性理论。
（2）受多环节、多因素影响。
（3）成分复杂多变：同一植物成分复杂、不同植物同一成分含量差异大、炮制过程中变化大。
（4）同种成分在不同工艺中要求不一。
（5）以“四君子汤”为例，介绍中医传统瑰宝“君臣佐使”理论。
3. 第二部分　中药及其制剂分类与质量分析要点
（1）现状：2020 版中国药典已收载中药品种 2711 种。
（2）药典一部正文分类：
①中药材及其炮制品（饮片）。
鉴别：显微鉴定。质量控制：指纹图谱。
②植物油脂和提取物。
质量控制：指纹图谱。
③中药成方和单方制剂。
（此部分内容无思政元素融入，故省略）
4. 第三部分　中药质量分析实例
（三）小结与课后任务布置（5 分钟）
（1）总结所学重点内容：中药特色及分析特点、中药及其制剂分类与质量分析要点、中药分析实例。
（2）布置作业。</td></tr>
<tr><td>课程思政元素</td><td>（1）中医药是祖先留下的瑰宝，去其糟粕取其精华是每代中药人应该做的事情。通过授课激发学生对祖先的崇敬，激发爱国热情。
（2）我国对药品安全的高度重视，体现了党和国家对人民群众的高度负责，作为药学人要时刻提醒自己保持质量控制的底线思维不放松。</td></tr>
</table>

四、课程思政融入效果

（1）在对我国中药在国际市场上的份额有一定了解之后，充分认识理解习近平总书记讲话的内涵。

（2）逐渐了解中国文化与中医药。了解中医药与西医药相比自身具有的特点和优势，增强学生的文化自信与民族自豪感。

（3）重点介绍现代科学技术在中药质量分析方面的应用，让学生从客观上认识到向先进技术学习的必要性。

（4）总结并点题：主观上充满文化自信，客观上还要躬身前行。

五、教学反思

（1）本门课程在国家正式提出并推广“课程思政”概念之前，就一直在以潜移默化的方式进行这类教育。具体的思政点包括但不限于“总论”章节的“政治认同”元素、“现代分析方法”章节的“家国意识”元素、“中药分析”章节的“文化自信与人文精神”、“药典与质量标准”章节的“科学精神”、“药品杂质检查”章节的“公民人格、职业素养”。

（2）从多次的教学经验来看，本章节课堂教学中的思政部分是整个“药物分析”课程中最能引起学生的注意、激发学生的爱国精神的内容之一，从学生的眼神中看得出他们有思考、有触动。

（3）从任课教师和学生的私下交流，以及从其他班导师那里得到的反馈中可以了解到，学生除了整体认可，还觉得教师是特别“讲情怀”的人。姑且不论对思政内容的接受程度和效果如何，能让学生认识到教师的这一点，专业课程教育中思政教育的种子算是得以埋下；至于接受的多少和是否能指导自己的人生，还有赖于其他学科、教师、学校、社会的共同努力。

汽车构造课程思政教学案例

车辆工程学院　陈　宝

一、课程基本信息

课程名称	汽车构造		
课程性质	专业必修课	学科门类	工学
学分	4.5	授课对象	大三车辆等相关专业本科生
学时	72（理论）	授课方式	线下
课程简介			
从1993年学校开设“汽车与拖拉机”方向一直到2002年教育部批准设置“车辆工程”专业以来，汽车构造开课已达20余年，在课程持续建设过程中并随现代汽车产业的飞速发展，课程内涵建设也在不断深入并强化：从2007年重庆市级精品课程到2016年校级核心课程群，再到课程所在专业获得2017年校级首批品牌专业、2019年国家一流专业建设点；2019年正式启动专业工程认证申报工作以来，先后获得2021年校级课程思政项目以及2021年重庆市一流课程建设项目资助；2019年以汽车构造课程知识为主构建线上学习平台“重庆汽车科技博物馆”网站及学习通等辅助教学平台等。			

二、教学目标

知识目标	通过对汽车发动机、底盘各大总成的功能、结构和工作原理的学习，学生具有对汽车整车及零部件的认知和阐释能力。
能力目标	能够结合数学、力学、机械、材料等先修课程知识，分析汽车系统工作原理、力学等相关复杂工程问题，并获得有效结论。
课程思政育人目标	深入理解习近平新时代中国特色社会主义思想理论体系内容，结合马克思主义哲学、工匠精神、科学精神等，以教书育人为根本、以课程专业知识为载体、以实践带动创新的能力培养为本位，使学生树立正确的世界观、人生观和价值观，提高专业兴趣的同时，学会解决专业问题的方式方法，为实现培养社会主义的建设者和接班人贡献力量。

三、教学设计

<table>
<tr><td>案例名称</td><td colspan="3">离合器的功用及工作原理</td></tr>
<tr><td>授课章节</td><td>第 10 章第 1 节</td><td>学时</td><td>1</td></tr>
<tr><td>本节课教学目标</td><td colspan="3">（一）知识目标
（1）了解离合器的起源及历程。
（2）掌握离合器的结构、分类及功用、原理。
（二）能力目标
（1）具备认识真实离合器结构组成的能力。
（2）具备通过三维软件实现解析离合器模型并进行运动学分析的能力。
（三）素质目标
能通过多种原创媒体资源（今日头条、学习通、重庆汽车科技博物馆网站等）以及公共媒体资源查找所需信息，紧跟汽车技术最前沿。
（四）课程思政育人目标
（1）围绕汽车主要结构总成——离合器进行自主自律式学习。
（2）围绕离合器进行“溯源、明理、推新”逻辑下的教学实施，着重培养学生在掌握现有汽车总成（离合器）结构原理基础上的创新意识或能力。</td></tr>
<tr><td>本节课教学设计</td><td colspan="3">（一）重点
（1）离合器的功用。
（2）离合器基本性能要求。
（3）离合器的基本组成。
（二）难点
（1）离合器工作原理。
（2）下节授课内容：膜片弹簧离合器的结构与原理。</td></tr>
<tr><td>课程思政元素</td><td colspan="3">家国情怀、科学思维、社会责任、文化自信、工匠精神、创新精神、宪法法治意识、社会主义核心价值观、追求真理的科学观、环保意识等。</td></tr>
</table>

四、课程思政融入效果

（1）激发了学生学习兴趣。

（2）赋予了课程思想与灵魂，更为课堂教育改革注入了新的活力。

（3）增强了学生的责任感与使命感。

（4）促进了学生创新意识或能力的提升。

五、教学反思

（1）理论与实际脱节，比如离合器分离轴承的分类及结构原理。

（2）教师授课主要在课堂上完成，有局限性。

机械创新设计课程思政教学案例

机械工程学院　路世青

一、课程基本信息

<table>
<tr><td>课程名称</td><td colspan="3">机械创新设计</td></tr>
<tr><td>课程性质</td><td>专业选修课</td><td>学科门类</td><td>工学</td></tr>
<tr><td>学分</td><td>2</td><td>授课对象</td><td>大三本科生</td></tr>
<tr><td>学时</td><td>32（理论 24，实践 8）</td><td>授课方式</td><td>线下</td></tr>
<tr><td colspan="4">课程简介</td></tr>
<tr><td colspan="4">机械创新设计课程是面向我校国家级一流专业——机械设计制造及其自动化专业开设的一门专业选修课，主要研究机械创新设计中的创造性思维、创造原理和创造技法，并开展创新实践活动，在培养学生创新设计能力和专业综合素养方面具有重要作用。课堂教学 32 学时，2 个学分，在大三下学期开设，先修课程为机械原理、机械设计。植根于大众创业、万众创新的时代背景，伴随着开展工程教育专业认证进行深化建设与改革，近年又通过课程思政教学的建设与促进，机械创新设计课程于 2021 年获评重庆市一流本科课程。</td></tr>
</table>

二、教学目标

知识目标	能够理解创新思维的特征与基本形式，掌握常用的机械创新设计原理以及机构创新、结构创新、反求创新等方法，形成较为完整的机械创新设计课程知识框架和知识体系。
能力目标	能够综合运用创新思维，提出满足机械产品特定功能的多种可行方案；运用机构创新、结构创新、反求创新等方法，解决机械设计中的复杂工程问题，团队合作完成具有一定创新性的产品样机/模型的设计与制作。
课程思政育人目标	能够持续关注机械设计领域新知识、新方法，养成创新思维的分析习惯，具备严谨求实、精益求精的工匠精神和职业素养。

三、教学设计

<table>
<tr><td>案例名称</td><td colspan="3">机械结构的创新设计</td></tr>
<tr><td>授课章节</td><td>第六章　结构创新设计</td><td>学时</td><td>1</td></tr>
<tr><td>本节课
教学目标</td><td colspan="3">（一）知识目标
掌握功能分解法、功能组合法、功能移植法这三种功能分析法的特点、要素及分析设计过程。
（二）能力目标
通过团队合作，完成课程项目的结构创新设计工作。
（三）素质目标
体验“螺丝钉精神”，激发服务国家、服务社会的热情；通过“永不松动螺母”的研发案例，体会与培养精益求精的工匠精神；通过实践操作，提高学生工程实践综合素养。</td></tr>
<tr><td>本节课
教学设计</td><td colspan="3">
<table>
<tr><td>教学活动与时间分配</td><td>教学内容</td><td>设计思想与教学实施</td></tr>
<tr><td>课前</td><td>内容预习</td><td>通过雨课堂发布学习任务单，明确学习目标和学习内容，使学生带着问题来上课。</td></tr>
<tr><td>旧课复习与新课导入
（4 分钟）</td><td>（1）创新思维、创新原理与方法、机构创新设计等内容回顾总结。
（2）结构设计的特点分析。</td><td>通过回顾已学习的机构创新设计等内容，提出开展结构设计需要继续解决的构件形状、尺寸、材料、工艺等问题。
启发学生思考如何从结构设计的多解性中探寻最优方案，即需要发挥创造性思维并运用结构创新设计方法，从而引出本章的各部分内容。</td></tr>
<tr><td>本章教学内容及特点介绍
（1 分钟）</td><td>（1）机械结构创新设计方法简介：功能分析法；结构元素变异法；数字化与模块化设计方法。
（2）结构创新设计要注意的问题。</td><td>教师先整体介绍机械结构创新设计的方法与内容，在各小节题目的设置上要具有吸引性，引发学生的思考。
同时，教学设计没有按教材顺序去组织知识点的学习，而是将结构创新方法融入案例中，通过具体的案例分析提高学生学习的兴趣。例如，本章将功能分析法融入标准件的案例中，将结构元素变异法融入多功能扳手案例，将结构现代化设计方法融入教师的科研项目案例中，加深学生学习印象。</td></tr>
<tr><td>案例引入
（5 分钟）</td><td>利用功能分解法开展结构创新设计的实施过程。</td><td>引入标准件中最常用的“螺钉”的案例，通过多样式各种类的“螺钉头、螺钉体和螺钉尾”结构的展示分析和提问的方式引导学生深入思考螺钉结构开展结构创新的方法与原理，在必要时给予提示。</td></tr>
</table>
</td></tr>
</table>

续表

续表

	教学活动与时间分配	教学内容	设计思想与教学实施
本节课教学设计	重点讲解（3 分钟）	（1）功能分解法的定义及特点。 （2）功能分解法的原理与应用。	在案例分析完成后，通过提问的方式让学生归纳螺钉案例中用到的创新原理与结构创新设计实施过程，从而引出“功能分解法”的概念和原理，并对功能分解法实施的流程作重点剖析。同时由螺钉的作用引申出个人在社会中的作用，鼓励学生发挥螺丝钉精神，用自己的聪明才智和专业技能服务国家、服务社会。 通过提问的方式，引出其他两种功能分析法，即功能组合法和功能移植法。
	视频案例（3 分钟）	（1）功能组合法。 （2）功能移植法。	通过前面的讲授，学生理解了功能分解法。但如果采用同样的授课方式继续讲授功能组合法和功能移植法，学生已有些注意力分散，教学效果会受到影响。 因此，在此插播《永不松动的螺母》视频案例，让学生去体会其他类型的功能分析法，集中注意力，以便引出后续教学内容。
	案例剖析（5 分钟）	功能组合法和功能移植法的创新设计原理及过程。	在视频案例基础上，继续通过“讲故事”的方式，分析功能组合法与功能移植法原理及创新设计过程。讲述日本工程师若林克彦，通过移植创新原理发明 Hard Lock 螺母的过程，使学生在听故事过程中理解功能组合法和功能移植法原理，加深学习印象；同时，也通过若林克彦几十年如一日研发螺母的事迹，让学生体会到机械创新设计工作中精益求精的精神。讲述结构关键零部件创新设计，让学生理解核心关键技术的深刻内涵，增强自信心，培养工匠精神。
	知识强化拓展延伸（5 分钟）	功能分析法的具体应用举例。	通过分析“带轮飞轮组合”“自带止动槽和防尘盖的滚动轴承”“齿式联轴器”“液压胀套”等几个经典结构创新设计案例，分析、归纳几种功能分析法在机械结构中的应用，使学生掌握几种功能分析法的原理与工程应用方式。
	头脑风暴（5 分钟）	功能分析法在课程项目中的应用分析。	结合上述几种功能分析法，以项目小组为单位，头脑风暴法讨论以上结构创新方法在小组项目中的应用。 时间限定为 5 分钟，即每位小组成员平均约有 1 分钟的发言和表述想法的时间。小组讨论过程中，任课教师适当关注。

续表

<table>
<tr><td rowspan="6">本节课教学设计</td><td colspan="3">续表</td></tr>
<tr><td>教学活动与时间分配</td><td>教学内容</td><td>设计思想与教学实施</td></tr>
<tr><td>小组汇报（12 分钟）</td><td>利用功能分析法，对课程项目进行结构创新设计的实践应用。</td><td>以项目小组为单位，请 3 ~ 4 个同学分享自己小组第一版作品创新设计情况及头脑风暴讨论的结果，其他同学通过弹幕形式提出问题、意见和建议。
通过课堂研讨，加深学生对课程知识内容的理解与掌握，也为各小组课程项目的结构创新设计优化提供集体智慧。</td></tr>
<tr><td>总结提炼（1 分钟）</td><td>对本堂课的学习内容进行总结与回顾。</td><td>采用多媒体 + 板书的方式，梳理本节课知识点脉络，对本节重点、难点内容进行归纳总结，加深学生的印象。</td></tr>
<tr><td>布置作业（1 分钟 ）</td><td>（1）运用本章所学结构创新知识，设计并加工一个新型标准件。
（2）利用功能分解、组合、移植形成项目的优化设计方案。</td><td>布置课下作业，均以项目小组为单位完成。第一道作业题为本节知识点的应用，并通过加工零件实物提高学生的动手实践能力，属创新性题目；第二题为课程项目的优化设计，提升设计作品创新性，提供设计方案草图，属高阶性题目。
通过课后作业，全面巩固课程知识点，提升学生结构创新设计能力，并开展创新实践活动，提高学生工程实践综合素养。</td></tr>
<tr><td>课后拓展</td><td>（1）推送本节教学内容课外学习资源。
（2）到大学生创新基地指导学生创新实践活动。</td><td>通过雨课堂推送机械结构设计前沿知识，并通过该平台讨论、答疑。推送内容为：①TED 技术革新。尼古拉 · 贝格：一个工具，可以解决手术中最危险的一个环节；②《机械设计》核心期刊论文阅读：《基于功能分析的建筑垃圾破碎站的创新设计》。
通过课后拓展，学生牢固掌握课程知识点，了解结构设计前沿，提高研学能力，提高实践创新能力。</td></tr>
<tr><td>课程思政元素</td><td colspan="3">家国情怀、社会责任、创新精神、工匠精神。</td></tr>
</table>

四、课程思政融入效果

（一）课程达成度不断提高，学生满意度高

通过对机械设计制造及其自动化专业两个班级近三学年的课程目标达成情况对比，教

学目标达成情况有明显提升。通过调查问卷，95% 的学生对本课程的满意度“非常高”，认为本课程既“教书”，又“育人”。

（二）学生创新成果丰厚

已有近 600 人在学习本课程期间或者学习完本课程之后参与到科技创新活动中。课程团队教师指导大学生参加大学生机械创新设计大赛、“挑战杯”、“互联网 +”大学生创新创业大赛等国家级比赛 100 余项，获得国家级奖项 20 余项。

（三）课程建设成果显著

经过 5 年多的努力和积淀，机械创新设计教学团队在课程建设方面取得了初步成效，课程质量显著提高，并入选 2021 年重庆市一流本科课程。未来团队将继续丰富课程内涵，不断提升课程质量。

五、教学反思

机械创新设计课程是在机械类专业学生完成专业基础课以及大部分专业课后设置的一门综合性、工程应用性及实践性很强的专业课程。课程紧扣学科发展前沿，及时反映国内外最新机械创新设计实践与科研成果，教学方式强调学生参与和师生互动，教学手段主要采用“开放式”课堂，还邀请到国外创新教育专家共同授课。基于本课程以上特点，课程团队不断探索、研究与实践，由基础到前沿、由理论到实践、由课内到课外等全方位多角度融入“思政元素”，达到“思政元素贯穿教学始终，育人育才协同共振”的教学效果，全面培养和提升学生的综合素质。

经过课程思政的教学探索与实践，课堂教学中学生专注度与参与度有显著提高，互动交流更加充分，有效调动了学生的学习积极性、提高了课堂效率，得到了学校教学督导的好评；在课外拓展环节，学生的动手能力及项目研究的综合素质得到锻炼与提升，近两年学生作品的获奖数量及获奖率、学生申请的专利及撰写的科技论文数量屡创新高。课程思政的实施，有效地促进了课程教学与育人目标的达成。

材料表面工程课程思政教学案例

材料科学与工程学院　沟引宁

一、课程基本信息

课程名称	材料表面工程		
课程性质	专业必修课	学科门类	工学
学分	2	授课对象	大三本科生
学时	32（理论）	授课方式	线下
课程简介			
材料表面工程是材料科学与工程专业的专业必修课，也是材料类专业最重要的专业课之一，课程着重介绍现代表面工程技术的含义、分类、应用和发展，介绍表面科学的某些基本概念和理论，分析各类表面技术的特点、应用范围、技术路线、典型设备、工艺措施和应用实例，介绍常用表面覆盖技术、表面改性技术、表面加工技术及表面测试技术。 通过本课程学习，学生能够掌握表面物理化学基础知识，掌握各种表面工程技术，如热渗镀、热喷涂、电镀、化学镀、气相沉积、高能束表面改性、微弧氧化等技术的原理及应用方向，了解各种材料表面制备工艺的新技术，新方法，提高解决材料表面工程领域复杂工程问题的能力。			

二、教学目标

知识目标	理解表面科学与工程的基本概念、原理、工艺方法及工艺过程，了解材料表面分析测试方法和技术。
能力目标	（1）能够运用表面工程技术原理及方法，根据实际工况分析零件表面改性要求，选择合适的表面工程技术改善材料的表面性能，具备设计表面涂层、开发工艺的能力。 （2）能够对表面工程技术中的工艺合理性、表面涂层质量进行合理的测试与评价。
课程思政育人目标	（1）帮助学生树立正确的世界观、人生观、价值观，培养学生的家国情怀和良好的职业道德、责任担当及环保意识，能正确评判材料表面工程实践对环境与社会可持续发展的影响。 （2）引导学生关注表面工程技术的发展动态和前沿，主动深入学习，培养学生批判质疑、探究创新的科学精神。 （3）引导学生遵守工程伦理规范，理论与实际相结合，培养求真务实、精益求精和实践创新的工匠精神。

三、教学设计

<table>
<tr><td>案例名称</td><td colspan="3">先进表面处理技术助力中国航天梦——激光熔覆技术</td></tr>
<tr><td>授课章节</td><td>第六章　表面改性技术
第三节　高能量密度表面强化</td><td>学时</td><td>2</td></tr>
<tr><td>本节课
教学目标</td><td colspan="3">（一）知识目标
了解激光基础及激光表面改性的分类，掌握激光熔覆技术的基本原理、工艺、设备及应用，了解激光熔覆技术的优缺点。
（二）能力目标
能够针对实际工程需求设计研发合适的激光熔覆工艺，具备利用激光熔覆技术开展材料表面工程相关工作的应用能力。
（三）素质目标
树立学生的文化自信和民族自豪感；激励学生厚植“强国志、报国行”的远大志向，将课程思政教育与航空航天特色产业相融合，增强学生的社会使命感。培养学生分析和解决复杂工程问题的综合能力，培养学生的创新精神和创新意识，提升学生的沟通交流能力。</td></tr>
<tr><td>本节课
教学设计</td><td colspan="3">采用 BOPPPS 教学模式，以教师启发引导为主，辅之以视频教学、案例教学和学生课堂讨论，引导学生积极主动参与课堂。
（一）导入（Bridge－in）
神舟十三号返回舱再入大气层时与空气剧烈摩擦后，如何抵挡摩擦产生的数千度高温从而保证舱内宇航员的安全和设备仪器的正常运转？港珠澳大桥 7 公里在海底，如何保证其钢结构能够抵御海水的侵蚀而实现 120 年的使用寿命？三峡电站如何“强健体魄”，抵御长江高速泥沙水流的冲击，而实现长期安全服役？这就需要一种能够耐蚀、耐磨、耐高温的涂层来为基体穿上一层坚固的“防护盔甲”。今天咱们就来学习一种能够为基体材料穿上“防护盔甲”的技术——激光熔覆技术。(目标导向)

思政元素：以大国重器增强学生的民族自信心和自豪感，激发学生的求知欲，厚植学生家国情怀，增强学生的使命担当。
（二）明确学习目标（Objective/Outcome）
用 PPT 形式向学生呈现本节具体的学习目标，让学生清楚本节课学习的专业目标、能力目标和思政目标。</td></tr>
</table>

续表

<table>
<tr>
<td>本节课
教学设计</td>
<td>

（三）课前测（Pre – assessment）

采用超星学习通发布三道问答题，让学生参与答题，了解学生对基础知识的掌握情况，以便调整后续教学内容的深度及进度，让课程的目标更加聚焦。

（1）高能束表面处理有哪些？

（2）激光束有什么特点？

（3）激光束在材料加工领域的应用有哪些？

（四）参与式学习（Participatory Learning）

1. 图文并茂介绍激光基础知识

激光切割

激光微纳加工

激光打标

激光熔覆

激光清洗

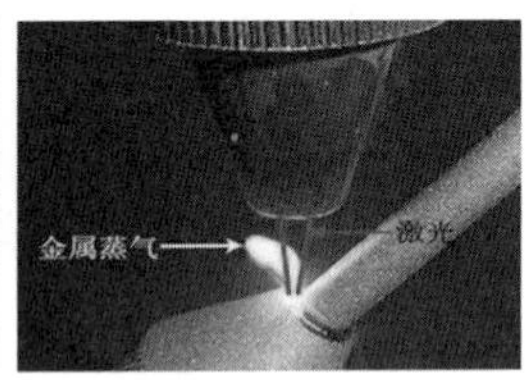

激光焊接

加工灵活性高

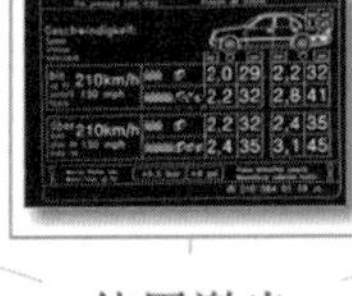

高度自动化

高精度

使用激光
节约成本

生产效率高

革新加工工艺

2. 视频的方式学习激光熔覆技术

视频学习形象直观，便于学生理解。

</td>
</tr>
</table>

续表

本节课 教学设计	 视频播放：什么是激光熔覆技术 3. 组织讨论 激光熔覆过程的材料学原理是什么？有什么优缺点？ 教师引导学生利用所学专业基础知识分析视频中的激光熔覆过程，引导学生讨论其材料学原理，凝练其优点，然后总结展示给学生。（引导学生积极主动参与课堂，体现以学生主动思考为主，教师引导的教学理念） 4. 工程案例介绍激光熔覆技术的作用 （1）对材料表面改性。  激光熔覆耐磨轧辊  激光强化后的汽轮机叶片   航空发动机及叶片激光熔覆 $Al_2O_3-TiO_2$ 纳米热障涂层 （2）对产品的表面修复（再制造）。

续表

<table>
<tr>
<td>本节课
教学设计</td>
<td>

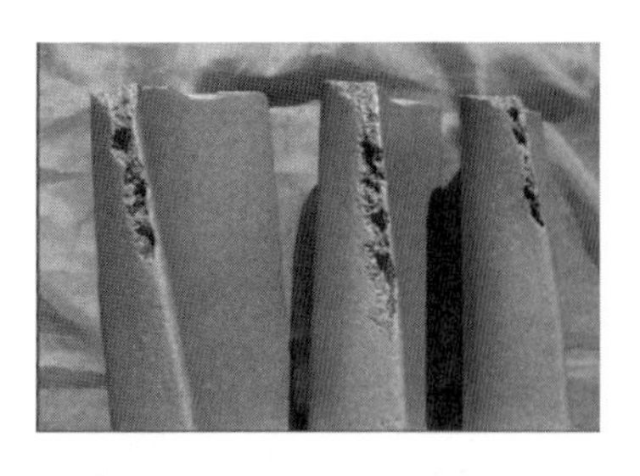

YLII－8000H 动叶片损伤部位

YLII－8000H 动叶片修复后

汽轮机压缸隔板叶片损伤状态

汽轮机压缸隔板叶片修复后

思政元素：通过具体工程案例，让学生了解所学专业知识在实际生产中是有用的，从而激发其学习的兴趣和动力以及进一步探索的好奇心。

5. 视频学习激光熔覆的工艺及设备

https：//haokan. baidu. com/v？pd = wisenatural&vid = 12591471120762143452。

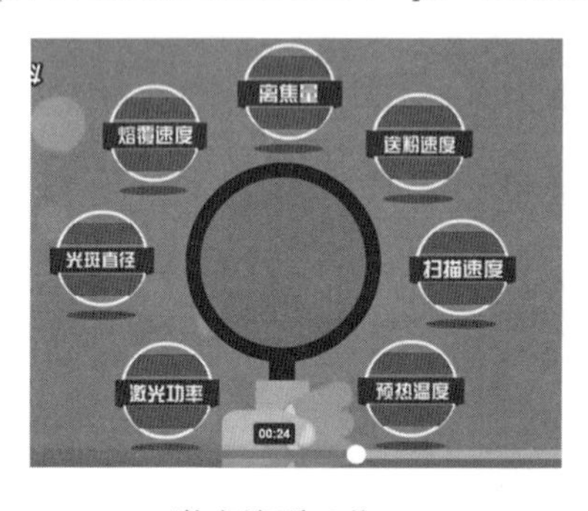

激光熔覆工艺

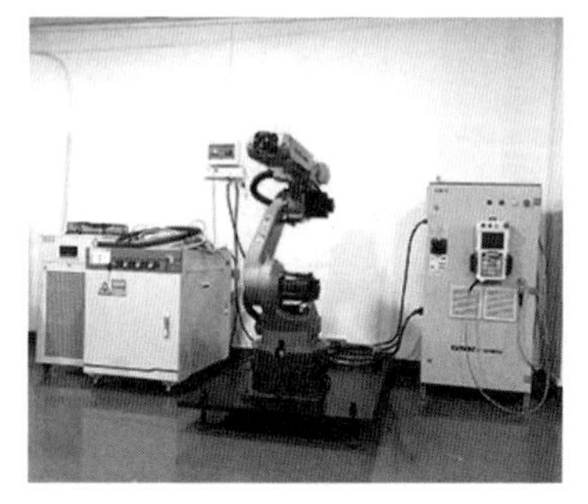

激光熔覆设备

6. 通过工程案例介绍激光熔覆技术的应用

（1）典型案例 1：航空发动机表面激光熔覆热障涂层。

现代涡轮喷气式航空发动机、火箭发动机等航空航天领域关键热端部件（如涡轮叶片、导向器叶片、涡轮盘、燃烧室等）服役环境恶劣，发动机叶片必须经受高温、热机疲劳、化学腐蚀、冲刷和烧蚀等 20 种以上复杂载荷作用；采用激光熔覆技术制备 Y_2O_3 稳定的 ZrO_2（简称 YSZ）热障涂层，其熔点可高达 2700℃，热导率较低，能够满足苛刻环境对叶片性能的要求。

</td>
</tr>
</table>

续表

本节课教学设计	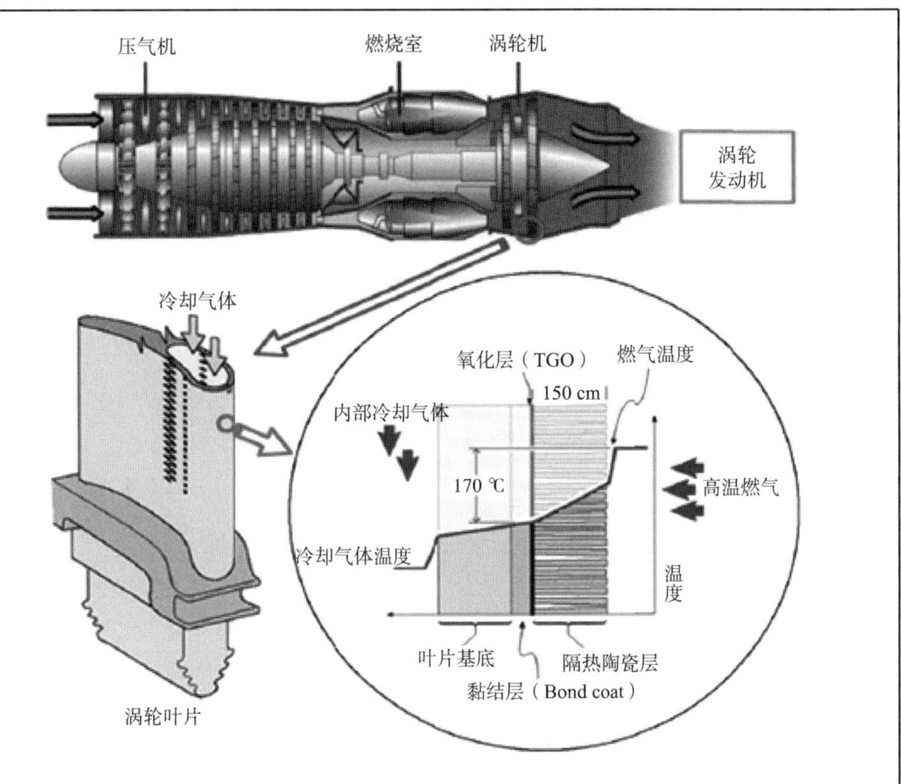 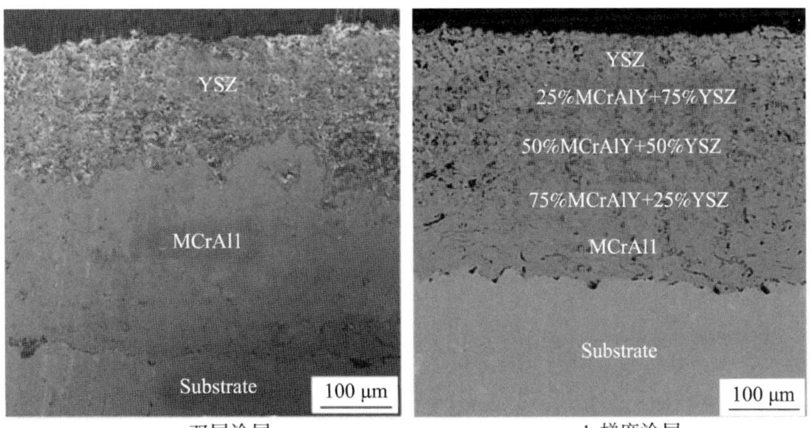 a.双层涂层　　b.梯度涂层 （2）典型案例 2：超高速激光熔覆技术制备氧化铝涂层。 “探险者”号人造卫星外壳前部，用超高速激光熔覆技术制备氧化铝涂层，卫星每 118 分钟绕地球一周要经历一次温度从 100 ~ 315℃的变化，由于氧化铝涂层的隔热性和热辐射性交替地进行热的保持和辐射，使仪器舱内的温度得以保持在 10 ~ 30℃。 **思政元素**：激励学生厚植“强国志、报国行”的远大志向，将课程思政教育与航空航天特色产业相融合，增强学生的社会使命感。

续表

<table>
<tr><td>本节课
教学设计</td><td>（五）课后测（Post - assessment）
通过超星学习通发布测试题，根据课后测结果检验学生是否达成了学习目标，能否对知识进行延展。
（1）如何得到高质量的激光熔覆涂层？
（2）根据所学知识讨论激光熔覆涂层区别于其他手段制备涂层（比如热喷涂）的优越性。
思政元素：激发学生的求知欲，培养学生独立思考问题、解决问题的能力。
（六）总结（Summary）
让学生总结本节课的知识点，多人进行补充，然后教师强调重点、难点，以加深学生的印象。
思政元素：提高学生的学习能动性，激励学生积极参与教学活动，勤于思考，善于总结。
（七）课后作业（下节课翻转课堂小组讨论作业）
1. 翻转课堂讨论题
飞船的头部锥体和翼前沿由于具有几十倍的声速，并与大气层摩擦，其表面温度高达 4 000~5 000℃，绝大部分金属和合金都不能承受如此高的温度，请同学们结合所学专业知识为其表面设计合适的表面涂层结构及涂层材料，并提出涂层制备方法及涂层性能测试表征方法和手段。
2. 要求
（1）查阅文献，分析其服役条件及性能要求，设计方案，提出解决问题的思路、可用的涂层种类，并探讨其制备方法、制备工艺和涂层具备的性能，使用 PPT 阐述。
（2）时间：5 ~8 分钟。
（3）文献阅读后要进行归纳整理，构建解决问题的思路和方法，回答老师和同学们提出的相关问题。
思政元素：培养学生对专业文献查阅、整理、总结的能力以及利用所学专业知识分析和解决复杂工程问题的综合能力，培养学生的创新精神和创新意识，提升学生的沟通交流能力。</td></tr>
<tr><td>课程思政
元素</td><td>家国情怀、民族自信心和自豪感、行业担当、创新意识。</td></tr>
</table>

四、课程思政融入效果

本节课程采用“神舟十三号”等大国重器案例导入激发学生强烈的求知欲，通过视频教学、讨论式教学、案例教学等多种生动有趣的互动性教学方法组织教学活动，注重对学生思维能力的培养，学生的课堂参与度高，学习兴趣浓厚，教学效果良好。

（1）神舟十三号飞船顺利着陆，体现了中国在航天领域又一次取得的重大成就。港珠澳大桥宛若一条巨龙，横卧在伶仃洋的碧波之上，三峡工程气势恢宏。中国人一次次突破具有自主知识的关键核心技术，将中国印记留在瀚海蓝天、星辰大海。习近平总书记在考察时多次强调："我们要靠自己的努力，大国重器必须掌握在自己手里。"通过这些大国重器的案例增强学生的民族自信心和自豪感，激励学生厚植家国情怀，为国家振兴、民族强盛而努力学习。

（2）通过激光熔覆技术制备热障涂层在航空发动机上的应用案例，让学生体会到先进表面处理技术在推动我国航天事业方面的重要作用，激励学生厚植"强国志、报国行"的远大志向，将课程思政教育与航空航天特色产业相融合，增强学生的社会使命感。

（3）利用课后拓展布置实践设计性翻转课堂作业，让学生主动思考，综合利用所学知识解决实际问题，培养学生对专业文献查阅、整理、总结的能力以及利用所学专业知识分析和解决复杂工程问题的综合能力，培养学生的创新精神和创新意识，提升学生的沟通交流能力，使学生成长为心系社会、有时代担当的专业人才。

五、教学反思

（1）本节课通过有效的教学设计，将专业课程与思政育人相结合，合理利用大国重器案例资源，在对学生传授专业知识的过程中，进行价值观引导，发挥课堂的教育功能，激发学生学习热情，热爱专业，学好专业知识和专业技能，将来服务于国家和社会，取得理想的教学效果。

（2）本节课采用的 BOPPPS 教学模式，学生课堂参与度高，课前测和课后测的反馈有利于教师把控课堂教学重点，思政融入润物无声，可作为借鉴和参考推广至其他专业课程。

（3）在教学过程中，限于时间原因，课前测和课后测仅关注了专业知识的评价，后续可设计与重大工程有关的背景资料和激发学生创新思维的发散性试题，突出对学生国家战略和工程思维能力的评价。

流通经济学课程思政教学案例

管理学院　黄　芳

一、课程基本信息

课程名称	流通经济学		
课程性质	专业必修课	学科门类	经济学
学分	3	授课对象	大二本科生
学时	48（理论 46，实践 2）	授课方式	线下
课程简介			
物流管理专业定位于践行工、商交叉融合特色，依托工科优势，传承兵工血统，培养在“互联网＋流通”背景下能够在制造企业及服务制造行业的物流企业从事运营管理的高素质应用人才。流通经济学是物流管理专业的核心课程，主要包含流通产业与流通成本、流通分工与流通渠道、三流融合与网络经济的基础理论和分析方法，该课程的设置为物流专业定位起到关键的支撑作用。			

二、教学目标

知识目标	（1）掌握马克思、恩格斯的流通观及其分析方法。 （2）理解交换制度的历史变迁，掌握亚当·斯密、马克思、杨格、杨小凯等人的分工理论。 （3）掌握不同市场结构、市场态势、商品类型的流通模式，理解农产品流通的特点与运行方式。 （4）掌握交易费用理论、外部性理论，理解电子商务等流通方式对传统流通模式的变革与影响。 （5）掌握渠道权力理论，理解渠道冲突、零售业的店铺选址与批发商面临的挑战。
能力目标	（1）独立获取知识的能力，独立思考的能力。 （2）发现问题、提出问题、分析问题和解决问题的能力，并对所涉问题有一定深度的理解和探究。 （3）合作与沟通能力。

续表

课程思政育人目标	（1）培养学生的批判性思维、科学的价值观，破除学生对西方经济理论的迷信。 （2）激发学生的政治认同，树立制度自信、文化自信。 （3）培养学生身心健康、视野开阔、热爱祖国，认同和践行艰苦奋斗、自立更生、无私奉献的兵工精神。 （4）培养学生成长为具备商业伦理、远大眼光、通融识见和博雅精神的人。

三、教学设计

案例名称	理解中国“粮食安全”战略——兼论传统贸易经济理论的局限性		
授课章节	第 1、2、3 章	学时	前后穿插在 5 个学时中
本节课教学目标	**（一）知识目标** （1）通过对我国粮食安全战略的了解，理解粮食作为最终商品中的“生活必需品”，其流通是不完全的流通，不能完全由市场机制所决定。 （2）通过对我国粮食安全、粮食流通机制的了解，剖析传统西方贸易经济理论的局限性。 （3）通过对我国粮食流通机制的历史演变，理解制度变迁的机理。 **（二）能力目标** （1）引导学生在自主查找案例资料、提出研究思路、解决疑难问题中培养自主学习能力、实践创新能力。 （2）引导学生在小组讨论中培养团队合作能力，在课堂分享中培养交流沟通能力。 **（三）课程思政育人目标** （1）培养学生的批判性思维，提高其科学素养。 （2）破除学生对西方经济理论的迷信，逐步树立学生对中国经济理论的理论自信。 （3）深度阐释乡村振兴、粮食安全等党的重要经济方针政策，激发学生的政治认同，树立制度自信。		
本节课教学设计	采用对分课堂的教学方法，对分课堂核心流程包括：讲授、独学、讨论、对话，下面结合四个核心流程阐述案例教学过程。 **（一）讲授** 在本课程的第 3 节课，讲授绝对比较优势理论、相对比较优势理论的基本内容，并提出这些理论都有其局限性。 在本课程的第 14 节课，讲授马克思的分工思想以及杨小凯的现代分工理论的基本内容（见图 1），同时提供相关文献“马克思分工思想及其新时代意蕴”（2019 年人民论坛发文）、“马克思与杨小凯分工理论的简要比较与启示”（2011 年现代经济探讨发文）、“分工的一般理论与古典增长框架”（2005 年经济学家发文）等作为阅读材料。		

续表

本节课教学设计

图 1 课堂讲授马克思分工思想、现代分工理论

在本课程的第 16 节课，讲授有形商品流通的分类、生活必需品流通的特点。在此基础上，引出我国粮食流通机制的历史演变，理解不完全流通的表现形式。最后，通过俄乌冲突下中国大量粮食储备引发全球关注的热点现象，引出中国“粮食安全”战略的概念（不进行深入的分析和阐述）。

这部分教学过程以教师讲授为主，对学生进行充分而不过分的引导。

（二）独学

本课程第 16 节课结束时，给学生布置课后独立完成并需提交的书面作业：结合中国的“粮食安全”战略理解“相对比较优势理论”的局限性。作业中附上《中国春秋时期的粮食战争》的阅读材料作为学习资源。学生的书面作业在线提交后，及时批改并返回学生，同时将优秀作业名单在第 17 节课上公布，以鼓励独立思考（见图 2）。

作业 › 优秀作业　　在 优秀作业 中搜索

名称	修改日期	类型	大小
12008990218万雪琴（流通经济学）	2022/4/10 22:55	DOCX 文档	17 KB
12008990324陈倩倩	2022/4/11 7:40	DOCX 文档	13 KB
12008990508林远驰	2022/4/11 7:14	DOCX 文档	12 KB
12008990510王丹丹	2022/4/11 7:14	DOCX 文档	13 KB
12008990512刘思利	2022/4/11 7:12	DOCX 文档	14 KB
12008990517蔡双	2022/4/11 6:43	DOCX 文档	14 KB
12008990611廖传军(1)	2022/4/10 22:56	DOCX 文档	15 KB
12008990615毛金娜	2022/4/10 22:56	DOCX 文档	12 KB
12008990811岑叶	2022/4/10 22:54	DOCX 文档	17 KB
12008990821吴晓	2022/4/11 7:05	DOCX 文档	14 KB
12008990837 张靖	2022/4/11 7:01	DOCX 文档	13 KB
12008990922张雪琴	2022/4/11 6:57	DOCX 文档	13 KB
12008991023冉骏	2022/4/11 6:48	DOCX 文档	13 KB
结合中国的"粮食安全"战略理解-李金玥	2022/4/10 22:55	DOCX 文档	15 KB
孔婷薇12008990104(1)	2022/4/4 19:51	DOCX 文档	13 KB
谭东南 流通经济学	2022/4/11 7:35	DOCX 文档	13 KB
物流一班-李程程	2022/4/10 22:55	DOCX 文档	152 KB
相对比较优势 w吴梦清	2022/4/10 22:56	DOCX 文档	13 KB
谢睿12008990328	2022/4/10 22:56	DOCX 文档	17 KB

图 2 独立作业优秀名单

续表

<table>
<tr><td>本节课教学设计</td><td>这部分教学过程以学生独立思考为主，辅以阅读资料等学习资源的提供，要求学生对知识点进行理解，形成书面成果。
（三）讨论
本课程第 17 节课公布独立作业的优秀名单后，进一步抛出小组讨论主题：俄乌冲突对全球粮食贸易的影响——基于马克思分工思想（或基于杨小凯分工理论）。引导同学们开展分组讨论，每组 4 ~5 人，课后在线提交书面的讨论报告。学生的小组报告提交后，及时批改并返回学生，同时给学生提供案例的相关视频材料，表现优秀的学习小组于第 19 节课进行汇报。
这部分教学过程通过组织学生开展小组讨论来解决低层次问题，凝练高层次问题。
（四）对话
在课程第 19 节课，邀请优秀的学习小组进行课堂汇报（见图 3），汇报结束后展开师生对话、学生间对话。师生对话目的是引导学生进一步对小组讨论议题中的重点内容进行梳理、总结，同时对小组讨论中凸显出来的未解决的高层次问题进行深入解答。引导学生间开展对话，通过汇报小组对同学问题的解答进一步强化对话双方主动学习的效果。
这部分教学过程以多层次对话、教师答疑为主，解决小组讨论凝练的高层次问题。

图 3　小组课堂汇报</td></tr>
<tr><td>课程思政元素</td><td>马克思流通思想、批判性思维、粮食安全、乡村振兴、制度自信、自力更生、团队合作。</td></tr>
</table>

四、课程思政融入效果

1. 知识层面融合的效果

知识层面的融合是课程思政教学的基础。在流通经济学课程教学实践中，选取粮食流通机制、相对比较优势理论、马克思流通思想、杨小凯现代分工理论等知识点作为思政切入点，按照教学节奏在教学进程中依次讲授上述知识点，粮食流通机制这一知识点讲授完成后，适时导入“粮食安全”的案例，对上述知识点进行回顾和应用。

2. 方法层面融合的效果

方法层面的课程思政融合，是在物流管理专业所需的创新实践能力素养、批判性思维方式、团队合作能力、沟通能力等思政元素提炼的基础上，在“粮食安全”案例中引导学生批判传统西方流通理论的局限性，通过小组讨论等教学形式提高学生的沟通合作能力，着力培养学生的科学精神、创新能力、合作交流能力。

3. 实践层面融合的效果

实践层面的课程思政融合，主要通过鲜活的中国故事，尤其是针对俄乌冲突、新冠疫情等时事热点制定的国家战略的阐释，推动学生树立对国家的政治认同、建立制度自信。

俄乌冲突下遭到西方媒体攻击的中国粮食储备问题，充满了东西方的舆论冲突，学生对此兴趣极大，教学中结合对分课堂的教学设计，引导学生应用本学科的理论知识展开研究性学习、小组讨论，并组织优秀学习小组进行汇报、交流，效果较好。

五、教学反思

1. 以润物细无声的方式开展课程思政教学效果较好

大学本科专业课程开展课程思政教学不能为了思政而思政，应该与专业学习、能力培育结合起来。思政育人如同专业课这道菜的调味剂，以润物细无声的方式开展课程思政，学生的接受度、教学效果能够得到保证。

2. 从知识、方法、实践三个层面进行课程思政的教学设计具有较强的可操作性、可复制性

从知识、方法、实践三个层面进行课程思政教学内容的设计，可以将思政在课程知识体系中的应用场景进行全方位挖掘，同时可以实现思政内容与专业课程原有内容体系的高度融合，故具有较强的可操作性，也可以复制到物流管理专业乃至人文社科类专业的其他专业课程中。

3. 在物流管理专业课程中讲述贴近现实的中国故事有助于学生树立政治认同、文化自信、制度自信

众多中国流通故事中蕴含着丰富的家国情怀、国际视野、创新思维等思政教育元素，紧密结合中国流通故事，可以构筑脉络清晰的物流管理专业课程思政价值链，树立学生的政治认同、文化自信、制度自信。

国际经济法与商法课程思政教学案例

经济金融学院　王腊梅

一、课程基本信息

<table>
<tr><td>课程名称</td><td colspan="3">国际经济法与商法</td></tr>
<tr><td>课程性质</td><td>专业必修课</td><td>学科门类</td><td>法学</td></tr>
<tr><td>学分</td><td>3</td><td>授课对象</td><td>大三本科生</td></tr>
<tr><td>学时</td><td>48（理论）</td><td>授课方式</td><td>线下</td></tr>
<tr><td colspan="4">课程简介</td></tr>
<tr><td colspan="4">国际经济法与商法作为国际经济与贸易专业的必修课，是以国际经济关系为其调整对象，以规制国际经济行为，明确界定国际经济活动各参与方权利义务为使命的法律规范的总称，是随着国际市场与国际分工的出现、经济交往突破一国界限正逐步走向全球化而产生与发展起来的法律学科，与国际（公）法、国际私法一起共同构成完整的国际法律制度体系。通过本课程的学习，学生掌握国际经济交往，尤其是国际货物贸易活动的基本规则，理解规则背后的历史、文化因素，并能熟练运用规则解决国际货物贸易领域产生的合同纠纷与问题，从而最大限度维护我方的合法利益。修学本课程需要对法律，尤其是经济法以及国际经济学的相关内容有所掌握，并在此基础上展开对国际经济法与商法课程的深入理解与认识。</td></tr>
</table>

二、教学目标

知识目标	（1）了解国际海上货物运输的由来。 （2）认识国际海上货物运输的发展对于推动国际贸易发展以及经济全球化的重要意义。 （3）理解现代国际海上货物运输的两类经营方式。
能力目标	（1）培养学生透过现象看本质的认知思维能力。 （2）培养学生树立从唯物主义角度全面认识世界的观念。 （3）培养学生辩证思维的能力。 （4）培养学生建立基于海洋的全球视野。
课程思政育人目标	（1）厚植学生的爱国主义情怀，增强学生的使命担当。 （2）强化学生的民族自尊心、自信心和自豪感。 （3）帮助学生树立正确“三观”，塑造良好品格。 （4）帮助学生树立海洋国土意识，明确海洋国土及海洋权益对国家主权的重要性。

三、教学设计

<table>
<tr><td>案例名称</td><td colspan="3">国际海上货物运输概况————国际海上货物运输安全与国家海洋主权安全</td></tr>
<tr><td>授课章节</td><td>第四章第一节</td><td>学时</td><td>2</td></tr>
<tr><td>本节课
教学目标</td><td colspan="3">（1）在教师介绍下学生了解国际海上货物运输活动的由来，理解国际海上货物运输的发展对于推动国际贸易发展以及经济全球化的重要意义。
（2）在教师讲解下学生理解现代国际海上货物运输的两类经营方式：班轮运输与租船运输。
（3）在教师引导下学生提高透过现象看本质的认知思维能力和辩证思维能力。
（4）在教师引导下学生建立基于海洋的全球视野与从唯物主义角度全面认识世界的观念。</td></tr>
<tr><td>本节课
教学设计</td><td colspan="3">1. 本节课知识要点
（1）国际海上货物运输发展简史。
（2）国际海上货物运输经营方式：班轮运输与租船运输的概念与比较。
2. 本节课教学内容
（1）国际海上货物运输发展简史。
（2）国际海上货物运输经营方式之班轮运输的概念。
（3）国际海上货物运输经营方式之租船运输的概念。
（4）班轮运输与租船运输的比较。
3. 本节课教学方法
（1）讲授法。
（2）问题导入法。
（3）讨论法。
4. 课程思政融入内容
（1）课程思政案例一：1993 年中国银河号事件。
（2）2016 年中国南海“仲裁”案。
5. 课程思政融入方式
问题导入—知识讲授—课程思政案例引入—小组讨论。</td></tr>
<tr><td>课程思政
元素</td><td colspan="3">家国情怀、科学思维、文化自信、创新精神。</td></tr>
</table>

四、课程思政融入效果

（1）通过引入课程思政案例一，使学生明确国际主权的外延不只限于陆地，也包括公海上悬挂中国国旗的船舶。

（2）通过引入课程思政案例一，使学生深刻认识只有国家强大了，才能确保国家海洋主权和对外贸易的安全以及海上运输的安全。

（3）通过引入课程思政案例一，使学生深刻认识强大的海军力量是确保国家海洋主权和国际海上运输安全的基础和前提。

（4）通过引入课程思政案例二，使学生树立家国情怀，深刻认识到在中国共产党的领导下，经过70多年的建设与发展，中国已经有力量维护国家主权包括海洋主权安全，并对任何霸权力量说“不”。我们要树牢四个意识，坚定四个自信，做到两个维护，从而最终实现中华民族的伟大复兴。

（5）通过引入课程思政案例二，激励学生的科学思维、创新精神，意识到国家复兴与强大需要每个中国人，尤其中国青年的奉献与创造。每个中国青年要有建设祖国、复兴祖国的使命担当。

五、教学反思

（1）今后要通过课程思政案例的引入以及思政元素的挖掘，激发学生的爱国情怀，增强学生的民族自尊心、自信心和自豪感，使学生深刻认识国际规则的主导制定需要以国家实力为后盾，国家主权包括海洋主权维护以及国际海上货物运输航线安全也是如此。

（2）今后要通过将课程思政元素与课程思政案例的融合，使学生明确只有国家强大了，我们每个个体才能享受发展红利，拥有和平安宁的发展环境。同时以此激发学生学好本领、建设祖国，牢固树立实现中华民族伟大复兴的动力与热情。

（3）今后应尽可能通过小组讨论课程思政案例，采用小组发言、教师点评方式，引导学生对案例中涉及的思政元素产生更加深刻和直观的认识。

网络爬虫及数据可视化课程思政教学案例

计算机科学与工程学院　崔贯勋

一、课程基本信息

<table>
<tr><td>课程名称</td><td colspan="3">程序设计及实践（Python 语言版）</td></tr>
<tr><td>课程性质</td><td>公共基础课</td><td>学科门类</td><td>工学</td></tr>
<tr><td>学分</td><td>4</td><td>授课对象</td><td>大一本科生等</td></tr>
<tr><td>学时</td><td>64（理论 32，实践 32）</td><td>授课方式</td><td>线下</td></tr>
<tr><td colspan="4">课程简介</td></tr>
<tr><td colspan="4">程序设计及实践是高等院校非计算机类专业学生接受计算机技术教育的一门公共基础课，它是根据教育部高等学校大学计算机课程教学指导委员会编制的《新时代大学计算机基础课程教学基本要求》开设的。本课程着重向学生介绍 Python 的编程模式，熟练运用 Python 运算符、内置对象、各种数据类型及特性来解决实际问题，熟练掌握 Python 程序结构、函数以及面向对象类的设计与使用，熟练使用 Python 文件对象读写各类数据，熟悉不同领域特别是大数据处理领域的 Python 相关库的基本用法，同时充分发挥 Python 语言的优势，从最简单、最直观的思路出发，培养学生的计算思维，运用信息技术处理分析数据的能力以及解决本专业领域复杂问题的能力。</td></tr>
</table>

二、教学目标

<table>
<tr><td>知识目标</td><td>（1）Python 语言的基本词法：包括 Python 语言的基本数据类型、运算符与表达式。
（2）Python 语言的基本程序结构：包括顺序结构程序、选择结构程序、循环结构程序。
（3）Python 语言中更复杂的程序结构和两种重要数据类型的应用：包括函数、列表、字典、集合、元组、字符串和正则表达式的应用。
（4）Python 语言中更深入的应用：包括爬虫，数据的处理、分析与可视化，数据库操作等。</td></tr>
<tr><td>能力目标</td><td>（1）阅读分析程序的能力。能看懂一般难度的程序，能分析程序是如何一步步实现所要求的功能的。
（2）编写程序的能力。初级目标：能独立编写一定难度的程序；高级目标：能编写程序解决本专业领域较复杂的问题。
（3）调试程序的能力。能上机调试运行一定难度的程序。
（4）培养学生在解决比较复杂的问题时，把握全局、统筹规划的能力。</td></tr>
</table>

续表

课程思政育人目标	（1）通过编写程序培养学生耐心、细致、有条理的工作作风，通过调试程序培养学生面对问题时自信、沉着、冷静的心理素质。 （2）培养学生相互协作的能力与团队精神。 （3）使学生初步建立计算思维（程序化思维）。 （4）通过思想政治教育贯穿于教育教学全过程，实现知识传授、能力培养与价值引领的有机统一。培养学生树立正确的人生观和价值观，具备良好的职业素养和崇高社会责任感、精益求精的工匠精神、严谨的科学态度和锲而不舍、专注坚守的毅力。

三、教学设计

案例名称	网络爬虫及数据可视化		
授课章节	网络数据爬取及可视化	学时	4
本节课教学目标	**（一）知识目标** （1）掌握程序设计的基本知识、基本方法和应用。 （2）掌握爬虫库 requests 的用法。 （3）掌握用 wordcloud 生成词云图进行数据可视化的方法。 （4）掌握用 numpy、pandas、matplotlib 可视化为南丁格尔玫瑰图的方法。 **（二）能力目标** （1）培养学生计算思维能力、创新能力、分析问题并设计算法进而解决实际应用问题的能力。 （2）培养学生合法爬取网络数据并进行处理和分析的能力。 **（三）课程思政育人目标** （1）强化学生规则意识，弘扬社会主义核心价值观的文明和法治精神。 （2）增强“四个意识”、坚定“四个自信”、做到“两个维护”确保了武汉抗疫保卫战的胜利，上海保卫战的胜利。 （3）学习医护人员舍小家为大家，运筹帷幄、敢于担当，救死扶伤、医者仁心，英勇无畏、顽强拼搏，齐心协力、同舟共济的伟大抗疫精神，传承和发扬爱国主义、集体主义、社会主义精神。		
本节课教学设计	**（一）网络爬虫** 网络爬虫又称网络蜘蛛，是指按照某种规则在网络上爬取所需内容的脚本程序。众所周知，每个网页通常包含其他网页的入口，网络爬虫则通过一个网址依次进入其他网址获取所需内容。编写程序需要遵守程序规范，爬虫也要“盗也有道”，应该遵守 robots 协议。robots 协议是一种存放于网站根目录下的 ASCII 编码的文本文件，它通常告诉网络搜索引擎的漫游器（又称网络蜘蛛），此网站中的哪些内容是不应被搜索引擎的漫游器获取的，哪些是可以被漫游器获取的。无规矩不成方圆，小到衣食住行遵守规则讲文明，大到国家社会运行遵纪守法讲法治，这正是社会主义核心价值观的文明和法治精神所在。 1. 一个网络爬虫的组成结构 （1）爬虫调度程序（程序的入口，用于启动整个程序）。 （2）URL 管理器（用于管理未爬取的 URL 及已经爬取过的 URL）。 （3）网页下载器（用于下载网页内容用于分析）。 （4）网页解析器（用于解析下载的网页，获取新的 URL 和所需内容）。		

续表

<table>
<tr>
<td>本节课教学设计</td>
<td>

（5）网页输出器（用于把获取到的内容以文件的形式输出）。

2. 一个爬虫的执行过程

（1）向服务器发起请求。通过 http 库向目标站点发起请求，即发送一个 request，请求可以包含额外的 header 等信息，等待服务器响应。

（2）获取响应内容。如果服务器能正常响应，会得到一个 response，response 的内容便是所要获取的页面内容，类型可能有 HTML，Json 字符串，二进制数据（如图片视频）等。

（3）解析内容。得到的内容可能是 HTML，可以用正则表达式、网页解析库解析：

①可能是 Json，可以直接转化为 Json 对象解析。

②可能是二进制数据，可以保存或者进一步处理。

（4）保存数据。保存形式多样，可以保存为文本，也可以保存至数据库，或者保存成特定格式的文件。

其流程如图 1 所示。

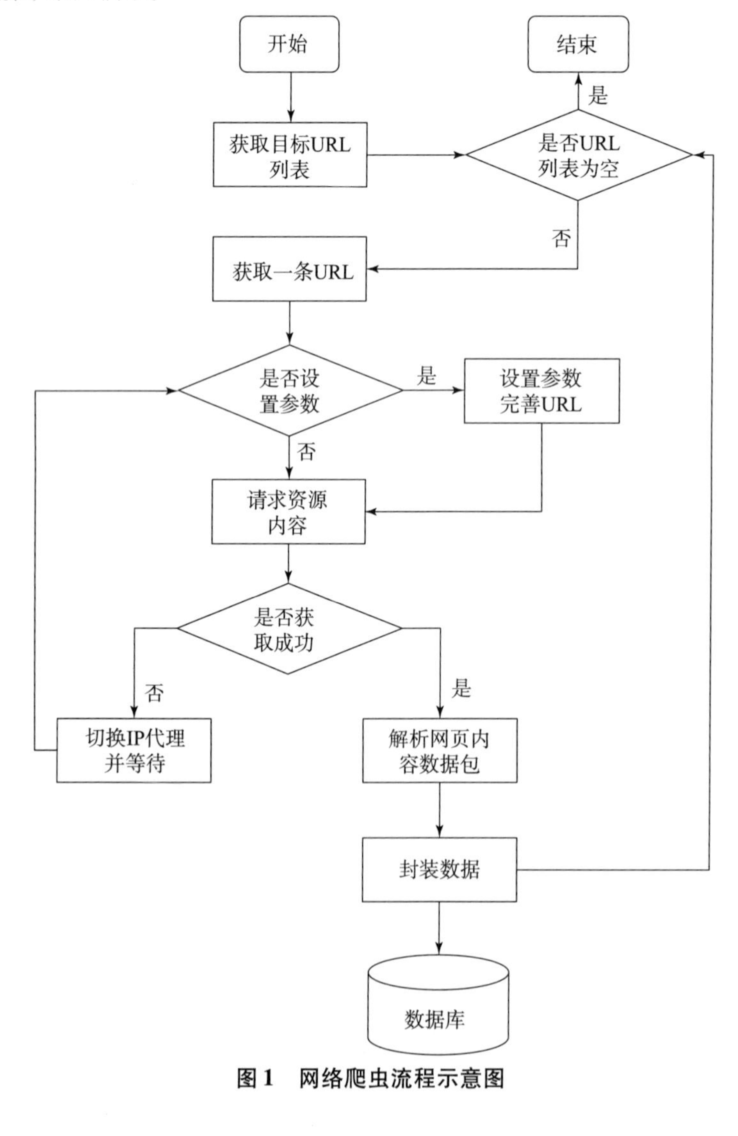

图 1　网络爬虫流程示意图

</td>
</tr>
</table>

续表

本节课教学设计

爬虫常用的库是 requests，其主要方法如表 1 所示。

表 1 requests 常用方法

方法	说明
requests. request （method，url，* * kwargs）	构造一个请求，支撑一下各方法的基础方法
requests. get （url，params = None，* * kwargs）	获取 HTML 网页的主要方法，对应 HTTP 的 GET
requests. head （url，* * kwargs）	获取 HTML 网页头的信息方法，对应 HTTP 的 HEAD
requests. post （url，data = None，json = None，* * kwargs）	向 HTML 网页提交 POST 请求方法，对应 HTTP 的 POST
requests. put （）	向 HTML 网页提交 PUT 请求的方法，对应 HTTP 的 PUT
requests. patch （）	向 HTML 网页提交局部修改请求，对应于 HTTP 的 PATCH
requests. delete （）	向 HTML 页面提交删除请求，对应 HTTP 的 DELETE

爬取疫情数据参考代码如下：

```
importpandasaspd
fromseleniumimportwebdriver
importre
importdatetime
fromselenium.webdriver.common.byimportBy
url = ' https://voice.baidu.com/act/newpneumonia/newpneumonia/?from=osar
i_aladin_banner'
chrome_options=webdriver.ChromeOptions()
chrome_options.add_argument('——headless')
driver=webdriver.Chrome('E:/PythonProject/chromedriver.exe',options=chrome_options)
driver.get(url)
driver.find_element(By.XPATH,'/html/body/div[2]/div/div/section/div[2]/div[5]/div[3]/div[4]/div/div/span').click()
driver.find_element(By.XPATH,'/html/body/div[2]/div/div/section/div[2]/div[5]/div[3]/div[12]/div/div/span').click()
html=driver.page_source
dt=str(datetime.datetime.now().year)+'.'+re.findall('新增数据统计周期为昨日\d\d.\d\d',html)[0][-5:]
```

续表

本节课教学设计

```
dt = datetime.datetime.strptime(dt,"%Y.%m.%d").strftime("%Y/%m/%d")
tables = pd.read_html(html)
df = pd.DataFrame(data = tables[0],columns = ['date','country','省市地区','provinceCode','city','cityCode','累计确诊','suspected','cured','dead'])
df.rename(columns = {'省市地区':'province','累计确诊':'confirmed'},inplace = True)
df['country'] = '中国'
df1 = pd.DataFrame(data = tables[2],columns = ['date','地区','province','provinceCode','city','cityCode','累计','suspected','治愈','死亡']).iloc[1:]
df1.rename(columns = {'地区':'country','累计':'confirmed','治愈':'cured','死亡':'dead'},inplace = True)
df = df.append(df1)
df['date'] = dt
df = df.reset_index(drop = True)
print(df)
df.to_csv('result.csv',encoding = 'utf_8_sig')
driver.close()
```

（二）数据可视化——词云图

词云，又称文字云，由词汇组成类似云的彩色图形。它是通过对一个或多个关键词进行重复的、字体大小颜色不一的、不规则的排列，使其看上去类似于某种形状的图片，是对文本中出现频率较高的“关键词”予以视觉化的展现，词云图过滤掉大量的低频低质的文本信息，使得浏览者只要一眼扫过文本就可领略文本的主旨。

（1）wordcloud 模块中有三个函数分别是：

```
wordcloud.WordCloud()              #用于生成或者绘制词云的对象
wordcloud.ImageColorGenerator()    #依据彩色颜色生成颜色
wordcloud.random_color_func()      #默认着色方法。选取一个随机色调
wordcloud.WordCloud(font_path = None,width = 400,height = 200,margin = 2,ranks_only = None,prefer_horizontal = 0.9,mask = None,scale = 1,color_func = None,max_words = 200,min_font_size = 4,stopwords = None,random_state = None,background_color = 'black',max_font_size = None,font_step = 1,mode = 'RGB',relative_scaling = 'auto',regexp = None,collocations = True,colormap = None,normalize_plurals = True,contour_width = 0,contour_color = 'black',repeat = False)
```

（2）词云图生成方法如下：

- ◆ `fit_words(frequencies)` #根据词频生成词云图
- ◆ `generate(text)` #根据文本生成词云图
- ◆ `generate_from_frequencies(frequencies[,…])` #根据词频生成词云图

续表

本节课教学设计	◆ generate_from_text(text)　#根据文本生成词云图
	◆ process_text(text)　#将长文本拆分成单词,消除词尾
	◆ recolor([random_state,color_func,colormap])　#对现有的字体颜色进行重新染色,重新染色会比重新生成整个词云快很多
	(3) 生成的词云图存储展示方法如下:
	◆ to_file(filename)　#导出到图像文件,filename 为输出路径,如 r'E:\master\picture.png'
	◆ 通过 matplotlib 库。利用 plt.imshow(con)读取生成的词云图,然后保存生成的图片。
	◆ 可以在导出文件后,根据路径找到后直接打开。
	◆ 使用 plt.show(con)即可。
	(4) 词云图的背景如图 2 所示。
	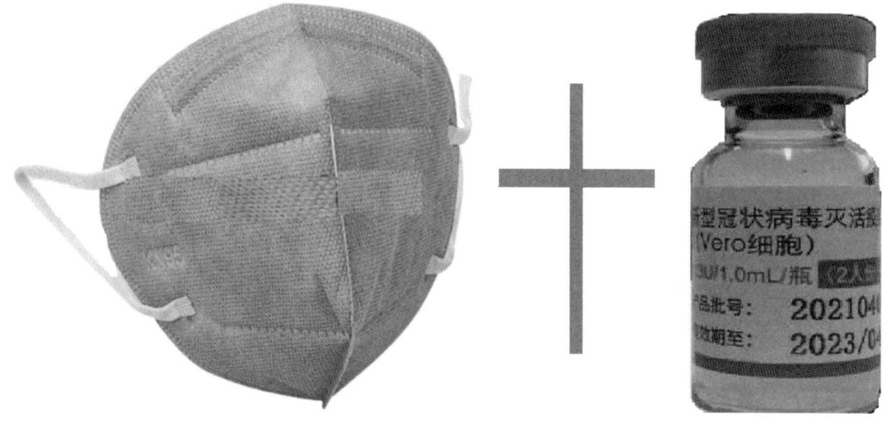
	
	图 2　词云图的背景图
	(5) 生成可视化词云图的参考代码如下（从百度网站爬取的 2022 年 8 月 28 日的数据):
	#coding:utf -8
	importpandasaspd
	importnumpyasnp
	fromwordcloudimportWordCloud
	frommatplotlibimportcolors
	fromPILimportImage
	defwordcloud_world():
	　　df =pd.read_csv('COVID1.csv')#读取数据
	　　country = df.loc[(df['province'].isnull())]['country'].tolist()#定位到全球国家最新数据
	　　confirm_num = df.loc[(df['province'].isnull())]['confirmed'].tolist()
	　　data = {i:jfori,jinzip(country,confirm_num)}

续表

本节课教学设计

```
    color_list = ['#CD0000','#CD3700','#CD4F39','#CD5B45','#CD6600','#
CD8500','#CD8162','#CD7054','#CD3333','#CD2626','#CD661D','#CD853F',
'#CDBA96','#CDAA7D','#CD6839','#CD5555','#CD9B9B','#CD950C','#CD9B1D
','#CDAD00','#CDCD00','#CDCDB4','#CDBE70','#CDC673','#A2CD5A','#
9ACD32','#66CD00','#00CD00','#00CD66','#7CCD7C','#43CD80','#9BCD9B',
'#66CDAA','#79CDCD','#00CDCD','#00C5CD','#7AC5CD','#96CDCD','#EE0000
','#EE4000','#EE5C42','#EE6A50','#EE7600','#EE9A00','#EE9572','#
EE8262','#EE3B3B','#EE2C2C','#EE7621','#EE9A49','#EED8AE','#EEC591',
'#EE7942','#EE6363','#EEB4B4','#EEAD0E','#EEB422','#EEC900','#EEEE00
','#EEEED1','#EEDC82','#EEE685','#BCEE68','#B3EE3A','#76EE00','#
00EE00','#00EE76','#90EE90','#4EEE94','#B4EEB4','#76EEC6','#8DEEEE',
'#00EEEE','#00E5EE','#8EE5EE','#AEEEEE','#FF0000','#FF4500','#FF6347
','#FF7256','#FF7F00','#FFA500','#FFA07A','#FF8C69','#FF4040','#
FF3030','#FF7F24','#FFA54F','#FFE7BA','#FFD39B','#FF8247','#FF6A6A',
'#FFC1C1','#FFB90F','#FFC125','#FFD700','#FFFF00','#FFFFE0','#FFEC8B
','#FFF68F','#CAFF70','#C0FF3E','#7FFF00','#00FF00','#00FF7F','#
9AFF9A','#54FF9F','#C1FFC1','#7FFFD4','#97FFFF','#00FFFF','#00F5FF',
'#98F5FF','#BBFFFF','#8B0000','#8B2500','#8B3626','#8B3E2F','#8B4500
','#8B5A00','#8B5742','#8B4C39','#8B2323','#8B1A1A','#8B4513','#
8B5A2B','#8B7E66','#8B7355','#8B4726','#8B3A3A','#8B6969','#8B658B',
'#8B6914','#8B7500','#8B8B00','#8B8B7A','#8B814C','#8B864E','#6E8B3D
','#698B22','#008B00','#458B00','#008B45','#548B54','#2E8B57','#
698B69','#458B74','#528B8B','#008B8B','#00868B','#53868B','#668B8B']
        colormap = colors.ListedColormap(color_list) #将自定义的色号转化为
wc 可用的 colormap
        mask = np.array(Image.open('mask.jpg'))
        wc = WordCloud(
            font_path = 'C:/Windows/Fonts/msyhbd.ttc',
            background_color = 'white',
            colormap = colormap,
            prefer_horizontal = 0.8,  #水平显示的文字相对于竖直显示文字的比例
            mask = mask,              #添加蒙版
            relative_scaling = 0.3,   #设置字体大小与词频的关联程度为 0.3
            max_font_size = 80,       #设置显示的最大字体
            scale = 3, #提升图片的精细程度,3 为放大 3 倍
            max_words = 250, #显示的最大词语数量
            width = 1600,
            height = 1200)
        wc.generate_from_frequencies(data)
        wc.to_file('全球疫情词云图 1.png')
    if __name__ == '__main__':
        wordcloud_world()
```

续表

本节课教学设计	（6）生成的词云图如图 3 所示。

图 3　生成的以口罩 + 疫苗瓶为背景的词云图

新冠疫情给国家、社会和个人带来了很大的负面影响，“口罩 + 疫苗”是抗击新冠疫情最有效途径，中国在短时间内研发出了多种新冠疫苗彰显了国家科技实力的强大，全民免费接种新冠疫苗以及大量出口口罩等防疫物资支援他国抗击新冠疫情展示了国家经济实力和制造实力的强大，我们要增强自信心和自豪感。从词云图中可以看出，确诊病例数量较多的国家中没有中国，完美地诠释了中国人民在中国共产党的集中统一领导下，全国上下一盘棋，以大局为重，一方有难八方支援的伟大精神，充分体现了社会主义制度的优越性和社会主义道路的正确性，在今后的学习生活中自觉增强“四个意识”、坚定“四个自信”、做到“两个维护”。

（三）数据可视化—numpy、pandas、matplotlib

numpy、pandas、matplotlib 是 python 用于数据处理、分析与可视化的重要模块，用 numpy、pandas、matplotlib 生成可视化南丁格尔玫瑰图的过程如下：

（1）导入 numpy、pandas、matplotlib 模块。

（2）准备疫情数据（病例数量、地区名称和颜色配置）。

（3）设置南丁格尔玫瑰图的相关属性。

（4）提取数据并进行处理。

（5）生成南丁格尔玫瑰图。

南丁格尔奖是红十字国际委员会为表彰在护理事业中作出卓越贡献人员的最高荣誉奖，在这场抗疫的伟大斗争中，医护人员舍小家为大家作出了巨大贡献，甚至因此付出了生命。全体医护人员展现的运筹帷幄、敢于担当，救死扶伤、医者仁心，英勇无畏、顽强拼搏，齐心协力、同舟共济伟大抗疫精神，同中华民族长期形成的特质禀赋和文化基因一脉相承，是爱国主义、集体主义、社会主义精神的传承和发展，是中国精神的生动诠释，丰富了民族精神和时代精神的内涵。生成南丁格尔玫瑰图的参考代码如下（国家卫健委网站 2022 年 8 月 28 日的数据）：

```
#coding:utf-8
importpandasaspd
importnumpyasnp
```

续表

本节课教学设计

```
importmatplotlib.pyplotasplt
defrosetype_pie(cname,confirmed,size,colors):
    plt.rcParams['font.sans-serif'] = ['SimHei']      #中文显示
    num = len(size)                                   #柱子的数量
    width =2* np.pi/num                               #每个柱子的宽度
    rad = np.cumsum([width]* num)                     #每个柱子的角度
    plt.figure(figsize = (8,8),dpi =500,)             #创建画布
    ax =plt.subplot(projection = 'polar')
    ax.set_ylim( -1,np.ceil(max(size) +1))
    ax.set_theta_zero_location('N', -5.0)
    ax.set_theta_direction(1)
    ax.grid(False)
    ax.spines['polar'].set_visible(False)
    ax.set_yticks([])
    ax.set_thetagrids([])
    ax.bar(rad,size,width =width,color = colors,alpha =1)   #画图
    ax.bar(rad,1,width =width,color = 'white',alpha =0.15)
    ax.bar(rad,3,width =width,color = 'white',alpha =0.1)
    ax.bar(rad,5,width =width,color = 'white',alpha =0.05)
    ax.bar(rad,7,width =width,color = 'white',alpha =0.03)
    #设置 text
    foriinnp.arange(num):
        ifi <12:
            iflen(str(confirmed[i]))% 2 = =1:
                sl = len(str(confirmed[i]))//2 +1
            else:
                sl = len(str(confirmed[i]))//2
            ax.text(rad[i],size[i] -0.2,cname[i] +'\n' +str(confirme
d[i])[:sl] + '\n' + str(confirmed[i])[sl:],rotation = rad[i]* 180/
np.pi -5,  rotation_mode = 'anchor',fontstyle = 'normal',fontweight = '
black',color = 'white',      size = size[i]/11,ha = "center",va = "top",)
        else:
            ax.text(rad[i],size[i] +0.1,str(confirmed[i]) +cname[i],  ro-
tation =rad[i]* 180/np.pi +85,rotation_mode = 'anchor',fontstyle = 'normal',
fontweight = 'normal',color = 'black',size =size[i]/4,ha ="left",va ="center",)
    plt.show()
if__name__= ='__main__':
    df =pd.read_csv('result.csv')                 #利用 pandas 读取数据
        colors  =  [( 0.68359375,  0.02734375,  0.3203125 ),
(0.78125,0.05078125,
```

续表

本节课教学设计

```
0.2578125), (0.81640625, 0.06640625, 0.0625), (0.8515625, 0.1484375, 0.08203125), (0.875, 0.0390625, 0.1796875), (0.875, 0.0390625, 0.1796875), (0.90625, 0.203125, 0.13671875), (0.89453125, 0.2890625, 0.0703125), (0.84375, 0.2421875, 0.03125), (0.9140625, 0.26953125, 0.05078125), (0.85546875, 0.31640625, 0.125), (0.85546875, 0.3671875, 0.1171875), (0.94921875, 0.48046875, 0.28125), (0.94921875, 0.48046875, 0.28125), (0.9375, 0.51171875, 0.1484375), (0.93359375, 0.59765625, 0.0625), (0.93359375, 0.62890625, 0.14453125), (0.86328125, 0.5859375, 0.15234375), (0.86328125, 0.71875, 0.16015625), (0.86328125, 0.8203125, 0.16015625), (0.86328125, 0.8203125, 0.16015625), (0.76171875, 0.8671875, 0.16015625), (0.53125, 0.85546875, 0.15625), (0.4765625, 0.94140625, 0.0703125), (0.21484375, 0.91015625, 0.0625), (0.15234375, 0.88671875, 0.08203125), (0.11328125, 0.87890625, 0.19921875), (0.11328125, 0.87890625, 0.19921875), (0.11328125, 0.8125, 0.1796875), (0.1875, 0.76953125, 0.2109375), (0.2109375, 0.78125, 0.38671875), (0.1484375, 0.76953125, 0.30859375), (0.22265625, 0.73046875, 0.35546875), (0.2890625, 0.6875, 0.4765625)]#转化为小数的 rgb 色列表,
    df_top_confirmed = df.loc[(df['country'] == '中国')].sort_values('confirmed', ascending = False).head(34)    #国内疫情数据
    cname = df_top_confirmed['province'].tolist()    #国内疫情数据

  #  df_top_confirmed = df.loc[(df['province']! = '中国')].sort_values('confirmed', ascending = False).head(34)#国外疫情数据
  #  cname = df_top_confirmed['country'].tolist()    #国外疫情数据
    confirmed = list(map(int, df_top_confirmed['confirmed'].tolist()[:]))
    size = [28,24,20,17,15,13,11,9,8,7.25,7.0,6.75,6.5,6.25,6.0,5.75,5.5,5.25,5.0,4.75,4.5,4.25,4.0,3.75,3.5,3.25,3.0,2.75,2.5,2.25,2.0,1.75,1.5,1.25]
    foriinrange(34):
        size[i] = size[i] +3.5
    rosetype_pie(cname, confirmed, size, colors)
```

依据确诊病例数量生成的可视化南宁格尔玫瑰图如图 4 所示。

本课程的参考教材如图 5 所示。

（四）课程思政融入方式

（1）巧妙设计法。将讲授的科学内容经过精心设计融入思政元素，如绘制词云图以口罩 + 疫苗瓶为背景、绘制南丁格尔玫瑰图等，既进行了课程教学，又融入了相关的思政元素。

（2）显性引导法。通过以绘制口罩 + 疫苗瓶为背景的词云图，充分挖掘其中隐含的信息，引导学生增强“四个意识”、坚定“四个自信”、做到“两个维护”。通过南丁格尔玫瑰图引导学生学习医护人员的伟大抗疫精神，促进学生以“信仰、态度、相助，诚信、感恩、情怀”等价值观涵养自己。

续表

<table>
<tr>
<td>本节课
教学设计</td>
<td>

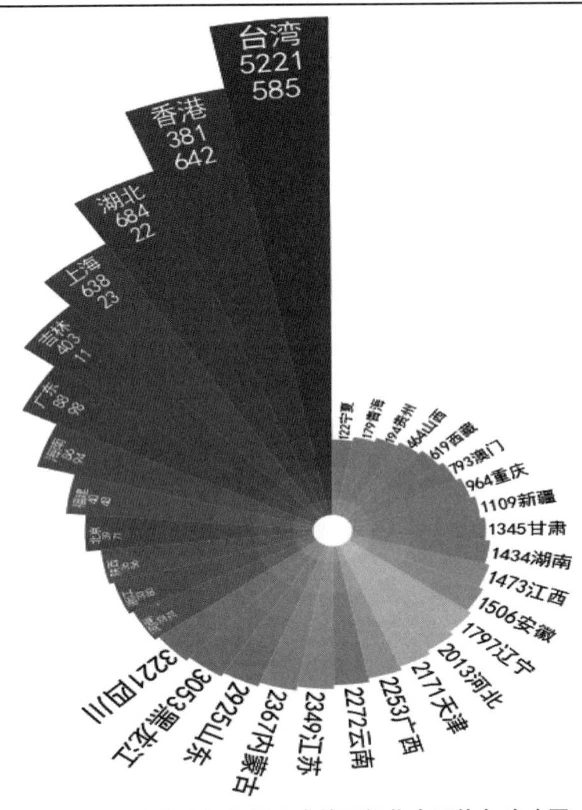

图 4　依据确诊病例数量生成的可视化南丁格尔玫瑰图

图 5　课程参考教材

</td>
</tr>
</table>

续表

本节课教学设计	（3）隐性引导法。通过爬虫要遵守 robots 协议，引导出日常衣食住行要讲文明、遵纪守法讲法治，进而弘扬社会主义核心价值观。
课程思政元素	规则意识、弘扬社会主义核心价值观、四个意识、四个自信、两个维护，舍小家为大家、敢于担当、救死扶伤、齐心协力、同舟共济的伟大抗疫精神，爱国主义、集体主义、社会主义精神。

四、课程思政融入效果

（1）学生规则意识得到增强，进而弘扬了社会主义核心价值观的法治精神。

（2）通过学习武汉和上海抗疫保卫战的胜利，学生更加增强了“四个意识”、坚定了“四个自信”，深刻体会到做到“两个维护”的重大意义。

（3）抗疫中医护人员舍小家为大家，运筹帷幄、敢于担当，救死扶伤、医者仁心，英勇无畏、顽强拼搏，齐心协力、同舟共济的伟大抗疫精神和爱国主义、集体主义、社会主义精神得到发扬和传承。

五、教学反思

（1）案例内容既紧贴当前时事，又和课程内容紧密相关，课程与思政完美地融为一体，学生更易理解和接受。

（2）课程思政要“一心四引五维五度”，即以“育人”为中心，在世界观方法论引领、国家价值引领、行业特色引领、学生关切引领的“四引”下，从课程选取、教师培育、思政凝炼、项目牵引、效果评价“五个维度”，使课程思政站在政治高度、具有理论深度、增加视野宽度、保持知识鲜度、充满情感温度。

物理化学课程思政教学案例

化学化工学院　胡学步

一、课程基本信息

<table>
<tr><td>课程名称</td><td colspan="3">物理化学</td></tr>
<tr><td>课程性质</td><td>专业必修课</td><td>学科门类</td><td>化学</td></tr>
<tr><td>学分</td><td>2～3</td><td>授课对象</td><td>相关专业大二本科生</td></tr>
<tr><td>学时</td><td>32～48（理论）</td><td>授课方式</td><td>线下</td></tr>
<tr><td colspan="4">课程简介</td></tr>
<tr><td colspan="4">物理化学为学校化学、化工、药学、材料科学与工程等专业的专业必修课。本学时为“化学平衡的移动”，通过学习从原理上理解化学平衡及平衡移动，重点将化学反应的平衡理论与“双碳”战略、环境生态的平衡协调发展进行有机结合，旨在提高学生环保意识，促使“人类命运共同体”理念深入人心，牢固树立五大发展理念（特别是绿色发展理念），助力“双碳”目标的达成，为实现“清洁美丽的世界”作出贡献。</td></tr>
</table>

二、教学目标

<table>
<tr><td>知识目标</td><td>（1）从公式及原理上理解勒夏特列原理，明确化学平衡移动原理的应用和适用范围。
（2）掌握温度、浓度、压强等因素对化学平衡的影响，并能通过计算判断平衡移动的方向。
（3）使学生能够运用化学平衡理论解决一些相应的化工生产和实际生活问题。</td></tr>
<tr><td>能力目标</td><td>（1）培养学生的工程知识，能够分析化学反应过程中复杂工程问题。
（2）理解和评价针对复杂化学工程问题的工程实践对环境、社会可持续发展的影响。
（3）培养自主学习和终身学习的能力。</td></tr>
<tr><td>课程思政育人目标</td><td>（1）培养人文精神：通过学习老子的自然平衡观“天之道，损有余而补不足。人之道，损不足而奉有余”，启发学生联系化学平衡移动原理进行思考。这不仅是哲学的思辨，自然界同样遵循着这样的发展规律。
（2）深刻理解“两山”理论，促使认同人类命运共同体理念，牢固树立五大发展理念：将化学反应的平衡理论与环境生态平衡协调发展结合起来，由于一些地区的生态平衡被破坏，造成土壤、空气、水体污染较为严重，生态平衡是关系人民福祉、关乎民族未来的大计，是实现中华民族伟大复兴的中国梦的主要内容。</td></tr>
</table>

续表

课程思政育人目标	（3）实现政治认同、坚定“四个自信”：引入“碳达峰、碳中和”工作目标，实现达标排放，必须统一认识，强化大局意识和责任担当，强化顶层设计和政策合力，动员全社会力量，充分发挥社会主义制度优越性。

三、教学设计

案例名称	和谐共生，绿色发展——化学平衡的移动		
授课章节	第六章第六节　化学平衡	学时	1
本节课教学目标	（1）培养人文精神：通过学习老子的自然平衡观“天之道，损有余而补不足”，启发学生联系化学平衡移动原理进行思考。同时指出，老子跟着又说了一句“人之道，损不足而奉有余”，这不仅是哲学的思辨，自然界同样遵循着这样的发展规律。 （2）培养辩证唯物主义思想：温度、浓度、压强等的量变会打破化学平衡，将辩证唯物主义的“量变到质变”哲学思想贯穿引入。 （3）培养人文精神：浓度、压强的变化有时不会使化学平衡发生移动，将辩证唯物主义的“具体问题具体分析”哲学思想贯穿引入。		
本节课教学设计	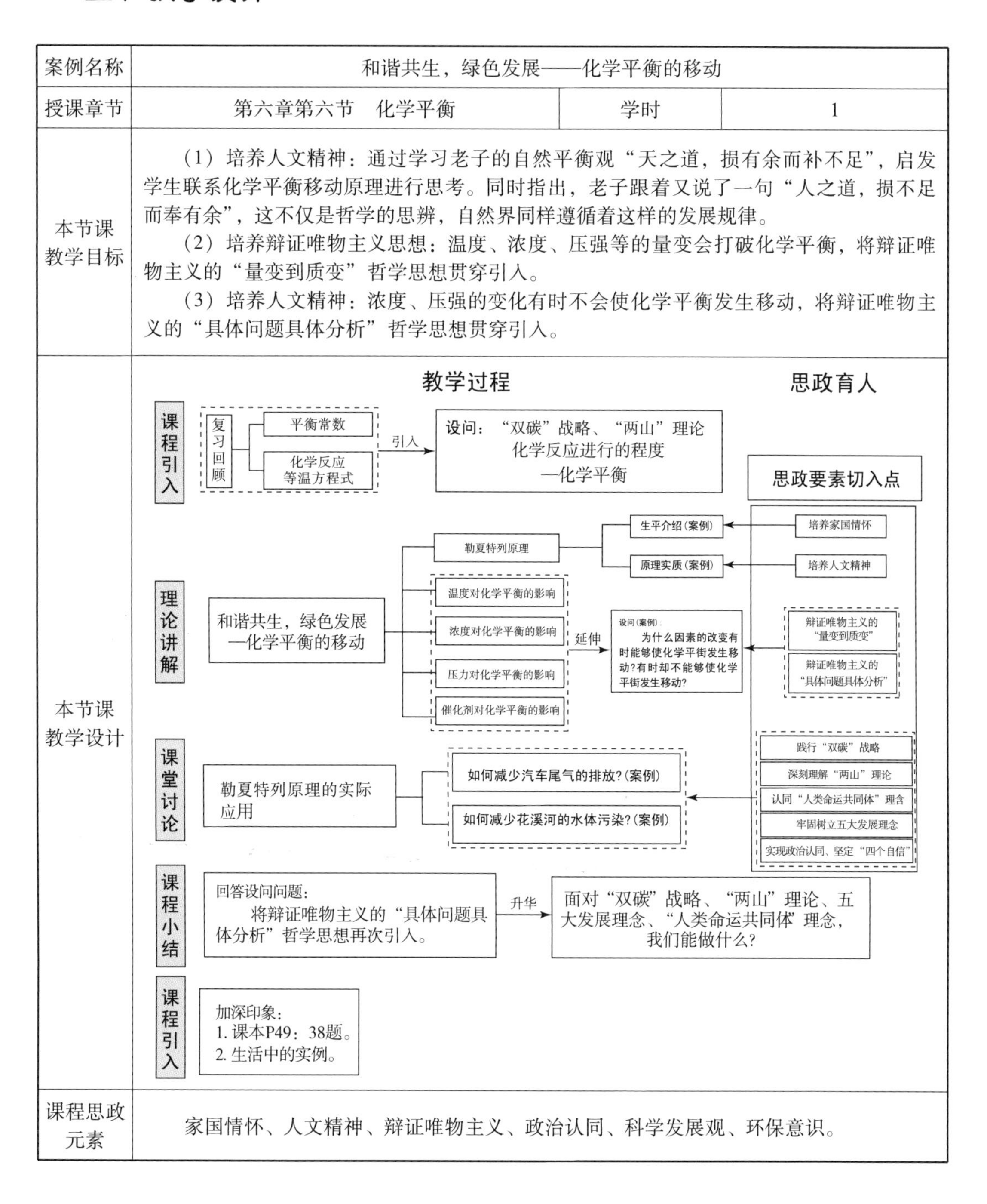		
课程思政元素	家国情怀、人文精神、辩证唯物主义、政治认同、科学发展观、环保意识。		

四、课程思政融入效果

（1）将家国情怀、人文精神、辩证唯物主义、政治认同纳入教学模块，明确育人重点，学生在学习知识和培养能力的同时，接受了良好的价值观教育。

（2）将科学发展观、环保意识融入教学内容中，优化思政内容，学生能够更好地理解和应用专业知识。

五、教学反思

本讲结合化学平衡移动原理的讲授，教师通过提问、引导、讨论解析，自然地融入思政元素，让学生在专业知识的掌握中，将国家“双碳”战略的重要性、前瞻性与专业理论知识有机结合，达到了“润物细无声”的境界。学生强烈地感受到了人与自然的平衡之美，将化学反应的平衡理论与环境生态平衡协调发展结合起来，深刻理解习近平总书记提出的“我们既要绿水青山，也要金山银山”（“两山”理论），“坚持走绿色、低碳、循环、可持续发展之路，才能真正迈向清洁美丽的世界”（人类命运共同体理念）。以此培养学生创新协调绿色开放共享的发展理念（五大发展理念）、环保的意识，引导学生保护环境与资源从我做起，从小事做起，推动学生践行“双碳”战略，旗帜鲜明地引领学生的价值追求。

电子商务概论课程思政教学案例

重庆知识产权学院　殷　聪

一、课程基本信息

<table>
<tr><td>课程名称</td><td colspan="3">电子商务概论</td></tr>
<tr><td>课程性质</td><td>专业基础课</td><td>学科门类</td><td>管理学</td></tr>
<tr><td>学分</td><td>3</td><td>授课对象</td><td>大一本科生</td></tr>
<tr><td>学时</td><td>48（理论 40，实践 8）</td><td>授课方式</td><td>线下</td></tr>
<tr><td colspan="4">课程简介</td></tr>
<tr><td colspan="4">电子商务概论课程作为电子商务及法律专业的专业基础课，是一门全面介绍电子商务相关知识的课程，旨在帮助学生掌握电子商务的基本概念、原理和方法，了解电子商务的发展趋势和应用前景。
该课程涵盖了电子商务的基本概念、电子商务技术、电子商务安全、网络营销、电子支付与网络银行、电子商务物流管理、电子商务供应链管理、移动电子商务、跨境电子商务、电子商务数据处理技术、电子商务的法律环境和电子商务发展趋势等知识模块，这些模块相互独立而又相互联系，为学生提供了一个全面的电子商务知识体系。课程采用课堂讲解、案例分析、小组讨论、实验操作等多种教学方法，学生可以更好地理解电子商务的相关知识，提高他们的分析问题和解决问题的能力。
该课程的目标是使学生能够了解电子商务的基本概念和原理，掌握电子商务的技术和应用，熟悉电子商务的营销、支付、物流和供应链管理等环节，了解电子商务的发展趋势和应用前景。同时，该课程也注重培养学生的创新思维和实践能力，提高他们在电子商务领域的综合素质。</td></tr>
</table>

二、教学目标

知识目标	协同育人，为网络强国建设培养应用型复合型人才。通过本节课知识点学习，全面提升学生语言表达、交往沟通和团队协作的能力和吃苦耐劳、敬业乐群的素养；同时通过对电子支付及安全风险的学习和探讨，培养学生电子支付与安全领域认识、分析和解决问题的能力和职业素养，成为网络强国建设的合格建设者和接班人。

续表

能力目标	打造特色化电子支付与安全课程思政教学内容。本节课坚持知识传授与价值引领并重的原则讲授以下内容： （1）支付工具的演变和发展特征梳理。让学生认识到新时代我国电子支付的优势及领先世界的必然性，并以“两个维护”的立场营造和维护健康的电子支付环境。 （2）电子支付中外对比与国际化。突出我国电子支付的压倒性优势，为世界支付领域贡献中国方案，以此培养学生爱国主义思想和社会主义核心价值观，从而增强“四个自信”。 （3）国内支付领域应用分析。支付领域的供给侧改革，加速电子支付渗透到生活各领域，为人民美好生活提供强大支撑，增强学生在内的人民幸福的获得感。 （4）电子支付安全风险防范。网络诈骗、黑客、病毒等风险严重威胁着人们的网络消费安全和国家安全，应强化学生树牢总体国家安全观，筑牢网络安全防线。
课程思政育人目标	培养学生扎实的专业知识和过硬的专业应用能力。通过本节课完善的知识体系设计和讲解，并结合具体案例分析，让学生了解并掌握我国支付工具和支付制度的演变史、我国电子支付的国际化与应用以及相关安全问题等理论知识，同时以当下热门的数字人民币、央行和银保监会等支付领域的监管措施为课后作业驱动，旨在督促学生在电子支付与安全领域掌握扎实的专业知识，具备过硬的专业应用能力。

三、教学设计

案例名称	电子支付与安全：关注指尖安全，厚植家国情怀		
授课章节	第九章	学时	4
本节课教学目标	本节课旨在让学生了解并掌握电子支付的基本概念、原理和技术实现方法，以及电子支付的安全风险和防范措施，从而达到以下目标： （1）培养学生的爱国主义精神。在电子支付的背景下，让学生了解我国在电子支付领域的发展和成就，如移动支付、互联网银行等，激发学生的民族自豪感和自信心，促使学生为国家的电子商务发展作出贡献。 （2）培养学生的法律意识。在电子支付的过程中，让学生了解相关法律法规和道德规范，引导其遵守法律、恪守道德，做到合法合规地使用电子支付。 （3）培养学生的社会责任感。让学生了解电子支付的社会影响，如对传统支付方式的冲击、对消费者权益的影响等，引导学生认识到自己的社会责任，做到为社会发展和进步作出积极贡献。 （4）培养学生的诚信品质。在电子支付的过程中，让学生了解诚信的重要性，如不进行恶意刷单、不欺诈消费者等，引导学生树立正确的价值观和道德观，做到诚实守信、遵纪守法。		
本节课教学设计	本节课主要涉及的知识点包括支付工具的演变和发展特征、中外电子支付横向比较、国内支付领域应用分析和电子支付安全风险防范四个部分，具体知识要点和教学目标如下：		

续表

本节课教学设计

（一）支付工具的演变和发展特征

中国作为四大文明古国之一，其文明史是唯一没有中断的。作为经济生活不可或缺的支付工具，从原始社会的物物交换到当今现代电子支付体系不断演化和创新，这正是马克思主义哲学——唯物辩证法在支付领域的完美体现。具体知识要点如图 1 所示。

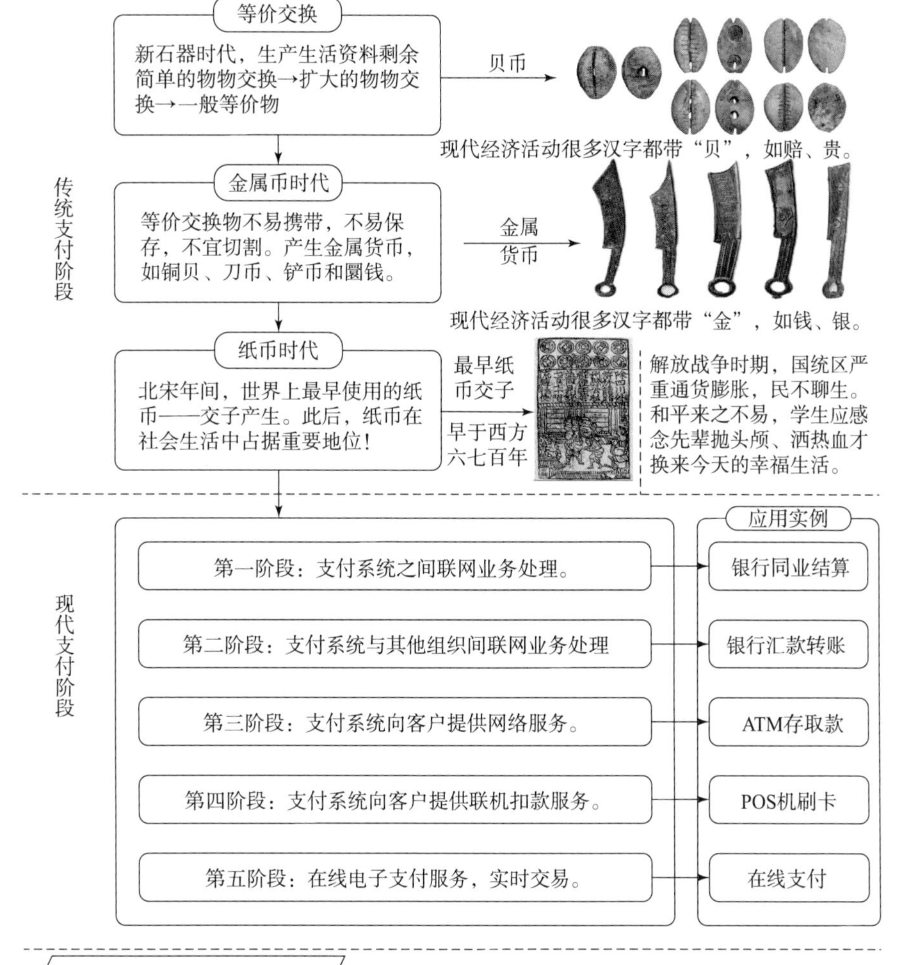

支付工具演变及其特征

支付阶段	货币形态	支付方式	认证形式	交易终端	记账方式
传统支付	非银等价物	线下交易	靠脸	面对面	无
	金属币	线下交易	靠脸	面对面	无/手工
	纸币	线下交易	靠脸	面对面	无/手工
现代支付	纸币	线下交易	靠脸	面对面	无/手工/电子票据
		汇款单/支票	电子密码/纸质凭证	银行柜台	无/手工/电子票据
	电子货币	二维码/NFC/转账	电子密码/生物认证	POS机/ATM/网关	电子流水账

图 1　支付工具的演变和发展特征知识要点

续表

本节课教学设计

教学目标：通过以上学习，学生了解我国支付工具的演变史及其特征，并认识到无论是历史上还是当前我国在支付领域的创新始终引领全球，进而增强“四个自信”。同时通过讲解内战时期国统区通货膨胀，民不聊生，让学生认识到今天生活来之不易，必当珍惜。

（二）电子支付中外对比与国际化

以“新时代四大发明”之二的网购和支付宝为切入点，通过我国移动支付国内外横向比较及其国际化路径分析，让学生了解我国在电子支付领域的领先地位，具体知识点如图2所示。

国内移动支付

调查项目	银联支付	移动支付（支付宝为例）	NFC支付（华为为例）
主要客户来源	银联借记卡和信用卡用户	阿里巴巴旗下网站用户	华为移动终端设备用户
市场覆盖	全球发卡75.9亿张，覆盖174个国家和地区，覆盖超过5370万家商户和286万台 ATM	覆盖国内外180余家银行	覆盖国内120余家银行
核心竞争力	常年累积培养的用户使用习惯，安全性	用户量大，安全性	华为品牌效应和用户黏性，高安全性
优势	用户量大、全球通用	方便快捷、操作简单	高安全性、方便快捷
安全性	线上支付：U盾+数字证书+支付密码；线下支付：密码+签名	实名认证+数字证书+支付盾+支付密码/指纹密码等	安全芯片+动态令牌+指纹验证+双向鉴权、数据加密
盈利模式	手续费、服务费	手续费、服务费、广告费	手续费、服务费

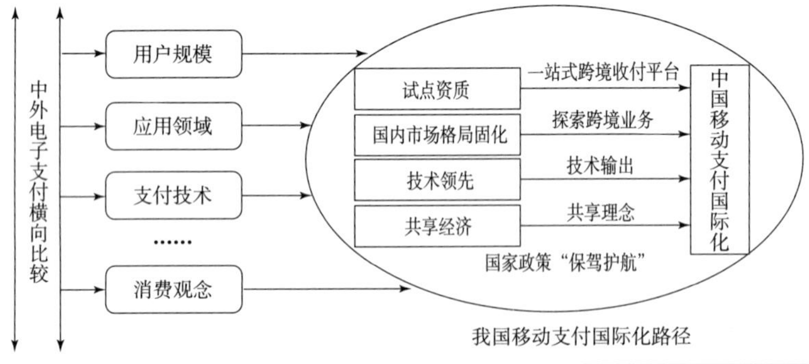

国外移动支付

国家	支付系统	类型	优势	发展阻碍
美国	Paypal J币	电子支付提供商 虚拟货币	全球覆盖率高 受政府及银行支持的数字货币	信用卡消费习惯难以改变 计划实施中，还未普及
日本	FeliCa	移动支付业务	利用产业链中优势地位，能快速整合各方资源	限定地区使用范围，缺乏国际化延伸
韩国	MONETA、K-merce	移动运营商	占据韩国绝大部分市场	移动运营商与银行形成长期战略联盟关系
新加坡	NFC	移动支付服务商	政府支持	消费者强烈依赖现金
印度	Bharti Airtel	移动运营商	移动市场增长快	起步晚发展时间长，市场需求复杂，技术程度低
肯尼亚	Safaricom	电信及金融服务商	受到当地用户的青睐	移动支付业务对传统银行业务的补充
赞比亚	CelTel	电信运营商		
南非	Fundamo	银行服务		

图2 电子支付中外对比与国际化知识要点

教学目标：以移动支付为例，通过中外移动支付对比让学生掌握我国移动支付国际化路径的相关知识，突出我国在电子支付的压倒性优势，为世界支付领域贡献中国方案，培养学生社会主义核心价值观和爱国主义思想，增强“四个自信”，并以切实行动讲好中国电

续表

本节课教学设计

子支付故事。

（三）国内支付领域应用分析

相比传统支付而言，从支付技术与应用层面分析我国电子支付领域供给侧改革，凸显电子支付的迅猛发展和普适应用对人民美好生活的强大支撑。具体知识点如图 3 所示。

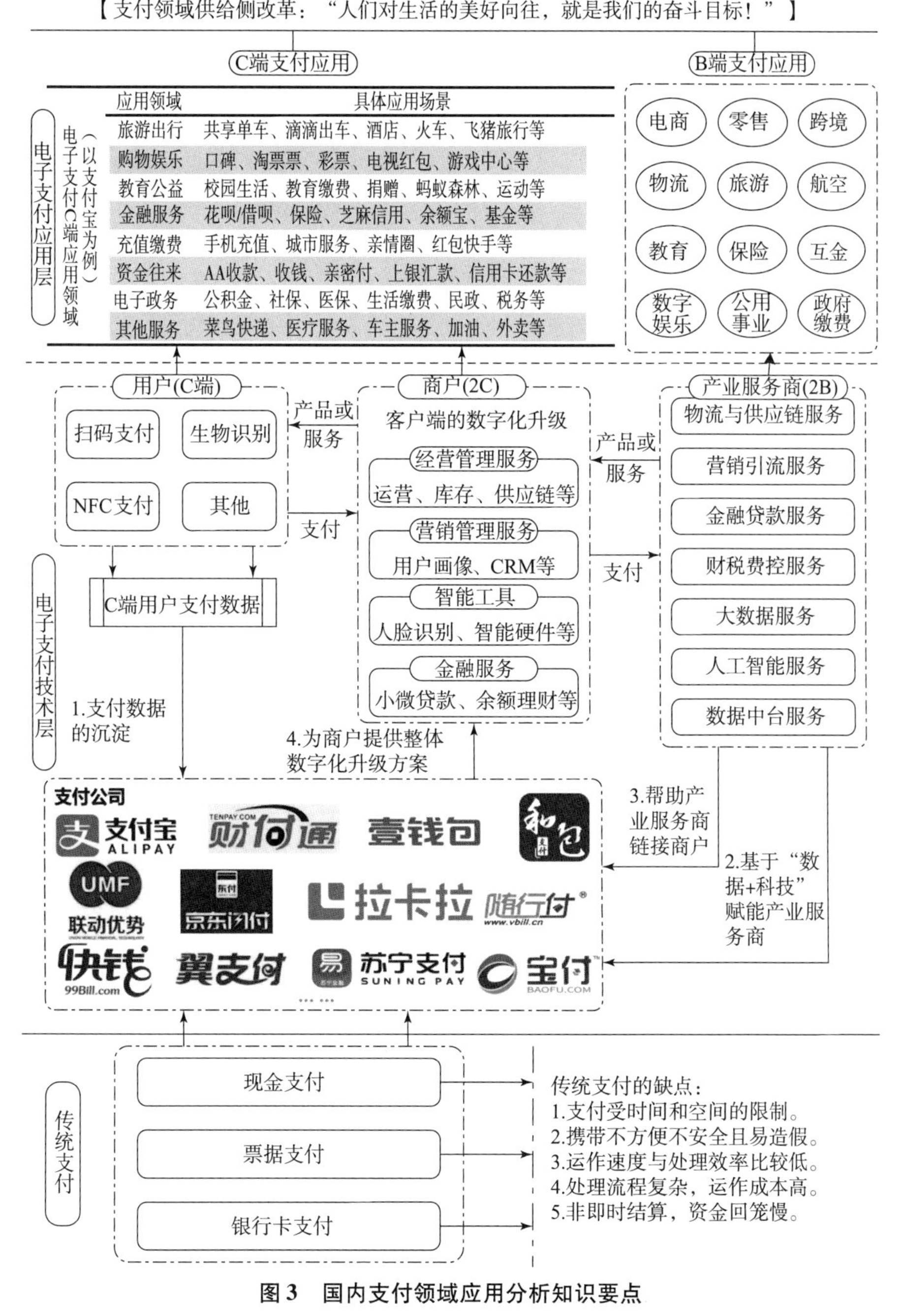

图 3 国内支付领域应用分析知识要点

续表

<table>
<tr>
<td>本节课教学设计</td>
<td>

教学目标：通过讲解支付领域供给侧改革，使学生在了解传统支付的局限性的同时掌握电子支付在实际应用中的优越性，从而增强学生对美好生活的幸福感和获得感，并深刻领会习近平新时代治国理念和中国特色社会主义理论体系。

（四）电子支付安全风险防范

电子支付作为新型支付方式渗透到生活各领域，对人们生活方式变革产生深远影响，但其安全风险防范形势依旧严峻。本知识点主要讲授电子支付的安全威胁、安全防范和安全技术等知识，从而提升学生网络安全防范技能和意识，具体知识点如图 4 所示。

【没有网络安全就没有国家安全——习近平论坚持总体国家安全观】

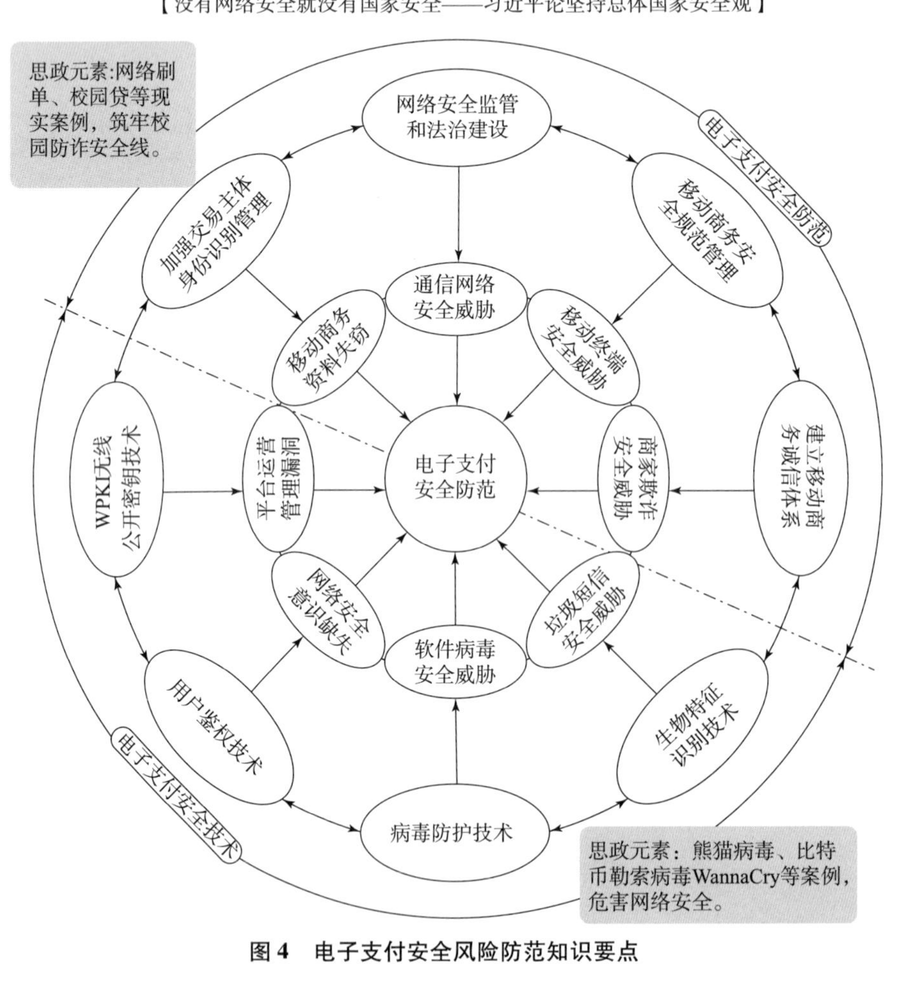

图 4　电子支付安全风险防范知识要点

</td>
</tr>
</table>

续表

本节课教学设计	内容	讲授内容	课前查阅/课后作业	思政元素
	1	【支付工具的演变和发展特征】传统支付（等价交换—金属货币—纸币）到现代支付（电子支付）过渡，支付工具形态的演变和特征。	1. 查阅我国支付工具和支付制度的变迁。 2. 了解不同阶段电子支付工具优缺点。	1. 中国历史上的支付工具（铜贝、刀币、交子）遥遥领先世界，彰显文化自信。 2. 国统区滥发货币，物价飞涨，民不聊生。以江姐为代表的革命先辈抛头颅洒热血，才换来今天的幸福生活，应该珍惜并发愤图强，实现伟大复兴中国梦。
	2	【电子支付中外对比与国际化】移动支付的概念，国内移动支付市场及其优势、盈利模式；中外移动支付对比分析和国际化路径分析。	查阅习近平新时代治国理政理念、新时代新经济新金融、命运共同体等资料。	1. 新时代四大发明（电商、电子支付、共享经济、高铁）引领世界。 2.《辉煌中国》圆梦工程之中国现代支付体系。 3. 我国移动支付（支付宝，云闪付）扬帆出海，引领世界；彰显“四个自信”和中国特色。
	3	【国内支付领域应用分析】传统支付的分类（货币支付、票据支付和银行卡支付）和缺点；电子支付的技术与应用分析领域（B 端/C 端）等。	1. 结合生活实际，了解电子支付在生活中的应用。 2. 了解数字人民币在重庆试点的具体应用情况。	1. 支付领域供给侧改革：吃穿住用行全方位全领域覆盖，增强人民对美好生活的幸福感、获得感。 2. 短视频：老外眼中的中国移动支付到底有多“疯狂”？ 3. 即将引领世界的中国数字人民币——央行旗下数字货币研究所（独立自主、创新精神）。
	4	【电子支付安全风险防范】电子支付面临的安全威胁；电子支付面临的安全防范；电子支付面临的安全技术。	了解电子支付面临的威胁及其形成原因。	1. 习近平总体国家安全观——网络安全。 2. 网络刷单、校园贷等现实案例，筑牢校园防诈安全线。 3. 熊猫病毒、比特币勒索病毒 WannaCry 等案例，危害网络安全。

四、课程思政融入效果

（1）在教学过程中，除了知识传授还应坚持价值传导，如增强“四个自信”，做到“两个维护”，坚持总体国家安全观，努力把学生培养成社会主义的合格建设者和可靠接班人。

（2）积极引导学生从国内国际主流媒体看待中国现实问题，注重正面引导，寻找本质，弘扬主旋律，在校内形成积极健康的思想舆论环境。

（3）对本节课而言，从支付工具及国内外对比分析优缺点，要正视差距，同时不可骄傲自满、故步自封，引导学生不断创新实践，践行习近平总书记提出的“四个坚持不懈”重要指示。

材料科学专业生产实习课程思政教学案例

材料科学与工程学院　郭　非

一、课程基本信息

课程名称	材料科学专业生产实习		
课程性质	专业必修课	学科门类	工学
学分	3	授课对象	大三本科生
学时	48（实践）	授课方式	线下
课程简介			
生产实习是本科教学计划中非常重要的实践性教学环节，是在学生完成一定学分的专业基础课和专业课程之后进行的，其目的是：在材料学的基本理论以及材料的结构、设计、制备、性能、测试、应用与服役等专业知识的基础上进行教学实践，密切结合材料科学与工程教学内容并反映当今材料科学技术发展趋势，具有综合性、直观性、应用性和实践性等基本特征；使学生了解和掌握基本生产知识，印证、巩固和丰富已学过的专业课程内容，培养学生理论联系实际的能力，提高其在生产实践中调查研究、观察问题、分析问题以及解决问题的能力，为后续专业课程的学习和毕业设计打下良好的基础，同时培养学生的工程意识、动手能力、合作精神、创新意识及对本专业的热爱与敬业精神。 通过生产实习，使学生接触社会、了解社会、了解企业现代化安全生产管理方式；使学生对工程实践的感受和认识不断地深化和系统化，自觉地把所学的知识与国家经济建设、科学和社会的进步事业联系起来；使学生的学习更加有方向性和责任感，培养热爱专业、投身社会实践的新型应用人才。			

二、教学目标

知识目标	（1）材料选用与工艺设计方法。 （2）产品的热处理工艺设计及具体实现手段。 （3）产品的表面性能需求与具体实现手段。 （4）企业人员管理、安全管理及环保政策与规范。
能力目标	（1）体悟并传承以余祖胜为代表的兵工人所具有的艰苦奋斗、勇于担当、敢于奉献的精神传统。 （2）感悟高标准、严要求、精益求精的兵工工匠精神。 （3）熟悉重庆理工大学的军工背景、感受重庆的兵工情怀，提高学生的文化自信。

续表

课程思政育人目标	（1）培养学生利用材料科学专业理论知识对生产实践中存在的材料制备加工及使用过程中的问题进行科学的观察、研究、分析并提出合理的设计及解决方案的能力。 （2）学生熟悉产品生产流程管理、质量管控、安全、环保法律法规、行业政策与动向，并据此实现自我管理、团队管理及企业政策制定的能力。 （3）使学生树立良好的人文社会科学素养和社会责任感。

三、教学设计

<table>
<tr><td>案例名称</td><td colspan="3">实践实训课程的特色化课程思政元素挖掘——以材料科学专业生产实习为例</td></tr>
<tr><td>授课章节</td><td>全课程</td><td>学时</td><td>48</td></tr>
<tr><td>本节课教学目标</td><td colspan="3">（1）能够恰当选择与使用材料制备、加工、检测、评价等先进技术及其他现代工程技术和工具分析研究复杂工程问题。
（2）具有工程实践经历，熟悉企业生产相关的技术标准、管理规定、环保与安全政策和法律法规等背景知识。
（3）能够在多学科背景下的团队中与其他成员协同合作，具备团队意识和团队协作能力。
（4）具有科学的世界观、人生观、价值观和爱国精神，具有良好的人文社会科学素养和社会责任感。 
（a）　（b）　（c）
图 1　建川博物馆中对第 21 厂兵工校办学历史简介（a）21 厂厂歌（b）及首任校长（21 厂厂长）简介（c）</td></tr>
</table>

续表

本节课教学设计	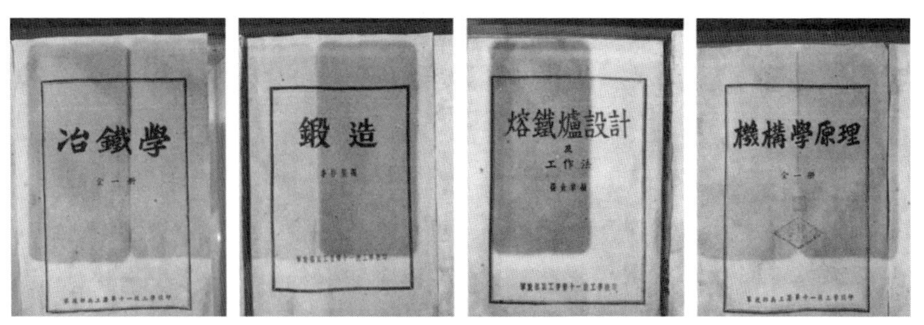 图 2　建川博物馆收藏第 **21** 兵工厂 **11** 兵工校（重庆理工大学前身）所学教材 （生产实习前材料科学系学生已学上述课程所涉及大部分内容）  （a）　（b） 图 3　建川博物馆收藏第 **21** 兵工厂的王牌产品（**a**） 及兵工厂所用装备（**b**）  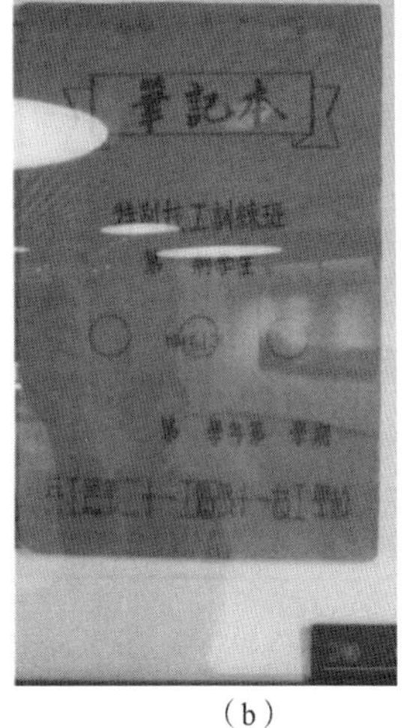 （a）　（b） 图 4　学校余祖胜纪念馆生产实习前思政元素挖掘时相关教师学习交流（**a**） 及余祖胜等兵工人在第 **11** 技工学校学习所用笔记本（**b**）

续表

<table>
<tr>
<td>本节课教学设计</td>
<td>
知识要点：
（1）某军工企业热处理及表面分厂工作、环保及安全管理规定。
（2）X 型狙击步枪枪管热处理及表面处理工艺设计。
（3）X 型炮炮管热处理及表面处理工艺设计。
（4）新型热处理及表面处理工艺装备及控制。
（5）产品质量检测与产品质量管理。
（6）生产全流程操作实践。
通过深入挖掘材料科学与工程专业生产实习内的思政元素，把课程思政与实践教学进行有机融合，形成了基于重庆理工大学办学历史、融合“军工特色”办学理念的“听看做寻”四位一体特色生产实践课程体系，突出专业学习背后隐性教育元素。在生产实习整个周期中连续递进式贯穿核心思政元素，以“学史增信”的方式强化学习感知，最终，让思政内核的学习模式由被动体悟转化到自我追寻。
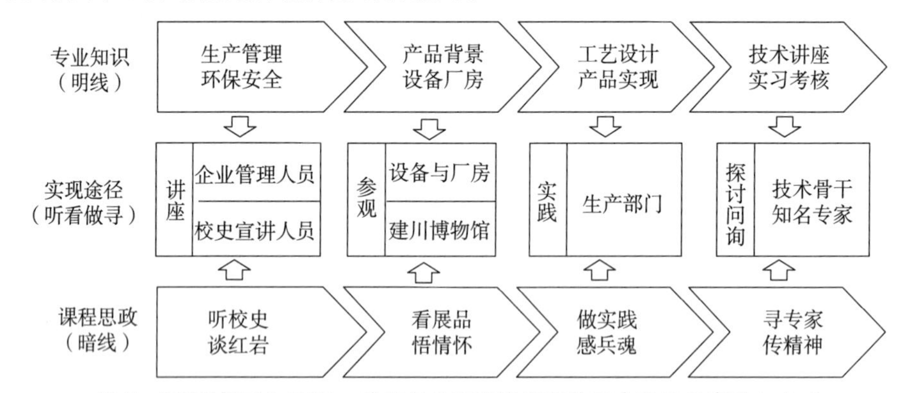

图 5 “听看做寻”四位一体特色生产实践课程体系内思政元素融入方式
“听看做寻”四位一体特色生产实践课程体系与课程思政的融合按照教学形式可分为四个阶段：
第一阶段：“听”——听校史谈红岩
生产实习开始前前往重庆理工大学校史馆及余祖胜纪念馆学习及并听讲解，了解学校建立初期的背景及发展史，深入理解余祖胜烈士事迹，并了解其生前学习及工作情况。重点了解以下内容：
● 第一兵工署第 21 兵工厂建立背景（汉阳兵工厂内迁与金陵兵工厂合并）；
● 第 21 兵工厂第 11 技工学校建立过程；
● 余祖胜烈士所代表的红岩精神；
● 余祖胜烈士在第 21 兵工厂第 11 技工学校学习工作情况。
第二阶段：“看”——看展品悟情怀
前往建设工业（原第一兵工署）热处理与表面分厂学习参观了解产品、环保及安全相关背景知识后，前往重庆建川博物馆学习了解重庆抗战兵工史，熟悉建设工业发展沿革，重点关注第 21 兵工厂产品及下属第 11 技工学校学习内容等，体悟重庆兵工情怀，感受兵工人的坚忍不拔与勇于创新的精神。重点关注如下内容：
● 第一兵工署（实习单位）抗战内迁的坚忍不拔的精神，总结凝练近代发展过程中的军工变迁及兵工情怀；
</td>
</tr>
</table>

续表

<table>
<tr><td>本节课
教学设计</td><td>● 第一兵工署抗战期间的王牌产品（“汉阳造”及马克沁机枪）及其对抗战胜利的重要支撑，进一步联系现在实习单位的新款狙击枪等生产实习所涉及产品，探讨产生时代变迁的技术更迭，与精益求精、勇于创新的兵工精神；
● 了解第 21 兵工厂第 11 技工学校（实习单位下属技工学校）课程内容，了解余祖胜烈士生前学习的热处理、锻造及机加工等专业课程体系，并把探讨相关课程在现在本专业培养课程进行映射，强化学生专业自信。
第三阶段：“做”——做实践感兵魂
前往建设工业开展生产实习活动，学生从材料选择、工艺设计、设备选用与操作、质量检测等环节进行交替实践。全程学习感受新型狙击步枪等产品热处理及表面处理环节所涉及的专业知识、质量保障体系及管理方法。思政元素方面重点关注如下内容：
● 对比传统及现代产品所需技术、生产设备及质量要求的差异，强化对专业技术的理解及保家卫国所需的技术研发过程中一代又一代科研人员的勇于担当、甘于奉献的精神；
● 感受企业高标准、严要求、精益求精兵工企业的工匠精神。
第四阶段：“寻”——寻专家传精神
结束专业生产实践后，邀请或组织学生探访建设工业热表车间的老专家，聆听老专家讲述军工产品的技术研发历史、了解中华人民共和国成立以来兵工企业的发展过程，理解老专家甘于在一线岗位奉献毕生心血的感人故事，强化学生对专业知识及兵工精神的理解。
【教学体会或启示】
提供详细的背景资料，利用引导法让学生了解生产实习企业的历史演化，了解产品的历代变革，理解技术革新的重要性。利用引导法引入生产实习活动，可以极大促进学生对生产实习的兴趣，激发学生在实习岗位学习主动性，让学生对生产实习保持敬畏之情，学习效果良好。具体表现在：
● 生产实习按时到岗率提升至 100%；
● 实习岗位教师反馈学生学习主动性提升；
● 课程达成度评价提高。</td></tr>
<tr><td>课程思政
元素</td><td>家国情怀社会责任、工匠精神校园文化。</td></tr>
</table>

四、课程思政融入效果

（1）实习实践课程的课程思政教学效果良好：学生通过亲自参与思政元素的挖掘、精神提炼，把思政元素融入方式由被动式变主动式。

（2）“听看做寻”四位一体连贯式课程思政教育案例设计思路体现了全员、全程、全方位育人的“三全育人”理念，教学效果提升明显。

（3）从本地甚至是本校文化中提炼思政元素是“学史增信”的延伸及内化，此类案例更能引起学生的共鸣与理解，能显著强化教学效果。

（4）思政元素恰到好处的融入能显著激发学生学习的主动性，而主动学习对于实习实践类课程分外重要，实习实践课程的课程思政开展能显著提升专业知识学习质量，提高专业学习能力达成度。

五、教学反思

（1）校园文化是课程思政元素提取的重要抓手，充分利用特色文化能有效地提升课程思政效果。

（2）在实践课程中落实课程思政有较好的效果，需要建立起基于实践课程的课程思政评价机制。

毛泽东思想和中国特色社会主义理论体系概论课程思政教学案例

马克思主义学院　代渝渝

一、课程基本信息

课程名称	毛泽东思想和中国特色社会主义理论体系概论（2021 年版）		
课程性质	公共基础课	学科门类	法学
学分	4. 25	授课对象	大三本科生
学时	68	授课方式	线上线下混合教学
课程简介			
毛泽东思想和中国特色社会主义理论体系概论是2005 年中宣部、教育部确定的四门思想政治理论必修课的核心课程。该课程以马克思主义中国化的历史进程为主线，从理论与实践、历史与逻辑的统一上揭示马克思主义中国化的理论轨迹，准确阐述了马克思主义中国化的理论成果。本课程的学习使学生树立坚定的中国特色社会主义信念，培养运用马克思主义立场、观点和方法分析和解决问题的能力，增强执行党的基本路线和基本纲领的自觉性和坚定性，积极投身全面建设社会主义现代化强国、实现中华民族伟大复兴的实践中来。 本课程教学内容除导论和结束语外，主要由三部分共十四章组成。第一部分毛泽东思想，共分四章，第一章到第四章分别阐述了毛泽东思想及其历史地位、新民主主义革命理论、社会主义改造理论、中国社会主义建设道路探索的理论成果。第二部分以三章分别阐述邓小平理论、“三个代表”重要思想、科学发展观各自形成的社会历史条件、形成发展过程、主要内容和历史地位。第三部分主要阐述习近平新时代中国特色社会主义思想，分为七章，具体包括：习近平新时代中国特色社会主义思想及其历史地位、坚持和发展中国特色社会主义的总任务、“五位一体”总体布局、“四个全面”战略布局、实现中华民族伟大复兴的重要保障、中国特色大国外交、坚持和加强党的领导。			

二、教学目标

知识目标	（1）了解 2019 年 H1N1 流感历史和俄乌战争以来披露的新冠病毒来源信息，认清西方国家对中国的诋毁，特别是“美式甩锅”将疫情政治化、病毒标签化的行径。 （2）了解西方国家惯用的“双标”目的，认清我国的国际形象，厘清塑造中国形象的路径。 （3）通过实时具体数据，对比了解中美抗疫差距，在中西比较中讲好中国共产党领导的抗疫故事。

续表

能力目标	（1）辨析西方国家舆论传播的真实目的，提高辨别是非的能力。 （2）辩证分析中西抗疫成绩单，并层层设问和递推，培养学生逆向思维方式，敢于担当，敢于发声亮剑。 （3）立足鲜活的中国抗疫实践，培养发展中华文化、传播中华文化的实践能力。
课程思政育人目标	（1）在中西比较中讲好中国抗疫故事，厘清中西政治文化理念的虚与实，自觉维护国家声誉，塑造中国国际形象，成为传播中国文化的践行者。 （2）面对疫情大考，认可和赞扬中国速度、中国力量、中国精神。 （3）进一步坚定听党话、跟党走的信心和决心，引导学生追随特别是抗疫中的榜样力量，在党旗之下，勇做践行初心使命的生力军。

三、教学设计

案例名称	讲好中国抗疫故事，传播好中国抗疫声音——提高国家文化软实力		
授课章节	第十章　“五位一体”总体布局 第三节　建设社会主义文化强国	学时	2
本节课教学目标	本次教学内容选自《毛泽东思想和中国特色社会主义理论体系概论》（2021 年版）第十章“‘五位一体’总体布局”中的第三节“建设社会主义文化强国”。 课程结合疫情时事背景，剖析西方意图控制新闻舆论将疫情政治化、病毒标签化的真实目的，在各种问题上“双标”，辩证分析中美抗疫差距，引导学生正确看待新冠疫情的发展和现状，牢固树立“四个意识”，做到“两个维护”。		
本节课教学设计	组织教学：环顾教室，组织学生，扫码雨课堂，做好准备。 复习上节内容：培育和践行社会主义核心价值观。 导入新课：结合此次疫情背景，用三个案例——特朗普在许多演讲中称新冠病毒为中国病毒，巴西教育部部长为新冠病毒盖上中国统治全球计划的阴谋论，德国《明镜报》封面将新冠病毒打上中国制造标签，并提问“病毒来源于中国，中国要统治全球，这是事实吗”。 **（一）否定“污名”，维护中国声誉** 1. 讲解世卫组织传染病命名规则 【案例 1】粗略举例埃博拉病毒、寨卡病毒和 2019 年 H1N1 流感等，反驳特朗普把新冠病毒叫“中国病毒”的做法。 【案例 2】举例说明 1918 年“西班牙流感”名字来源。 其实此次流感并非源于西班牙，疫情的起源点是美国堪萨斯州哈斯凯尔县。为何会被冠上西班牙名字呢？因为第一次世界大战的主要参战国都封锁消息，而只有中立国西班牙广泛报道，有些别国媒体就开始给这场流感安上“西班牙流感”的头衔，甚至有海报将流感物化为一个黑长裙的西班牙女郎。西班牙并不是起源地，但背锅背得很惨，这口锅带来的是强烈的种族歧视。		

续表

<table>
<tr><td>本节课教学设计</td><td>2. 病毒并非来自中国的依据
【视频1】美国国会众议院3月11日举行的有关新冠病毒的听证会。用视频让学生了解病毒出现的时间，美国早于中国，按照特朗普的逻辑应该叫“美国病毒”。
【案例3】剑桥大学的新冠病毒基因分析报告。
关于新冠病毒基因分析的报告显示，最原始的“人类新冠病毒”，不是武汉当地主要的病毒类型。
【案例4】俄罗斯和英国披露美国很大可能是新冠病毒制造者。
自俄乌开战以来，俄方爆料出美国曾在乌克兰秘密实验生化病毒。英国媒体爆料，其中有一个基因序列和新冠变异毒株基因序列相同，正是美国研究病毒的其中一段。简单说就是新冠病毒不是美国研究出来的可能性基本为0。
对于这些信息，美国可以说是装疯卖傻，拒不回应这些事实，但在暗地里，美国却已经开始行动起来，倾尽全力想要销毁证据。
很多证据表明，新冠病毒并非来源中国，但美国就想甩锅给中国，那美国为何会不遗余力地给新冠病毒套上中国或武汉的名字呢？不过是想把疫情污名化、政治化，甩锅给中国，把中国推上国际舆论风口浪尖，美国推卸自身责任。
3. 小结：我们该如何应对呢？
在“西强我弱”的话语格局下，我们在国际上的话语权薄弱，时时刻刻被人“骂”，光是发展“硬实力”还不够，应该让“软实力”跟上“硬实力”迅速发展的脚步，特别是“对那些妖魔化、污名化中国和中国人民的言论，要及时予以揭露和驳斥……让当代中国形象在世界上不断树立和闪亮起来”，形成一套独具中国特色的话语体系，用自己的语言特色、他人乐意接受的方式，寻求历史根据，寻求现实证据，在国际上平等交流，不卑不亢，求同存异，讲好中国抗疫故事。
（二）认清“双标”，塑造中国形象
1. 西方国家惯用“双标”手段
【案例5】“双标”典型代表《纽约时报》。
以《纽约时报》为例，它是典型的双标代表。对中国封城的评价是“极大损害了人们的生活与自由”，对意大利封国的评价是“他们冒着牺牲自己经济的风险在阻止这场欧洲最严重疫情的蔓延”。同一件事，《纽约时报》淋漓尽致展现“双标”，抹黑中国，赞扬意大利。
2.“双标”的实质
【提问】双标可怕吗？
一点不可怕。“以铜为镜，可以正衣冠；以史为镜，可以知兴替；以人为镜，可以明得失。”我们完全可以以敌为师，当我们多一面镜子时，反而更能看清自己。
一方面，用意大利政治家马基雅维利在《君主论》中观点，说明抹黑不过是征服一方领地并使其人心所向的手段之一。另一方面，让我们看清了我国综合国力和国际地位不断提升，国际社会对我国的关注前所未有，但中国在世界上的形象很大程度上仍是“他塑”而非“自塑”，我们在国际上有时还处于有理说不出、说了传不开的境地，存在着信息流进流出的“逆差”、中国真实形象和西方主观印象的“反差”、软实力和硬实力的“落差”。要下大气力加强国际传播能力建设，加快提升中国话语的国际影响力，让全世界都能听到并听清中国声音。</td></tr>
</table>

续表

<table>
<tr>
<td>本节课
教学设计</td>
<td>
3. 小结：我们该怎样回应西方国家的“双标”？
在此次抗议中，我们需要让世界听清中国声音，我们强调的是多边主义，我们强调携起手来构建卫生健康共同体、人类命运共同体以应对疫情；我们还要向世界讲好生命至上、联防联控、逆行奉献、精准高效、守望相助的故事，讲好中国共产党为什么能、中国特色社会主义制度为什么好、中国精神为什么强的故事。通过发声，讲述中国故事，自己塑造国际形象，打破他塑。
（三）“数”说抗疫，彰显中国力量
【课程互动游戏】让学生分别填写中美在抗疫中的感染数字、国际援助数字、医保救治数字和经济数字。
简单总结后，展开讲解。用数据说话，从四个方面对比中美的抗疫差距。
1. 感染数字
数据截至2022年4月24日，美国约3.3亿人口，累积确诊病例8264多万，累计死亡101多万人；中国14多亿人口，此前用短短三个月时间就控制住了武汉的疫情，现在累计确诊病例58万多人，累计死亡1.4万多人。
2. 国际援助数字
美国开出了不少空头支票，不仅没有援助，相反却在私下四处“索援”。
中国是兼济天下，诊疗经验覆盖了200多个国家和地区，向150个国家和4个国际组织提供物资援助，向27国派出29支医疗专家组。中国发表《抗击新冠肺炎疫情的中国行动》白皮书，已经做到承诺，疫苗已作为公共产品向全球提供。
3. 医保救治数字
美国目前有大约3800万人没有医疗保险，占总人口的近12%。很多人看不起病，就只能等死。
我国已建立世界上规模最大的基本医疗保障网，基本实现全覆盖，确诊患者医疗费用全部由国家承担。不同制度下的医疗体制机制，导致的不同结果。
4. 经济数字
西方国家受疫情影响出现了严重的经济衰退。2020年，美股在3月份连续4次出现熔断，而此前几十年美股只出现过1次熔断，美国失业率创新高；2021年GDP增长5.7%；2022年，通胀“再爆表”，2月CPI跃升至8.5%。
2020年，中国经济增速第一季度为负数，但是第二季度同比增长3.2%，各个行业基本复工复产；2021年GDP增长8.1%；2022年经济增长目标设定为5.5%左右。
5. 小结：中国抗疫的力量彰显
一组组鲜活的数字，让我们看到了中国用实际行动展现的公开、透明、负责任的大国担当，向世界各国人民展示了中国的抗疫突出成效。
（四）课程总结
回应开始的提问，西方国家炮制的中国源头论、隐瞒论、造假论不是事实，他们就是想全方位污名化中国。
面对无端指责和抹黑污蔑，我们要用事实真相以回击；面对“双标”，要看清实质，展示中国良好形象；用中国取得的抗疫成就，融合中国的价值主张和天下情怀，全方位展示中国的制度优势、民族精神和大国担当。
</td>
</tr>
</table>

续表

本节课教学设计	（五）布置作业 如何用自己独特的方式，弘扬中华文化，讲好中国故事，展示中华文化自信?
课程思政元素	中国速度、中国力量、中国精神、“四个自信”。

四、课程思政融入效果

（1）紧跟时事，唤起共鸣。贯穿整个课程教学设计的事件是新冠疫情，对此事件每个学生都“有话说，能点评”，以此为切入点和剖析点，能够引起学生极大兴趣，提升课程的接受度，提高思政教育的有效性。

（2）案例教学，通俗易懂。教学过程中，案例的选择高度统一化，以新冠疫情为背景，既有正面案例，如中国在抗疫方面取得的成就、对外国的支援等；又有反面案例，如特朗普“甩锅”将病毒政治化、“西班牙流感”名字的来源等。既有横向对比，如中美抗疫差距；又有纵向对比，如2020年4月8日，《美国科学院论文集》发表的英国剑桥大学和德国基尔大学的研究人员论文《新冠病毒基因组演化网络分析》写道“最原始‘人类新冠病毒’不是武汉当地主要的病毒类型”，2022年俄罗斯披露“美国在乌克兰的病毒实验”和英媒宣称“研究证实新冠病毒是美国公司制造”等案例来证实病毒的来源。多维度对比，深入浅出讲解案例，让学生更好地理解理论知识，认清西方国家的真面目，增强政治认同，提升思政教育实效性。

（3）课程游戏，提升参与度。该环节设计在理论讲解的第三部分“‘数’说抗疫，彰显中国力量”，让学生分组比赛，填写中美在抗疫中的感染数字、国际援助数字、医保救治数字和经济数字，看谁填得又快又对。互动小游戏既能拉近师生关系，又能加深课程知识记忆和理解，利于活跃课程气氛。

（4）融合雨课堂，及时掌握学生学习动态。学生扫码进入课堂，互动小游戏也通过雨课堂完成，“互联网+”的方式可及时反馈课堂学习情况；课后在雨课堂完成作业，方便师生交流。

五、教学反思

（1）教师理论功底深厚，注重授课内容的科学性和前沿性，运用包括案例式、互动游戏式等教学方法，充分利用多媒体和雨课堂辅助教学，检测教学效果。

（2）整个教学设计以疫情贯穿，能够让学生有深层次的参与感，国内外、正反面疫情对比，在讲授内容的把握上有效平衡了深度与广度，教学内容重点突出，教学目的十分明确，尤其是对一些重要知识点的合理扩展，让学生对问题进行深刻思考，形成良好的教师与学生的互动关系。通过这节课，学生对“疫情背景下如何提升国家文化软实力”有了深入了解，西方国家炮制的中国源头论、隐瞒论、造假论不是事实，他们就是想全方位污名化中国，将疫情政治化。面对无端指责和抹黑污蔑，我们要用事实真相以回击，自觉维护中国声誉；面对“双标”，要看清实质，展示中国良好形象，自觉塑造中国国际形象；用中国取得的抗疫成就，融合中国的价值主张和天下情怀，全方位展示中国的制度优势、民族精神和大国担当。面对疫情大考，学生进一步坚定听党话、跟党走的信心和决心，更加明确了新时代自身的责任与使命，愿意自觉成为讲好中国抗疫故事、传播中国优秀文化的践行者。

电工学概论课程思政教学案例

电气与电子工程学院　杜　红

一、课程基本信息

课程名称	电工学概论		
课程性质	专业基础课	学科门类	工学
学分	2.5	授课对象	大二本科生
学时	40（理论）	授课方式	线下
课程简介			
电工学概论课程是一门涵盖电工技术与电子技术的课程，是高等院校非电专业必修的专业基础课。本课程旨在使学生能够掌握电路、模拟电子技术、数字电子技术方面的基本理论和基本技能，培养学生解决电子电路设计相关问题和常见典型电子电路分析的能力。本课程在教授电路、电子技术知识的同时，聚焦学生理想信念教育，围绕家国情怀、奋斗精神、科学精神、道德法治观念、工程伦理和职业素养等内容，潜移默化地开展德育教育，实现了全方位的育人目标。			

二、教学目标

知识目标	（1）掌握集成电路的构成、特点和分类。 （2）熟悉集成电路在日常生活中的应用。 （3）了解我国集成电路的发展现状和我国对集成电路的相关政策。
能力目标	（1）能够在工程设计中运用电子技术等相关专业知识解决实际工程问题。 （2）具有一定的工程创新能力，并将其应用到电子信息产业等领域。 （3）具有集成电路相关产品的设计与开发的能力，能够解决集成电路领域的复杂工程技术问题。
课程思政育人目标	（1）培养和弘扬精益求精、勇攀高峰的科学精神，强调掌握本节知识对于建设现代化科技强国的重要意义，培养学生献身科学和科技强国的精神。 （2）培养学生履行时代赋予使命的责任担当，激起学生学习报国的理想情怀。 （3）启发学生创新精神和奉献精神的同时，也引导学生要注重科研诚信，守住学术道德底线。

三、教学设计

案例名称	走自主创“芯”路，实现科技强国梦		
授课章节	第11章第1节	学时	1
本节课教学目标	（1）理解集成电路的定义、特点和分类。 （2）了解集成运算放大器的组成。 （3）掌握理想运算放大器及其分析依据，能够分析其工作在线性区和非线性区的特性。 （4）掌握反相比例运算电路，能够分析输出电压和输入电压的关系。		

本节课教学设计

（一）知识要点

掌握集成运算放大器的工作原理，掌握反相比例运算电路。

（二）教学内容

1. 集成电路的定义、特点和分类

集成电路是把整个电路的各个元件以及相互之间的连接同时制造在一块半导体芯片上，组成一个不可分的整体。

集成电路特点：体积小、重量轻、功耗低、可靠性高、价格低。

集成电路分类
- 按集成度　　小、中、大和超大规模
- 按导电类型　双、单极性和两种兼容
- 按功能　　　数字和模拟

2. 集成运算放大器的组成

输入端　输入级　中间级　输出级　输出端　偏置电路

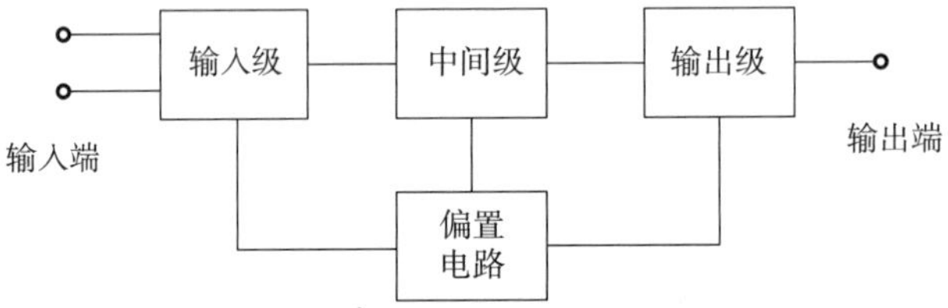

图1　集成运算放大器的组成

u_-　u_+　u_o

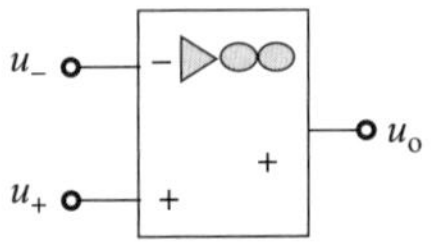

图2　理想运算放大器的图形符号

3. 理想运算放大器及其分析依据

（1）工作在线性区时。

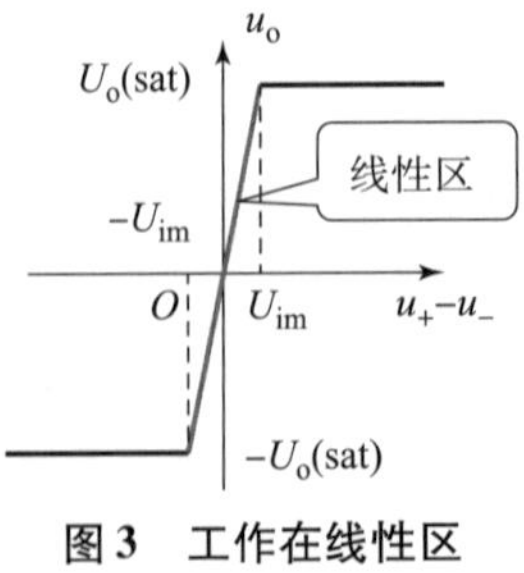

u_o　$U_o(\mathrm{sat})$　$-U_{im}$　线性区　O　U_{im}　u_+-u_-　$-U_o(\mathrm{sat})$ **图3　工作在线性区**	$u_+ \approx u_-$ 开环电压增益很高，两输入端对地电位近似相等，称为虚短； $i_+ = i_- \approx 0$ 输入电阻无穷大，两个输入端流入的电流为零，称为虚断。

续表

本节课教学设计

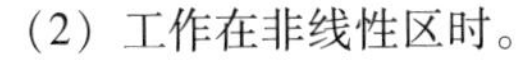

（2）工作在非线性区时。

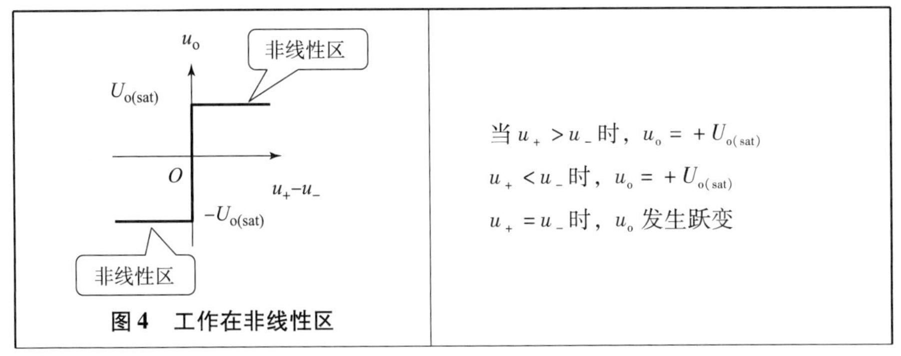

图 4　工作在非线性区

当 $u_+ > u_-$ 时，$u_o = +U_{o(sat)}$

$u_+ < u_-$ 时，$u_o = +U_{o(sat)}$

$u_+ = u_-$ 时，u_o 发生跃变

4. 反相比例运算电路

根据运放工作区间特点，根据虚短、虚断及 KCL 定理，可推得输出信号与输入信号的关系式。

根据虚短，$u_+ \approx u_- = 0$，根据虚断，$i_I = i_F$

又因为 $i_I = \dfrac{u_I - u_-}{R_1} = \dfrac{u_I}{R_1}$，$i_F = \dfrac{u_- - u_o}{R_F} = -\dfrac{u_o}{R_F}$

得出 $u_o = -\dfrac{R_F}{R_1} u_I$

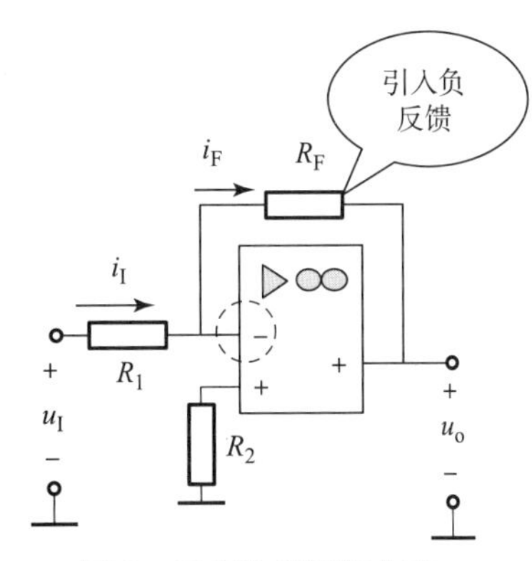

图 5　反相比例运算电路

（三）教学方法

（1）问题引入法，引入热点事件案例。提到芯片，能想到哪些相关的热点事件？学生可以通过弹幕发表自己的观点，激发学生学习报国的理想情怀。

（2）典型人物事迹案例，播放芯片相关的典型人物事迹的视频短片。

（3）反面案例法，通过反面案例启示学生要注重科研诚信。

（四）课程思政融入内容

1. 培养忧患意识，肩负民族复兴重任

我国科技企业虽然在科技领域快速发展，但还是有很多核心技术被人限制，其中半导体芯片领域的限制和打压无疑是最为严重的！严重地依赖国外的芯片，会导致国产科技企业的发展很容易被人卡脖子和限制发展，而我国的华为无疑就是最好的警醒。2019 年 5 月至今，美国为了限制华为的发展，多次修改芯片规则，华为也无法从第三方芯片企业手中购买芯片，失去了芯片供应后，让华为智能手机的销量出现了很大的下滑！美国的目的并不是仅仅打压华为这一家公司，而是要打击中国整体的芯片产业。

美国对华为芯片的制裁，让我们清醒认识到，奋力追赶实现芯片自给自足，才是破解无芯之痛。因此，我国的半导体公司更加快了芯片自主研发的步伐，其中华为海思承担起华为芯片研发的重任，先后推出了麒麟、巴龙、鲲鹏、昇腾等系列芯片，目前麒麟芯片的最新版本是麒麟 9000 系列，采用 5 纳米工艺，奠定了海思在半导体领域的关键地位。

因此，国产科技企业的发展要想不被人卡脖子和限制，那么就只有坚持自主研发一条路可以走，核心技术是靠钱买不来的，只有科技企业手中自主掌握了核心技术，其发展才不会受到限制，以此引发学生的科技强国之心。

续表

<table>
<tr><td>本节课教学设计</td><td>2. 关注家国情怀和奋斗精神
通过播放芯片相关典型人物事迹的视频短片，让学生了解为我国芯片发展作出贡献的人物事迹，培养学生的国家忧患意识，使学生满怀爱国热情，勇担民族复兴使命。
张汝京，“中国芯片之父”，是“台积电的死对头”！他一生给中国创造了三家公司——中芯国际、新昇半导体和青岛芯恩！这三家公司给中国创造了三个第一——大陆第一家半导体制造企业、大陆第一家300毫米大硅片企业以及大陆第一家CIDM模式的企业。张汝京的几次创业，似乎并未把公司盈利看作一回事，在他的内心，一心只想着提高祖国半导体的实力，攻克尖端科技的技术。对祖国大陆的一腔热血，支撑着他经历了大起大落，又让他更加坚定了自己的信念，带领中国半导体产业一往无前。
尹志尧，中微半导体公司创始人，半导体行业前沿领域的领军人物。年近60之时受到国家召唤，毅然决然放弃在美国的百万年薪以及地位声誉，带着从业硅谷20年的经验以及一颗沉浸着知识的大脑，选择回国从头开始，2004年在上海创立了中微半导体设备公司，为中国研发属于中国人自己的芯片。中微相继推出了从75纳米到5纳米工艺的刻蚀机，技术始终与美国巨头公司处于同一水平，并且产品已被台积电采用。随着中微的成功，美国政府很快取消了刻蚀机对华出口限制，因为这个限制已经失去意义。
通过对芯片发展过程中典型人物事迹的学习，将这些“大国工匠”精神植根于学生的血液里，激励学生树立远大志向、自力更生、自主创新，激发学生科技报国的家国情怀和使命担当。
3. 注重工程伦理和职业道德素养
2003年2月，从美国回来的博士陈进发明的“汉芯一号”造假，骗取了高达上亿元的科研基金。“汉芯一号”事件不仅造成国家数亿科研资金付诸东流，还让国人对于自主研发芯片的自信心大受打击，此后十几年间，我国的芯片研发几乎处于停滞状态，可谓是影响极大。“汉芯事件”对我国的芯片产业发展是一个重大打击，被称为“中国芯片发展之殇”。
通过反面案例“汉芯事件”启示学生要注重科研诚信，守住心中的底线，在攀登科学高峰的同时，更要加强社会主义职业道德与规范修养。
（五）课程思政融入方式
1. 问题引入法
提到芯片，能想到哪些相关的热点事件？学生可以通过弹幕发表自己的观点，以此引出美国制裁华为芯片的热点事件，培养学生的国家忧患意识，激发学生学习报国的理想情怀。
2. 播放视频短片
通过播放芯片相关典型人物事迹的视频短片，让学生了解为我国芯片发展作出贡献的人物事迹，使学生满怀爱国热情，勇担民族复兴使命。
3. 反面案例法
通过反面案例“汉芯事件”启示学生要注重科研诚信，守住心中的底线，在攀登科学高峰的同时，更要加强社会主义职业道德与规范修养。</td></tr>
<tr><td>课程思政元素</td><td>家国情怀、科学思维、社会责任、工匠精神、创新精神、社会主义职业道德与规范修养、科研诚信。</td></tr>
</table>

四、课程思政融入效果

通过集成电路的学习，引入当前芯片相关的热点问题，看到我国芯片产业高速发展的同时，也看到与国外发达国家的差距。我国芯片产业虽然起步晚，但我们敢于攻坚，敢于啃硬骨头。技术垄断，对中国来说是压力，更是动力。培养学生树立创造自主创“芯”的目标，敢于担当，为实现科技强国贡献自己的力量。

五、教学反思

结合时事热点，以真实案例激起学生的兴趣和共鸣，激发学生的爱国热情、使命感和责任感，鼓励学生发愤图强，艰苦奋斗，努力自主研发核“芯”技术，培养学生精益求精的大国工匠精神。通过反面案例，强化学生工程伦理教育。

材料成型装备及自动化课程思政教学案例

材料科学与工程学院　蒋璐瑶

一、课程基本信息

课程名称	材料成型装备及自动化		
课程性质	专业必修课	学科门类	工学
学分	2	授课对象	本科生
学时	32	授课方式	线下
课程简介			
材料成型装备及自动化是材料科学与工程专业材料成型及数字化制造模块的一门专业必修课。材料成型装备是工业制造业的一大类工作母机，在制造装备中占有重要地位。随着自动控制技术以及新材料加工技术的发展，研制开发新型材料成型装备，提高技术性能、产品质量和自动化程度，对于提高我国装备制造业的整体技术水平有着重要的意义。本课程主要讲解重要材料成型装备的工作原理、设备结构、参数选用、新型设备简介等内容，为学生从事材料成型装备的研发以及选型提供理论和技术基础。			

二、教学目标

知识目标	（1）掌握材料成型设备的工作原理、结构特点、技术参数以及选择原则和使用原则。 （2）了解材料成型装备及自动化技术的发展方向，掌握其发展特点与动向，理解不同材料的成型特点。
能力目标	（1）掌握材料成型设备的应用范围及自动化的控制系统，具备操作、调控设备仪器参数和维护设备的能力，能够分析设备技术参数对材料成型质量的影响。 （2）能够针对不同需求设计相应的自动化工艺方案。
课程思政育人目标	（1）培养学生的爱国情怀和国家使命感。 （2）培养学生树立科技报国的使命担当、精益求精的工匠精神及职业责任感。 （3）激发学生对自己专业的认同感、兴趣和热爱，发散学科魅力。

三、教学设计

<table>
<tr><td>案例名称</td><td colspan="3">挺起大国工业脊梁，培养中国工匠精神</td></tr>
<tr><td>授课章节</td><td>第二章第一节　金属塑性成形设备及自动化——曲柄压力机</td><td>学时</td><td>3</td></tr>
<tr><td>本节课
教学目标</td><td colspan="3">（1）理解和掌握曲柄压力机的基本构造、工作原理、型号分类。
（2）了解曲柄压力机在国防军工中生产的产品类型、我国装备工业的发展历史、抗战时期兵工厂迁厂历史，树立家国情怀。</td></tr>
<tr><td>本节课
教学设计</td><td colspan="3">（一）知识要点
（1）曲柄压力机通过曲柄连杆机构将电动机的旋转运动转换为滑块的往复直线运动。
（2）曲柄压力机可进行冲压、挤压、锻造等工艺，广泛应用于汽车工业、航空工业、电子仪表工业、五金轻工等领域。
（二）教学内容
（1）曲柄压力机的基本构造和工作原理。
（2）曲柄压力机在抗战时期的使用。
（三）教学方法
讲授法，采用 PPT、视频等多媒体形式。
（四）课程思政融入内容及方式
在讲解完曲柄压力机的基本用途和结构后，以曲柄压力机（冲床）为线索，讲述抗战时期兵工厂西迁重庆、生产枪支弹药支持中华民族顽强反抗及解放时期的护厂运动历史，激发学生的爱国情怀，传承红色基因，树立职业认同感和使命感。
抗日战争爆发后，为保存中国兵工业有生力量，各大兵工厂相继紧急内迁。抗战时期，搬迁到大后方的兵工企业有 20 多家，其中搬迁到重庆的有 14 家。重庆理工大学的前身就是由南京搬迁入渝的金陵兵工厂（搬迁后为第 21 兵工厂）下附设的第 11 技工学校。我校建校校长李承干就是第 21 兵工厂的厂长。
在兵工厂重要的生产设备中，曲柄压力机（冲床）是先进设备的代表。当年我国还没有生产这类设备的能力，先进设计基本依赖进口。根据老式曲柄压力机照片，可以再次回顾曲柄压力机的基本构造和工作原理。曲柄压力机（冲床）的生产特点是省力、效率高，在兵工厂中主要用来制造枪炮弹壳、弹头等，借此讲解曲柄压力机的使用范围。
原兵工厂退休职工在采访中说，“冲床曾是我最想操作的设备。当时在我们眼里，这就是高科技。”1949 年 11 月底，重庆即将解放，不甘失败的国民党集团开始了逃跑前的疯狂破坏，重庆党组织为了人民的幸福生活，带领工人进行的护厂斗争，有效地阻止了国民党的大破坏，以此激起学生的爱国爱党情怀。</td></tr>
<tr><td>课程思政
元素</td><td colspan="3">爱国情怀、工匠精神。</td></tr>
</table>

四、课程思政融入效果

1. 思政元素融入与知识传授共同支撑教学目标的达成

课程思政所用的曲柄压力机图片，因型号古老，结构简单，集成度低，主要工作机构可直接看到，方便进行设备结构讲解，让学生更直观地掌握设备结构和工作原理。

2. 提升学生的爱国情怀和工匠精神，激发学生的学习动力

通过抗日战争、解放战争中兵工厂的故事，让学生认识到知识就是力量，只有努力学习提升自己，用自己的知识报效祖国，才能不负先辈，激发学生的学习动力。

3. 课堂学习与课外学习结合，实现第二课堂红色育人

课程思政所用例子与学校历史紧密结合，学生可以通过校园文化雕塑、校史馆、建川博物馆深入了解当时历史，以课堂为引，实现红色育人。

五、教学反思

学史明理、学史增信、学史崇德、学史力行。在课程中加入历史事件，既可以让学生了解我国工业发展的历史过程，又可以激发出学生的民族大义、爱国情怀。该案例来自重庆，来自学校，更为贴近学生，更易激起学生的爱国、爱校热情。教学时，可通过案例讨论，从工人小家与生产装备的关系、保卫大家（国家）与生产装备的关系等角度，引导学生思考如何从自身出发注重基础学科的学习，弘扬淡泊名利、知识报国的大国工匠精神。引导学生联系当今国际局势，讨论在当今百年未有之大变局中，中华民族伟大复兴大势下大学生的责任与使命。

语音信号处理课程思政教学案例

电气与电子工程学院　彭醇陵

一、课程基本信息

课程名称	语音信号处理		
课程性质	专业必修课	学科门类	工科
学分	2.5	授课对象	大三本科生
学时	40（理论32，实验8）	授课方式	线下
课程简介			
本课程是通信工程、电子信息工程、计算机及电气工程等专业的专业必修课。通过本课程的学习，学生系统地获得语音信号的基本知识和必要的基础理论，掌握语音编解码、语音频域分析、语音识别等关键技术。通过实验培养学生理论联系实际的能力，从而使学生学会利用所学专业基础知识分析及解决语音信号的实际问题。			

二、教学目标

知识目标	本课程案例支撑的专业目标为工程认证毕业要求2：能够应用数学、自然科学和工程科学的基本原理，识别、表达语音信号生成系统模型，并分析模型参数，了解模型特征。
能力目标	（1）能够应用自然科学理解语音生成系统的工作机理。 （2）掌握语音信号生成系统的数学模型，并理解系统各个部分的工作原理和作用。 （3）理解语音信号生成系统各个环节中重要参数的意义和作用。
课程思政育人目标	（1）由清代林嗣环的文章——《口技》说明可以通过不同的方式处理声音，形成不同的语音发声形式。作用：不仅以形象的方式增强学生对语音信号处理的理解，也对中国文化的介绍进行如盐化水的融合，增强学生的民族文化认同感，加强文化自信，激发爱国情怀。 （2）以人的发声系统工作机理为基础，抽象出工程应用中语音信号生成系统的数学模型，使学生了解科学问题和工程问题如何联系起来，培养学生的科学思维，增强创新精神。同时，由各个环节之间的相互关系，理解参数对系统的影响关系，可以得出任何参数、环节改变都将影响语音信号的形成，培养学生的工程思维和工匠精神。

三、教学设计

<table>
<tr><td>案例名称</td><td colspan="3">语音信号的生成系统</td></tr>
<tr><td>授课章节</td><td>第 2 章第 1 节</td><td>学时</td><td>2</td></tr>
<tr><td>本节课
教学目标</td><td colspan="3">（一）能力目标
（1）理解语音生成系统的工作机理。
（2）掌握并理解语音信号生成系统的数学模型以及各个部分的工作原理和作用。
（3）理解语音信号生成系统各个环节中重要参数的意义和作用。
（二）价值目标
（1）将中国传统文化与课堂融合，提高民族自豪感。
（2）将抽象数学模型与工程应用对应，引导创新和应用思维。</td></tr>
<tr><td>本节课
教学设计</td><td colspan="3">（一）教学内容设计思路
（1）通过对文章《口技》中不同声音的产生和人的发声系统的介绍，系统讲述并使学生了解语音信号生成系统的工作原理。
（2）详细介绍语音生成系统的数学模型抽象原理，使学生掌握语音信号生成系统的模型；
（3）介绍语音生成系统中各个参数的意义和作用，使学生能够对建模后的数学模型进行后处理。
（二）课程思政教学方法
教学方法主要以 PPT 讲授 + 短视频 + 师生互动 + 翻转课堂为主。具体的实现形式如下：
（1）教师用 PPT 展示文章《口技》，通过讲授式方式引出语音的产生。
（2）播放口技表演视频，形象展示各个发声部位对语音生成的影响。
（3）师生互动，让学生采用不同的方式自己发声，感受不同发声部位对发声的影响。
（4）翻转课堂，让学生举例实际生活中通过改变发声系统中的某个部分形成的应用设计。</td></tr>
<tr><td>课程思政
元素</td><td colspan="3">爱国精神、科学思维、文化自信、创新精神。</td></tr>
</table>

四、课程思政融入效果

（1）通过中华文学故事、短视频、生活案例的引入使得教学内容更容易理解。
（2）结合讲授、视频播放、师生互动和翻转课堂等教学方式，课堂氛围更活跃。
（3）通过中华传统知识的引入，树立了文化自信。
（4）将自然感受与课程结合，增加参与感，也提高学生的科学思维。

五、教学反思

（1）课程思政内容与教学知识的内容衔接还不够细腻。

（2）讲授、视频、文化知识与专业知识的时间安排还有待优化。

（3）师生互动的启发式教育方式还有待进一步提升。

会计学课程思政教学案例

会计学院　周　静

一、课程基本信息

课程名称	会计学		
课程性质	专业基础课	学科门类	管理学
学分	2	授课对象	大一本科生等
学时	48（其中讲授44学时，案例讨论2学时，串讲2学时）	授课方式	线上线下结合
课程简介			
会计学是经济类、管理类等专业开设的一门专业基础课，阐明会计学的基本理论、基本方法和基本操作技能。该课程主要内容是以会计核算方法为主线来展开阐述的，具体包括会计的基本职能、目标、定义、对象，会计核算的基本方法，会计核算基础，会计核算前提，会计信息质量要求，会计要素，科目与账户，借贷记账法及其运用，会计凭证、账簿、账务处理程序，财产清查，财务报表等。			

二、教学目标

知识目标	（1）理解利润的含义和构成。 （2）掌握利润构成要素，即营业利润、利润总额和净利润的计算公式。 （3）掌握营业外利润（营业外收入、营业外支出）的内涵，以及利润形成的相关账户设置和账务处理。
能力目标	（1）能够正确核算企业的营业利润、利润总额和净利润，并进行相应的账务处理。 （2）形成“量”与“质”的辩证思维方式，并能利用该种思维方式分析企业利润是“质高”还是“质低”，提升财务素养。 （3）能够正确辨析收入与利得、费用与损失这两组易混淆概念。
课程思政育人目标	（1）紧密结合习近平总书记关于经济高质量发展的思想内涵，通过引入资本市场的具体案例，让学生充分理解营业利润和营业外利润的内涵，并启发学生理解只有高质量的净利润才能够让企业获得持续增长动力，最终引导学生树立“质”与“量”的辩证思维，即不仅需要考虑净利润的数量，也需要关注净利润的质量。

续表

<table>
<tr><td>课程思政育人目标</td><td>（2）紧密结合习近平总书记关于三次分配促进共同富裕的思想内涵，结合学术文献和资本市场案例，深入剖析企业进行慈善捐赠的道德动因及其对经济社会的影响，并通过列举典型慈善捐赠事例、分享自己和身边的慈善捐赠故事，培养学生的助人意识和慈善之心。</td></tr>
</table>

三、教学设计

<table>
<tr><td>案例名称</td><td colspan="3">利润形成业务的账务处理——“高质量”利润的产生</td></tr>
<tr><td>授课章节</td><td>第五章　借贷记账法下主要经济业务的账务处理</td><td>学时</td><td>1</td></tr>
<tr><td>本节课教学目标</td><td colspan="3">秉承以学生为中心的教学理念，综合运用启发式教学、案例式教学、分组研讨等多种教学策略，通过讲授相关知识点，本节课的教学目标主要集中在以下三个方面：
（1）使学生理解不同层次利润的内涵，熟悉利润表的结构，并掌握与利润形成相关的账务处理。
（2）引导学生建立起“量”与“质”的辩证思考模式，进而培育学生多角度思考问题的能力。
（3）培养学生积极向善、乐于助人的品性，帮助学生树立“守望相助”的集体意识，进而为构建社会主义和谐社会奠定坚实的精神基础。</td></tr>
<tr><td>本节课教学设计</td><td colspan="3">（一）教学内容与教学方式<table>
<tr><td>教学组织</td><td>教学内容</td><td>设计意图</td></tr>
<tr><td>课程导入</td><td>接续前序课程内容（资金筹集、供应过程、生产过程、销售过程），自然过渡到本节课程讲授的核心内容“利润”。
案例：江铃汽车（股票代码：000550）2019 年的净利润约为 1.48 亿元，安凯汽车（股票代码：000868）2019 年的净利润约为 0.48 亿元。
提问启发：请问这两家企业，哪家企业的净利润质量更高？
问题的正确回答依赖于本节课程后续内容的学习。</td><td>通过案例引入引发学生对利润质量的关注与讨论。
思政融入：引导学生不仅要关注利润的数量，更需要关注利润的质量，形成辩证思维。</td></tr>
<tr><td>知识点讲解 1</td><td>知识点 1：利润的含义和构成
（1）利润的含义。利润是指企业一定会计期间的经营成果，企业全部收入减去全部费用的结果就是利润（如果是负数就为亏损）。
（2）利润的构成。利润由营业利润、利润总额和净利润三个层次构成。其在利润表（简化版）的对应结构如下。</td><td>借鉴利润表的格式，帮助学生理解利润的构成，辨析不同层次利润并引出后面需要学习的知识点。</td></tr>
</table></td></tr>
</table>

续表

<table>
<tr><td rowspan="3">本节课教学设计</td><td colspan="3">续表</td></tr>
<tr><td>教学组织</td><td>教学内容</td><td>设计意图</td></tr>
<tr><td>知识点讲解 1</td><td>利润的构成<table>
<tr><td>一、营业收入</td></tr>
<tr><td>减：营业成本</td></tr>
<tr><td>税金及附加</td></tr>
<tr><td>销售费用</td></tr>
<tr><td>管理费用</td></tr>
<tr><td>财务费用</td></tr>
<tr><td>加：投资收益（投资损失－）</td></tr>
<tr><td>二、营业利润（亏损以“－”号填列）</td></tr>
<tr><td>加：营业外收入</td></tr>
<tr><td>减：营业外支出</td></tr>
<tr><td>三、利润总额（亏损总额以“－”号填列）</td></tr>
<tr><td>减：所得税费用</td></tr>
<tr><td>四、净利润（净亏损以“－”号填列）</td></tr>
</table></td><td></td></tr>
<tr><td></td><td>知识点讲解 2</td><td>知识点 2：财务成果核算的依据
（1）营业利润。营业利润是指企业通过一定期间的日常活动取得的利润。其计算公式如下：
营业利润＝营业收入－营业成本－税金及附加－销售费用－管理费用－财务费用＋投资收益（－投资损失）
其中：
营业收入＝主营业务收入＋其他业务收入
营业成本＝主营业务成本＋其他业务成本
（2）利润总额。利润总额又称税前利润，是企业的营业利润加上营业外收入减去营业外支出后的金额，其计算公式如下：
利润总额＝营业利润＋营业外收入－营业外支出
补充：营业外收支包括营业外收入和营业外支出，是指企业发生的与日常活动无直接关系（非日常活动）的各项利得或损失。
利得是指由企业非日常活动形成的、会导致所有者权益增加的、与所有者投入资本无关的经济利益的流入。
损失是指由企业非日常活动形成的、会导致所有者权益减少的、与向所有者分配利润无关的经济利益的流出。</td><td>通过讲解不同层次利润，即营业利润、利润总额、净利润的含义和计算公式，帮助学生辨析各类利润的内涵及组成，并引出后面需要学习的知识点。</td></tr>
</table>

续表

<table>
<tr>
<td>本节课教学设计</td>
<td>
续表
<table>
<tr><th>教学组织</th><th>教学内容</th><th>设计意图</th></tr>
<tr>
<td>知识点讲解 2</td>
<td>
小组讨论：
营业收入和营业外收入，谁更能体现企业的持续经营能力？为什么？
营业利润与营业外利润，谁更能体现企业的持续经营能力？为什么？
（3）净利润。净利润又称税后利润，是利润总额扣除所得税费用后的净额，其计算公式如下：
净利润 = 利润总额 – 所得税费用
回到课程开始前的案例，江铃汽车和安凯汽车 2019 年利润的比较分析（单位：亿元）。
<table>
<tr><th>利润项目</th><th>江铃汽车（000550）</th><th>安凯汽车（000868）</th></tr>
<tr><td>营业利润</td><td>–1.11</td><td>0.55</td></tr>
<tr><td>营业外收入</td><td>2.23</td><td>0.07</td></tr>
<tr><td>营业外支出</td><td>0.07</td><td>0.06</td></tr>
<tr><td>净利润</td><td>1.48</td><td>0.48</td></tr>
</table>
小组讨论与回答：江铃汽车和安凯汽车谁的净利润质量更高，为什么？
提示：江铃汽车（000550）2019 年之所以能扭亏为盈，原因在于其获得政府提供的企业发展扶持资金 2.23 亿元（政府补助），计入营业外收入。
</td>
<td>
引入利得和损失的概念，帮助学生理解非日常活动，有助于学生辨析营业利润和营业外利润（营业外收入 – 营业外支出）的差异。
通过小组讨论，进一步引导学生理解利润的质量问题。
思政融入：通过资本市场具体案例（江铃汽车和安凯汽车）的分析与讨论，引导学生树立质与量的辩证思维，在关注企业净利润数量的同时，更需要关注代表企业持续经营能力的营业利润。
</td>
</tr>
<tr>
<td>知识点讲解 3</td>
<td>
知识点 3：营业外收支的核算
（1）营业外收支的概念。营业外收支包括营业外收入和营业外支出，是指企业发生的与日常活动无直接关系的各项利得或损失。
◇ 营业外收入：非流动资产毁损报废利得、与企业日常活动无关的政府补助、盘盈利得、捐赠利得等。
◇ 营业外支出：非流动资产毁损报废损失、公益性捐赠支出、非常损失、固定资产盘亏损失、罚款支出等。
（2）营业外收支的核算。
◇ 设置“营业外收入”账户和“营业外支出”账户。
◇ 营业外收支的账务处理。
［例 1］亚宇公司取得罚款收入 50000 元，按照规定转作营业外收入。（与学生一起解答）
［例 2］亚宇公司用企业银行存款 40000 元给希望小学捐赠。（学生独立解答）
</td>
<td>
通过对营业外收支核算的讲解，帮助学生理解企业的哪些收入计入营业外收入，哪些支出计入营业外支出。
思政融入：通过重点讲解营业外支出的公益性捐赠，为后续微思政案例提供理论基础。
</td>
</tr>
</table>
</td>
</tr>
</table>

续表

<table>
<tr><td rowspan="3">本节课教学设计</td><td colspan="3">续表</td></tr>
<tr><td>教学组织</td><td>教学内容</td><td>设计意图</td></tr>
<tr><td>知识点讲解 4</td><td>

【微思政】

结合营业外支出的慈善捐赠，提出如下递进式问题，并请学生进行回答：

（1）企业进行慈善捐赠会如何影响企业的净利润？

（2）如果慈善捐赠会降低企业净利润，企业作为营利性组织，为何仍然会进行慈善捐赠？

对上述问题，将根据习近平总书记提出的三次分配助力共同富裕的时代大背景、学术文献关于慈善捐赠的道德动因、上市公司慈善捐赠的现状进行讲解。

三次分配助力共同富裕

“……要坚持以人民为中心的发展思想，在高质量发展中促进共同富裕，正确处理效率和公平的关系，构建初次分配、再分配、三次分配协调配套的基础性制度安排。”

党的十九届四中全会首次明确提出：“重视发挥第三次分配作用，发展慈善等社会公益事业。”

慈善捐赠的道德动因

上市公司慈善捐赠现状

列举慈善捐赠的典型事例：鸿星尔克。

鸿星尔克历年捐款汇总表 单位：万元

<table>
<tr><td>编号</td><td>事项</td><td>年份</td><td>金额</td></tr>
<tr><td>1</td><td>“5 · 12”汶川大地震</td><td>2008</td><td>600</td></tr>
<tr><td>2</td><td>福建省残联基金会捐款</td><td>2013</td><td>2500</td></tr>
<tr><td>3</td><td>中国残联及福建省残疾人福利基金会捐款</td><td>2018</td><td>8000</td></tr>
<tr><td>4</td><td>河北山东捐款</td><td>2019</td><td>10000</td></tr>
<tr><td>5</td><td>武汉疫情捐款</td><td>2020</td><td>1000</td></tr>
<tr><td>6</td><td>河南郑州特大洪灾捐款</td><td>2021</td><td>5000</td></tr>
<tr><td>合计</td><td></td><td></td><td>27100</td></tr>
</table>

情感引导（说出你的故事）：你是否进行过慈善捐赠，你捐赠后的心情是如何的？如果没有，你是否知道周边人的慈善捐赠的故事，你的感受如何？

通过分享慈善捐赠故事，一方面激励学生在力所能及的范围内主动参与慈善事业，另一方面鼓励学生向身

</td><td>

通过问题提出，让学生思考企业进行慈善捐赠的动因，为后续知识点的讲解做铺垫。

结合“三次分配助力共同富裕”的思想内涵，通过相关理论文献分析企业慈善捐赠的道德动因，以及对慈善捐赠现状的分析，引导学生理解慈善捐赠的具体实践。

通过鸿星尔克案例介绍，从捐赠事实、动因和社会经济影响三个方面充分帮助学生理解“慈善捐赠”“守望相助”的内涵。

</td></tr>
</table>

续表

本节课教学设计

续表

教学组织	教学内容	设计意图
知识点讲解 4	边人传播“三次分配助力共同富裕”的核心理念，以期增强公众的慈善意识，毕竟“送人玫瑰之手，历久犹有余香”。	
课堂小结	（1）利润的含义与构成。 （2）营业利润、利润总额、净利润的计算公式。 （3）营业外收支的核算。	归纳总结，让学生自行梳理本节课程讲解内容，加深理解。
课后任务	分小组进行案例分析实践： （1）寻找同行业的两家上市公司，比较其利润的构成，评估利润的“质”与“量”。 （2）寻找进行慈善捐赠的上市公司，分析其捐赠额对净利润的影响。	通过要求学生寻找资本市场的案例，结合课堂所讲知识，提升学生知识的运用能力。

（二）课程思政融入内容及方式

本节课程的思政融入策略将采用播放视频、文献分享、引入案例等多种形式，并通过课堂提问、小组辩论、学生启迪性回答等途径将思政元素融入知识学习和技能训练中，尽量做到“如盐化水”“润物细无声”，从而使课堂氛围生动、活泼、有趣。具体而言，本节课程的思政融入策略分以下几步走：

第一步，展示“江铃汽车”和“安凯汽车”的净利润，提问学生哪家企业的净利润质量更高，启迪学生不能只关注净利润的数量，更应该关注净利润的质量。

第二步，讲解本节课程核心知识点 1 和知识点 2。基于学生知识点掌握的情况，分小组讨论“江铃汽车”和“安凯汽车”的净利润质量谁更高，并解释原因。结合习近平总书记关于高质量发展的重要论述，进一步向学生传递，我们不仅要关注利润数量，更需要关注利润的质量，树立和形成“质”与“量”的辩证思维。

第三步，讲解知识点 3，强调慈善捐赠这类营业外支出，为后续“慈善捐赠”微思政提供理论基础。

第四步，进行“慈善捐赠”微思政，让学生充分理解“慈善”和“守望相助”的内涵，进而培养学生的助人意识和慈善之心。具体开展路径如下：

（1）通过启发式提问让学生讨论，对于以营利为经营目标的企业，为何会进行慈善捐赠？

（2）播放视频：播放习近平总书记关于“共同富裕”以及“三次分配助力共同富裕”的视频，了解新时代背景。

（3）分享学术文献：向学生分享关于企业慈善捐赠道德动因的学术文献。

（4）向学生展示上市公司慈善捐赠的现状。

（5）向学生列举慈善捐赠的典型事例——鸿星尔克，并从鸿星尔克的捐赠事实、动因和社会经济影响三方面进行论述。

续表

本节课教学设计	（6）情感引导（说出你的故事）：让学生分享发生在自己身上或自己周围的慈善捐赠事件。 总之，本节课程要达到的思政目标主要有两方面：一是引导学生树立“质”与“量”的辩证思维；二是培养学生的助人意识和慈善之心。
课程思政元素	社会责任。

四、课程思政融入效果

（1）本节课程通过结合“高质量发展内涵”“三次分配助力共同富裕”等思想，利用启发式教学、案例式教学、分组研讨等教学方法，运用视频播放、学术文献分析、资本市场案例等丰富教学内容，教学形式丰富多样，能够有效活跃课堂，增加学生参与度，教学效果良好。

（2）利用“江铃汽车”和“安凯汽车”的真实案例，辅之以“高质量发展”的思想内涵，从理论和实践多维度引导学生形成“质”与“量”辩证思维，思政融入做到“如盐化水”“润物细无声”。

（3）“三次分配助力共同富裕”的核心之一是培养公众的慈善素养。为树立学生的慈善之心，遵循“宏观背景→微观企业→微观个体”的讲授模式，通过鼓励学生分享自身及周边的慈善捐赠故事，最终达到情感共鸣，培养学生助人意识及慈善之心。

五、教学反思

（1）改变“以教师为中心”的单向授课、学生被动接收知识的传统课堂模式，向“以学生为中心”“以问题为导向”的教师讲解、引导学生积极参与课堂的教学模式转变。

（2）改变只向学生单纯讲授书本知识的授课模式，在教学过程中融入真实案例，启发学生对真实世界的探索与观察，加强学生的思想道德教育。

（3）采用丰富的教学形式，包括但不限于启发式教学、案例式教学、分组研讨等，激发学生的学习兴趣，培养学生自主学习的能力。

财务管理课程思政教学案例

会计学院　黄金曦

一、课程基本信息

<table>
<tr><td>课程名称</td><td colspan="3">财务管理</td></tr>
<tr><td>课程性质</td><td>专业必修课</td><td>学科门类</td><td>管理学</td></tr>
<tr><td>学分</td><td>4</td><td>授课对象</td><td>大三本科生</td></tr>
<tr><td>学时</td><td>64（理论 56，实践 8）</td><td>授课方式</td><td>线下</td></tr>
<tr><td colspan="4">课程简介</td></tr>
<tr><td colspan="4">在经济全球化、信息技术和人工智能飞速发展的背景下，良好的资金运作对企业生存和发展具有重要意义。财务管理是研究企业资金运动原理、规律和特点的学科，它主要涉及企业资金筹集、资金投放和使用、日常资金营运和收益分配管理等基本知识，是财务管理专业、会计学专业和审计学专业的一门专业必修课。通过本课程的学习，学生能够掌握企业筹资、投资、资金营运和收益分配的基础理论、方法和相关国家政策、法规等知识，具备运用专业财务定性与定量分析方法的能力，能够帮助企业进行科学的财务预测，提供有效的财务决策，进行恰当的财务分析，为提升企业价值提供有力保障。
本课程坚持价值引导、科学设计，确立了“一底线、两立足、四自信”的课程思政建设目标，将思政目标渗透育人全过程，突出课程特点，深入挖掘思政元素，结合企业资金运动规律，以财务目标为统领，以筹资、投资、资金营运、收益分配和财务分析专业知识模块为主线，重点培育学生经世济民、诚信服务、德法兼修的职业素养，使学生具备良好的商业道德行为规范，利用“大思政课”铸魂育人，培养拥有“四个自信”的社会主义接班人。</td></tr>
</table>

二、教学目标

知识目标	（1）掌握财务管理的基本概念，了解财务管理的产生和发展历程，了解财务管理与财务会计的区别，掌握财务管理的构成内容及基本特点。 （2）掌握企业筹资、投资、资金营运和收益分配的基础理论、方法，熟悉企业筹资、投资和分配相关的国家政策、法律法规等制度规范。 （3）掌握基本财务分析方法，熟悉各种财务指标和综合财务分析框架。 （4）了解本课程的理论前沿、发展动态和热点话题。

续表

能力目标	（1）培养学生专业知识运用能力，使学生能运用定性与定量的专业分析方法，对企业展开财务分析，进行科学的财务预测和有效的财务决策。 （2）培养学生理论联系实际、自主学习、持续学习和创新的能力。 （3）培养学生专业文献检索、资料查询等基础能力。 （4）培养学生良好的语言表达和沟通能力，使学生具备良好的团队协作能力。
课程思政育人目标	（1）培育学生经世济民、诚信正直、德法兼修的职业素养。 通过课程思政引导学生深刻理解并自觉践行诚实、守信的财会职业精神，树立底线思维，养成良好的职业操守，坚守职业道德规范，具备优秀的职业素养和职业品格。 （2）培育学生坚定“四个自信”，践行社会主义核心价值观。 通过课程思政引导学生了解世界政治经济形势，增强对中国特色社会主义制度的政治认同，坚定中国特色社会主义道路自信、理论自信、制度自信、文化自信，使学生将社会主义核心价值观内化为精神追求、外化为自觉行动。 （3）弘扬中华优秀传统文化，培养学生使命感和担当意识。 通过课程思政引导学生大力弘扬以爱国主义为核心的民族精神和以改革创新为核心的时代精神，使学生树立强烈的社会责任感，大力培育其使命意识和担当意识，培养担当民族复兴大任的新时代接班人。

三、教学设计

<table>
<tr><td>案例名称</td><td colspan="3">“独乐乐”还是“众乐乐”？——财务管理目标选择及利益冲突与协调</td></tr>
<tr><td>授课章节</td><td>第一章　总论
第二节　财务管理目标</td><td>学时</td><td>2</td></tr>
<tr><td>本节课教学目标</td><td colspan="3">（一）知识目标
（1）理解各种财务目标的内涵。
（2）掌握各种财务目标的优缺点。
（3）理解选择财务目标时利益冲突产生的原因与表现形式。
（4）掌握主要利益冲突的协调方法。
（二）能力目标
（1）能根据企业的特点和所面临的内外部环境，对其财务目标进行科学合理的选择。
（2）能对现实中存在的主要利益冲突提出具体的解决方法，供企业参考实施。
（三）课程思政育人目标
（1）通过康美药业财务造假案例引入社会主义核心价值观和中国优秀传统文化中的诚信、敬业思政元素，培养学生养成诚信做人的品质，树立“不做假账”的职业操守和爱岗敬业的精神。
（2）通过紫金矿业环境污染、鸿星尔克捐助微案例引入社会责任、共同富裕思政元素，引导学生关注宏观经济政策，促进社会和谐与可持续发展，做经世济民之才。</td></tr>
</table>

续表

<table>
<tr>
<td>本节课
教学设计</td>
<td>
（一）知识要点
本节课知识要点为“财务目标及利益冲突与协调”，主要包括以下两方面：
1. 财务目标的内涵与优缺点
（1）利润最大化。
（2）股东财富最大化。
（3）相关者利益最大化。
2. 财务目标的利益冲突与协调
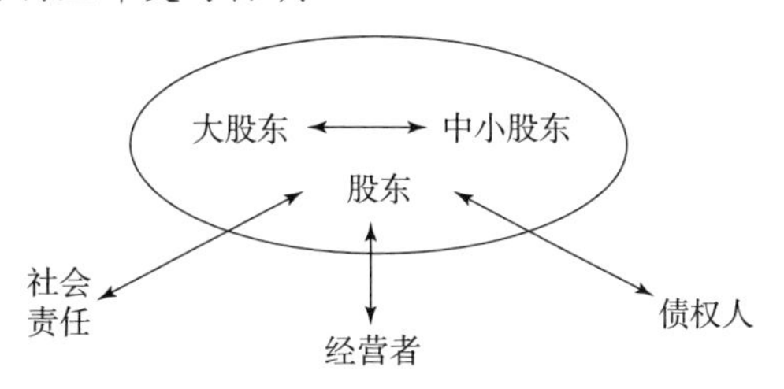

（1）股东与经营者之间的利益冲突与协调。
（2）大股东与中小股东之间的利益冲突与协调。
（3）股东与债权人之间的利益冲突与协调。
（4）企业利益与社会责任。
（二）教学内容
1. 三种财务目标的内涵与优缺点（时间：25 分钟）
（1）利润最大化。
企业当期实现的利润越多，代表为社会创造的财富越多。
优点：目标易于理解和衡量，便于在管理实践中应用。
缺点：
■ 利润最大化没有考虑资金时间价值。
■ 利润是一个绝对值，没有反映创造的利润与投入的资本之间的关系。
■ 利润最大化没有考虑风险问题。
■ 一味追求利润最大化可能导致企业经营的短期行为。
如：在职消费、过度投资、业绩造假。
针对康美药业造假案例，培养学生诚信服务的职业理念、教导学生严格遵循职业道德操守。
（2）股东财富最大化。
股东财富由其拥有的股票数量和股票市场价格两方面决定。
优点：
■ 股东财富最大化考虑了资金时间价值和风险因素。因为股票的市场价格具有时间性，并且它反映了股票投资风险的高低。
■ 股东财富最大化反映了投入与产出的关系。因为股票的市场价格是以每股价格来表示的。
■ 股东财富最大化在一定程度上能够克服企业在追求利润上的短期行为。
缺点：
■ 适用范围受到限制。股东财富最大化对于上市的股份公司适用，而对其他更多的非上市公司或非股份公司，由于缺少股票市价，所以很难适用。
</td>
</tr>
</table>

续表

<table>
<tr>
<td>本节课
教学设计</td>
<td>■ 股东财富最大化过分强调股东利益，很容易忽视企业其他利益相关者的利益。
■ 影响股票价格的因素很多，而且并不都是公司所能控制的，把受不可控因素影响的股票价格作为企业的财务目标明显具有不合理性。
（3）相关者利益最大化。
利益相关者包括股东、债权人、供应商、客户、政府、员工等。
具体包括以下几个方面：
■ 强调风险与报酬的均衡，将风险限制在企业可以承担的范围内。
■ 强调股东的首要地位，协调与股东之间的利益关系，努力培养安定性股东。
■ 强调对企业经营者的监督和控制，建立科学的激励约束机制，减少代理成本。
■ 关心本企业员工利益，提供恰当的福利，创造优美和谐的工作环境。
■ 不断协调与债权人的关系，培养可靠的资金供应者。
■ 关心客户的利益，加强产品研发投入，不断推出新产品来满足顾客的要求，以便保持销售收入长期稳定的增长。
■ 加强与供应商的协作，建立战略合作关系，共同面对市场竞争。
■ 保持与政府部门的良好关系，关心国家政策的变化。
■ 勇于承担社会责任，保护环境，节约资源。
小结：各种财务目标都其双面性，不存在完美的目标，培养学生的辩证思维、系统思维。
2. 财务目标的利益冲突与协调（时间：25 分钟）
（1）股东与经营者的利益冲突与协调。
所有者希望经营者代表他们的利益工作，实现股东财富最大化，但经营者却希望在获取更高报酬的同时增加闲暇时间、减少不必要的风险等。
协调冲突方式：
①激励。短期激励一般采取现金奖励，长期激励可采取股票期权等方式。
②监督。所有者对经营者进行监督后，如果经营者不能达到所有者的要求，就可以解聘经营者，经营者因害怕被解聘而被迫努力工作，也能缓解两者之间的矛盾。
（2）大股东与中小股东之间的利益冲突与协调。
大股东对股东大会和董事会的决议产生影响，通常还会委派高管来掌握公司的重大经营决策。
中小股东与大股东之间存在严重的信息不对称，他们的各种权利会遭到大股东的侵害。
大股东侵害中小股东利益的主要形式：
■ 利用关联交易转移上市公司的资产。
■ 非法占用上市公司巨额资金，或以上市公司的名义进行担保和恶意筹资。
■ 通过发布虚假信息进行股价操纵，欺骗中小股东。
■ 为大股东委派的高管支付不合理的报酬及特殊津贴。
■ 采用不合理的股利政策，掠夺中小股东的既得利益。
为了协调大股东与中小股东之间的冲突，通常可采取以下方式解决：
■ 完善上市公司的治理结构，使股东大会、董事会和监事会三者有效运行，形成相互制约的机制。
■ 规范上市公司的信息披露，加大对信息披露违规行为的处罚力度。
（3）股东与债权人的利益冲突与协调
冲突表现：</td>
</tr>
</table>

续表

本节课教学设计	■ 所有者可能未经债权人同意，要求经营者改变举债资金的原定用途，将其用于风险更高的项目，从而增大偿债风险。 ■ 所有者可能在未征得现有债权人同意的情况下，要求经营者举借新债，因为债务总额增加，偿债风险相应增大，从而也会导致原有债权价值降低。 协调方式： ■ 限制性借款。债权人通过在借款合同中事先规定借债用途、借款担保条款、信用条件，限制企业负债比率或举借新债的数额等，以保护自身利益。 ■ 收回借款或停止借款。当债权人发现企业有侵害其债权价值的意图时，可以采取收回债权或不再给予新的借款等措施，从而保护自身权益。 （4）企业利益与社会责任。 企业财务管理目标与社会的目标在很大程度上是趋于一致的。但由于会减少股东财富增加成本，企业不可能完全自觉地履行社会责任，由此造成企业对环境的污染，对员工利益和消费者权益的损害等问题。 协调：加强法律约束和加强道德规范。 【微案例】紫金矿业污染案例 & 鸿星尔克捐助案例（头脑风暴，时间：10 分钟） 学生随机自主发言，表达自己的观点。 3. 案例讨论（时间：25 分钟） （1）课前下发康美药业造假案例资料，要求学生分组自主收集相关资料，充分了解案例背景，开展自主探究、团队合作。 （2）课中分组研讨。 4. 课程小结（时间：5 分钟） （1）总结本次课程的主要知识点：三种主要财务目标的内涵和优缺点、四种利益冲突及协调。 （2）布置课后作业：完成微案例的后续思考与研讨，将观点在超星学习通互动讨论板块中进行发表，将专业知识与思政元素紧密融合，巩固课堂教学成效。 **（三）教学方法** 1. 讲授 主要知识点内容由教师进行讲授。 2. 头脑风暴 在讲授过程中，穿插微案例，运用头脑风暴，由学生自主发言展开研讨。课后在指定学习网站发表观点，巩固课堂教学成效。 3. 案例讨论 课前下发案例资料，布置研讨问题，让学生自主收集相关资料，充分了解案例背景，开展自主探究、团队合作。课中分组发言，将专业知识与课程思政自然深度融合，使学生深刻领悟到资本市场上各种矛盾冲突的根源和具体表现形式，强化学生诚实守信的职业道德精神和社会责任意识。 **（四）课程思政融入内容及方式** 1. 微案例 在专业知识点讲授过程中，融入微案例，让学生通过头脑风暴方式，在课堂上自由发

续表

<table>
<tr>
<td>本节课教学设计</td>
<td>言，培养学生的表达能力，提高学生学习的专注度。将社会责任、家国情怀等思政元素融入案例中，与财务目标利益冲突相结合，让学生在掌握专业知识的同时，得到价值塑造。
【紫金矿业污染案例】
2010 年 7 月 3 日和 16 日，紫金矿业集团下属紫金山金铜矿湿法厂先后两次发生含铜酸性溶液渗漏，造成汀江重大水污染事故，直接经济损失达 3187.71 万元。但据调查，污染事故第一次发生时间为 6 月 5 日，紫金矿业存在瞒报重大环境污染事件。受污染事故和大盘的影响，紫金矿业复牌后其 A 股和 H 股当日分别下挫 3.68% 和 8.42%。
同年 9 月，福建省环境保护厅对此事件开出了最大一笔罚单：对紫金山金铜矿环境违法一案，重罚紫金矿业 956.313 万元，并责令其采取治理措施，消除污染，直至治理完成。
【鸿星尔克捐助案例】
2021 年 7 月河南发生遭遇罕见特大暴雨，发生严重洪涝灾害，鸿星尔克官方微博宣布向河南捐赠 5000 万元物资。7 月 22 日晚，有网友评论“感觉你都要倒闭了还捐这么多”，引起网民共鸣，推动话题“鸿星尔克的微博好心酸”冲上微博热搜榜第一，舆论迅速发酵。随后引起网友冲入直播间“野性消费”，之后出现“鸿星尔克销量增长超 52 倍”，“鸿星尔克门店货品几乎被扫空”的现象。
研讨问题：
（1）企业应该如何履行社会责任？
（2）不同财务目标选择下如何体现企业履行社会责任？
2. 分组案例讨论
在讲授完所有的专业知识点后，运用康美药业造假案例，让学生进行分组讨论，培养学生的团队协作，提升表达能力。将诚实守信、共同富裕等思政元素融入案例中，与财务目标利益冲突相结合，让学生在掌握专业知识的同时得到价值塑造。
【康美药业造假案例】
造假情况：
根据证监会调查核实，2016 年至 2018 年期间，康美药业通过伪造业务凭证进行收入造假，累计虚增营业收入 291.28 亿元，累计虚增营业利润 41.01 亿元，累计多计利息收入 5.1 亿元。通过财务不记账、虚假记账，伪造、变造大额定期存单或银行对账单、配合营业收入造假伪造销售回款等方式，累计虚增货币资金 886.8 亿元。
此外康美药业在未经过决策审批或授权程序的情况下，累计向控股股东及其关联方提供非经营性资金 116.19 亿元用于购买股票、替控股股东及其关联方偿还融资本息、垫付解质押款或支付收购溢价款等。
康美药业公司有组织、系统性实施财务造假涉案金额巨大，持续时间长，性质特别严重，社会影响恶劣，践踏法治，对市场和投资者毫无敬畏之心，严重损害了投资者的合法权益，严重破坏资本市场健康生态。
处置结果：
2021 年 11 月广州市中级人民法院对康美药业证券集体诉讼案做出判决，康美药业因年报虚假陈述侵权，需赔偿证券投资者损失 24.59 亿元。同时，马兴田及 5 名直接责任人、正中珠江会计师事务所及直接负责人承担 100% 连带赔偿责任，13 名相关责任人（含独立董事）按过错程度承担部分连带赔偿责任。
12 月对康美药业原董事长、总经理马兴田等 12 人操纵证券市场案公开宣判。马兴田因</td>
</tr>
</table>

续表

本节课教学设计	操纵证券市场罪、违规披露、不披露重要信息罪以及单位行贿罪数罪并罚，被判处有期徒刑12年，并处罚金人民币120万元。 “康美案”是一个里程碑，新证券法实施，意味着中国上市公司的公司治理制度在逐渐完善，也在宏观上助力中国资本市场高质量发展。 研讨问题： （1）为什么公司造假始终围绕虚增利润？你认为利润最大化财务目标的最大缺陷是什么？ （2）大股东如何利用自身的股权优势侵害中小股东利益？现实中应如何防范？ （3）财务人员应该如何坚持“不做假账”的职业道德底线？
课程思政元素	诚实守信、职业道德、社会责任、共同富裕。

四、课程思政融入效果

1. 利用真实企业造假案例，培养学生诚实守信意识和职业道德精神

通过康美药业造假案例，以大股东对中小股东的利益侵害为切入点，使财务管理目标专业知识与思政元素自然深度融合，使学生深刻领悟到资本市场上各种矛盾冲突的根源和具体表现形式，强化学生诚实守信的职业道德精神。

2. 将企业真实案例融入专业知识，激发了学生的社会责任感

在讲授专业知识的过程中，通过微案例形式，让学生通过头脑风暴形式自由发言，提高了学生课堂学习的专注度，提升学生探究问题、分析问题的能力。通过一正一反的企业实践案例，使学生认识到企业的社会责任，激发其强烈的社会责任感，培育其大国情怀，使学生面临个人利益与国家利益、短期利益与长远利益冲突时，能做出正确的抉择。

五、教学反思

1. 成功经验

（1）通过企业真实案例将专业知识与思政元素紧密结合，实现润物无声。通过“浸润式案例”教学设计，使财务管理目标专业知识与思政元素自然深度融合，激发学生的学习热情，强化学生诚实守信的职业道德精神和社会责任意识。如盐化水的专业思政教学，使学生在以后的工作中面临个人利益与国家利益、短期利益与长远利益冲突时，能做出正确的选择。

（2）通过头脑风暴、案例教学等多元化教学方式，提升学生课堂学习积极性。在专业知识的讲解中，穿插微案例，通过课堂头脑风暴，激发学生思维，使学生在课堂上积极发言，训练其语言表达能力。课前下发案例，学生自主收集相关资料，团队协作，课堂上分组研讨，有助于培养学生自主学习能力，提升学生的学习兴趣。

2. 有待改进的问题

（1）课程思政效果的量化问题。

虽然通过超星学习通课程互动讨论模块让学生对课堂案例进行归纳总结，但是相关思政效果是否达到，很难进行量化分析。课程思政的效果也可能需在很长时间后才能体现出来，而非短期就能很好进行量化评价。

（2）如何避免采用重复案例。其他课程在进行课程思政时也可能使用同样的案例，虽然专业知识点存在差异，但思政元素和案例的重复，可能使学生产生疲惫感，无法很好地达到课程思政目的。所以在案例的选择上，课前可以与学生进行充分的交流，尽量避免重复，从而使学生产生更大的获得感。

高级财务会计课程思政教学案例

会计学院　尹长萍

一、课程基本信息

课程名称	高级财务会计		
课程性质	专业核心课	学科门类	管理学
学分	3.5	授课对象	大二本科生
学时	56（理论）	授课方式	线上线下混合
课程简介			
高级财务会计课程是本科财经类专业的专业核心课。课程以基础会计学中的基本概念、理论和方法等入门知识为基础，以中级财务会计中具有普遍性和共性的会计处理原则和方法为依托，全面学习财务会计的难点问题，对随着经济环境变化而产生的一些特殊业务进行反映和监督。通过本课程的学习，学生熟悉和掌握特殊业务的会计处理方法，进一步深化财务会计理论和知识，以形成与具备高级应用型会计人才的素质与能力。课程通过挖掘和讲授知识点中蕴含的思政内容，重点引导学生形成“讲诚信、守规则”的会计职业价值观，具备会计使命担当和家国情怀。课程秉承“学生中心、OBE导向、持续改进”的教学理念，以“认知学习理论”为指导开展教学活动，同时创新教学模式，采用“课程自学—课中研学—课后拓展”的师生联动式信息化教学。			

二、教学目标

知识目标	（1）通过高级财务会计课程的教学，要求学生全面了解财务会计的课程体系内容。 （2）深刻理解高级财务会计与中级财务会计之间的关系。 （3）了解与领会会计假设松动所产生的新会计事项，学习掌握所得税、外币折算、会计政策、会计估计变更、前期差错更正、资产负债表日后事项、企业合并、合并财务报表等重要的、复杂的和特殊的财务会计理论和方法。
能力目标	（1）培养学生知识应用能力，着重培养学生的综合业务能力、逻辑推理能力、理论联系实践能力和自学能力，特别是将其他所学课程与本门课程的知识结合起来，用会计思维分析和解决实际问题的能力。 （2）培养学生的知识获取能力，提升学生搜索财税法规及准则指南能力，指导学生掌握查找上市公司披露信息的技巧。 （3）培养学生开阔的视野，形成与时俱进、跟上时代发展步伐的能力，使其成为新时代有德有才有情怀的高级应用型专门人才。

续表

<table>
<tr><td>课程思政育人目标</td><td>（1）通过失信、违法、违规等财经案例讲解，培养学生“客观公正、诚实守信、廉洁守法”的职业道德与财经法律意识，提升专业素养及社会责任感，使学生具备发现问题的敏锐性和判断力，增强学生探索性和批判性思维能力。
（2）通过对会计难点、特殊事项会计处理方法及实际案例的分析，培养学生解决问题的信心及稳定的心理素质，提升学生实践创新能力，培养其工匠精神，做到严谨、细致、专业、精益求精。
（3）通过对国内上市公司成功的案例及企业会计准则国际趋同的分析，开阔学生的视野，提升形势分析和判断能力，增强民族经济发展的自信心，激发学生经世济民、报效祖国的情怀。</td></tr>
</table>

三、教学设计

<table>
<tr><td>案例名称</td><td colspan="3">高级财务会计课程思政教学案例——以“会计政策、估计变更及差错更正”为例</td></tr>
<tr><td>授课章节</td><td>第 7 章　会计政策、会计估计及其变更和差错更正</td><td>学时</td><td>6</td></tr>
<tr><td>本节课教学目标</td><td colspan="3">（1）了解会计政策、会计估计和会计差错的概念与特征。
（2）熟悉会计政策变更、估计变更的条件。
（3）理解区分会计政策变更、估计变更与差错更正。
（4）掌握会计政策变更的会计处理、会计估计变更的会计处理和前期差错更正的会计处理。
（5）理解我国企业利用会计政策、估计变更及差错更正进行盈余管理、粉饰报表及财务舞弊的问题及其对策建议。</td></tr>
<tr><td>本节课教学设计</td><td colspan="3">（一）知识要点
（1）会计政策的概念、会计政策变更的概念、会计政策变更的会计处理。
（2）会计估计的概念、会计估计变更的概念、会计估计变更的会计处理。
（3）会计差错的概念、差错更正的会计处理。
（二）教学内容
（1）会计政策及其变更。
（2）会计估计及其变更。
（3）前期差错及其更正。
（三）教学方法
1. 项目教学法与理论教学
通过设定真实的工作项目，教师由过去的讲授者转变为指导者，教师的职责更多的是为学生的活动提供帮助，形成教师导学 + 学生自主学习 + 师生合作研讨的过程性学习模式。
2. 案例教学法与能力教学
以案例企业发生的会计政策变更、估计变更与差错更正业务为例，以学生小组自主学习模式展开，让学生对真实年报进行数据分析，围绕与知识点特定关联的案例进行集中点评或讲解，使学生对自己所学的知识“看得见、摸得着、会解决”，有助于培养学生综合分析问题的专业能力。</td></tr>
</table>

续表

本节课教学设计	3. 线上＋线下的混合教学模式 该教学方案基于智能手机，结合雨课堂教学平台及 A 股市场信息，将思政教育有机地融入专业课教学中。课程利用线上线下混合教学，通过线上教学组织课前预习导入、研讨案例与学生互动参与等，既把学生吸引到线下课堂上，保证学生的学习效果，又拓展延伸了学生的知识面。 **（四）课程思政融入内容及方式** 本次课在讲授会计政策、估计变更及差错更正的概念与会计处理方法两大知识点时，将思政元素多维度有机融入教学中，培养学生“讲诚信、守规则”的职业道德，帮助学生领会会计的使命担当和家国情怀，实现了思政元素价值塑造的目标。 （1）通过推送视频《钱文忠：从传统文化中寻找诚信》和《中国会计文化》（第二部分），使学生初步了解会计信息质量对企业发展的重要作用，会计人员有责任捍卫会计信息质量，为企业的决策提供更加有力的支持，使学生形成使命责任意识，树立担当精神。 （2）通过案例《南方航空 2019 年年报会计政策变更》了解 2019 年我国企业会计准则发生的变化，让学生意识到财务人员应养成关注前沿动态的职业习惯，不断更新知识，养成终身学习习惯。 （3）通过案例《东阿阿胶利用会计估计变更进行盈余管理》《康美药业 2019 年前期会计差错更正爆出“惊天大雷”》讲解滥用会计政策、估计变更及差错更正粉饰报表舞弊给企业和社会带来的危害，让学生明白会计人员应遵守职业道德，不能滥用会计估计粉饰报表，会计人员应精于业务、熟悉准则，准确进行会计处理，同时应警惕，把好职业判断关，不能出现舞弊等错误，强调责任担当和法治意识。 （4）通过推荐学生阅读中国会计之父潘序伦先生的传记《潘序伦传》，扩大知识面，提高会计职业道德。 （5）通过推送、下载与分析公司年报，使学生养成专研专业知识的良好习惯，具有分析数据、研判趋势的能力，培养细致的科学精神和严谨的工匠精神。
课程思政元素	使命担当、家国情怀、社会责任。

四、课程思政融入效果

（1）使学生形成使命责任意识，树立担当精神。

（2）让学生意识到财务人员应养成关注前沿动态的职业习惯，不断更新知识，养成终身学习习惯。

（3）让学生明白会计人员应遵守职业道德，不能滥用会计估计粉饰报表，会计人员应精于业务、熟悉准则，准确进行会计处理，同时应警惕，把好职业判断关，不能出现舞弊等错误，强调责任担当和法治意识。

（4）扩大学生知识面，提高会计职业道德。

（5）使学生养成专研专业知识的良好习惯，具有分析数据、研判趋势的能力，培养细致的科学精神和严谨的工匠精神。

五、教学反思

（1）“要坚持把立德树人作为中心环节，把思想政治工作贯穿教育教学全过程，实现全程育人、全方位育人，努力开创我国高等教育事业发展新局面”。通过课程思政教学的实践，我们意识到课程思政并不是重新开设一门思想政治课，而是将我们传授给学生的知识上升到立德树人的高度。这其实就是我们课程组每一位老师所追求的，我们将更加有信心地立于三尺讲台，用最真实的感悟，结合专业知识，把职业道德与社会主义核心价值观传递给学生。

（2）在今后的课程中，课程组将结合高级财务会计课程的知识特点与内容结构，以“四个自信”为线索，在课程实践中有机地大量融入案例，希望学生树立对中国会计道路的自信、对中国会计理论的自信、对中国会计制度的自信，以及对中国会计文化的自信。

会计学基础课程思政教学案例

会计学院　杨翟婷

一、课程基本信息

课程名称	会计学基础		
课程性质	专业基础课	学科门类	经济管理类
学分	3	授课对象	大一本科生
学时	48（理论 40，实践 8）	授课方式	线上线下混合
课程简介			
会计学基础是一门研究会计学基本理论、基本方法、基本技能的专业基础课，也是进一步学习和研究中、高级财务会计、成本会计和管理会计等专业会计的重要专业基础课。该课程主要介绍会计的含义、作用和任务，四个会计假设；资产、负债、所有者权益、收入、费用和成本、利润六项会计要素；借贷记账法原理，运用借贷记账法处理工业企业主要经济业务；科目和账户的设置，填制和审核会计凭证，登记账簿，成本计算及编制会计报表等会计核算方法。			

二、教学目标

知识目标	掌握固定资产的概念与特征，能够对固定资产的成本与折旧进行准确计算，掌握固定资产的账户设置并进行账务处理。
能力目标	通过固定资产形成与后续计量的学习，在大一学生初步接触专业课程时，就开始培养学生聚焦时事的能力；分析证券市场上盈余操纵及违规违法的相关案例，结合中国传统文化中的诚信故事，指引学生树立正确的“三观”，诚信依法依规从事会计活动；通过学习会计法律制度与会计准则，指引学生践行社会主义核心价值观，增强制度自信。
课程思政育人目标	培养学生的会计职业判断能力、诚实可信的职业道德，将中国优秀传统文化和专业知识讲授、会计职业判断、职业道德有机结合。

三、教学设计

案例名称	诚信为本，本“固”邦宁——当中国传统文化遇上会计学基础之固定资产的账务处理		
授课章节	第五章　借贷记账法下主要经济业务的账务处理 第三节　固定资产业务的账务处理	学时	2
本节课教学目标	秉承“以学生为中心”的教育理念，着力打造“知识＋能力”的复合学习情景，运用成果导向思维（OBE），采用“科学设计＋业财融合＋案例引导＋思维拓展”的方法，把教学要求逐层细化到每一个知识点。分步骤让学生在两小节课（90分钟）了解固定资产的含义并熟练掌握固定资产的计量及账务处理，在社会主义核心价值观的引领下，牢固学生诚信做人做事的理念，开启会计职业判断能力和财务分析能力的建设。		
本节课教学设计	**（一）知识要点** （1）固定资产的概念与特征。 （2）固定资产的成本。 （3）固定资产的折旧。 （4）账户设置。 （5）账务处理。 ①固定资产的购入。 a. 购入不需要安装的固定资产。 b. 购入需要安装的固定资产。 c. 自行建造的固定资产。 ②折旧的账务处理。 **（二）教学内容** 1. 课程导入——“以学生为中心”的课程导入 （1）“问题式”导入： 大家购买过固定资产吗？ 大家觉得什么是固定资产？ 固定资产是否区分不同的种类？ 你认为固定资产的成本需要包括什么？ 固定资产对于企业而言重要性体现在哪里？ 通过预习，你对固定资产还有什么问题？ （2）OBE目标介绍：本节知识点的能力期望、教学方式和考核方式。 本节为《会计学基础》核心章节第五章“借贷记账法下主要经济业务的账务处理”的第三节，属于会计初学者接触的第二个实务类账务处理，能力期望为熟练掌握（★★★★★），采用讲授和小组展示的形式进行教学，考核方式为小组平时成绩和线下课堂练习。 2. 知识点1和2讲解 （1）固定资产的概念、特征和成本确认。 ①固定资产的概念：固定资产是指为生产商品、提供劳务、出租或经营管理而持有的使用寿命超过一个会计年度的有形资产。 ②固定资产的特征：为生产商品、提供劳务、出租或经营管理而持有（持有目的）；使用寿命超过一个会计年度（持有时间）；是有形资产。 ③成本确认：固定资产的成本是指企业购建某项固定资产并使其达到预定可使用状态前发生的一切合理、必要的支出。 （2）生活引导：你购买过什么对你而言是“固定资产”的物品吗？固定资产的成本直观上包括什么？		

续表

<table>
<tr>
<td>本节课教学设计</td>
<td>
（3）重点介绍：固定资产“达到预定可使用状态前发生的一切合理、必要的支出”，分别以外购不需要安装、外购需要安装、自行建造等详细介绍什么是合理的、必要的支出。
3. 知识点3讲解
（1）固定资产折旧的讲解：
①固定资产折旧的概念：在固定资产使用寿命内，按照确定的方法对应计折旧额进行的系统分摊。
②固定资产折旧的方法：年限平均法（掌握）、工作量法（掌握）、双倍余额递减法（了解）、年数总和法（了解）。
（2）重点：不同折旧方法的适用范围，固定资产的折旧方法一经确定，不得随意变更，并用例题进行讲述。
（3）引导：会计的账务处理既是科学严谨的，也是灵活“与时俱进”的：可以由多种方法选择，但一经确认，不可更改。
【微讨论——课堂讨论】
固定资产按期（按年）计提折旧与当年分摊完毕有什么区别？对当期的利润与资产有何影响？
回顾之前“权责发生制”、持续经营假设的内容，展开课堂讨论。
4. 知识点4讲解
（1）固定资产的账户设置。
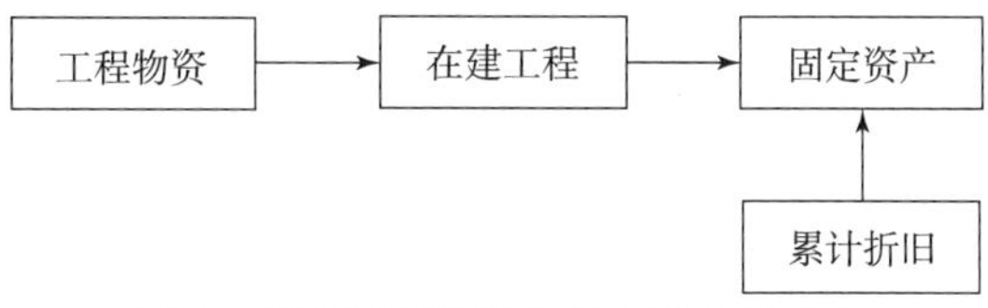

图1　固定资产账务处理中涉及的账户
①以一般制造企业为例，介绍企业固定资产购置的生产流程。
②根据固定资产的购置流程，按业务时间顺序讲述固定资产账务处理涉及的几个账户。
（2）重点：“工程物资”主要特征是“待用”，尚未安装；“在建工程”主要特征是“正在安装”；“固定资产”为达到可使用状态；“累计折旧”为固定资产的备抵账户。
5. 知识点5讲解
（1）固定资产的账务处理。
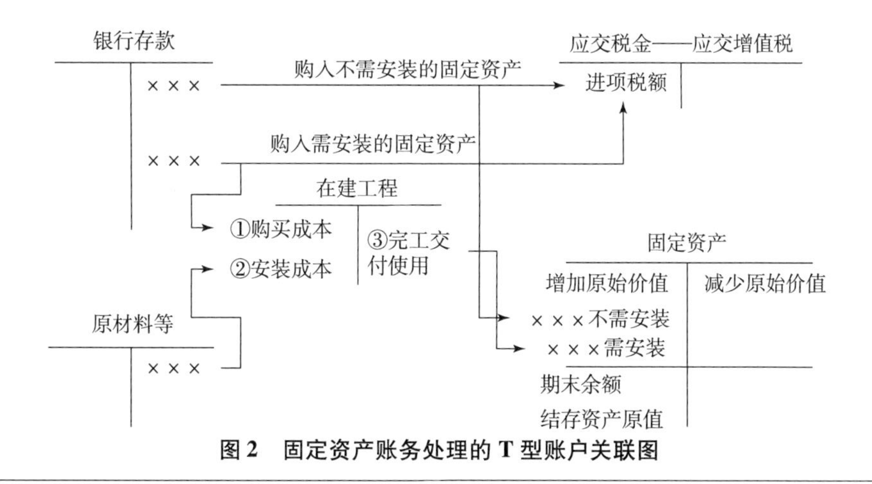

图2　固定资产账务处理的T型账户关联图
</td>
</tr>
</table>

续表

本节课教学设计

结合企业生产经营中形成固定资产的业务，借助 T 型账户的对应关系，区分外购不需要安装、外购需要安装和自建三种情形，分别讲述账务处理。其中，要特别关注自建固定资产时的“在建工程”科目在实务中的账务处理，如长期借款的利息支出，应以是否完工验收分别计入“在建工程”与“财务费用”。

（2）讲述例题【5－11】到【5－14】和课件上的补充例题。

6. 小结：总结本节课的内容

（1）以企业固定资产购进、安装与自建的实际经济业务为基础，总结固定资产账务处理的相关知识。

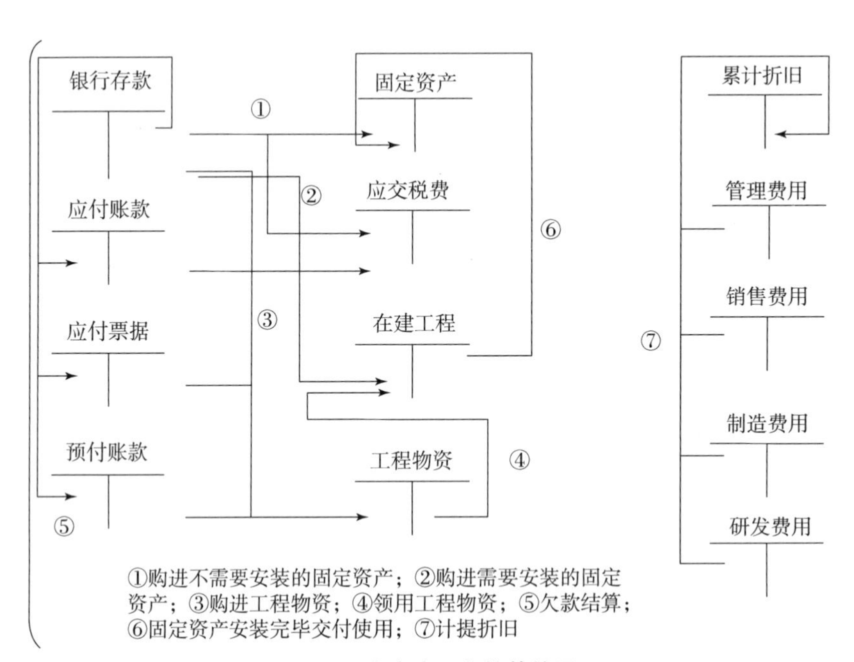

图 3　固定资产业务核算简图

（2）课堂练习：固定资产账务处理的练习（课下）。

（3）OBE 目标达成度分析。

（4）作业布置：【习题 5】固定资产账务处理的作业。

（三）教学方法

案例教学法、讨论式教学法、合作学习教学法。

（四）课程思政融入内容及方式

1. 微案例

（1）在知识点 4 介绍前，引入案例讨论，以尔康药业和 ST 抚钢以“固定资产”造假为例。

①尔康制药。

2013 年的净利润只有 1.92 亿元，2016 年就变成了 7.5 亿元，3 年翻了接近 4 倍，是真的效益好，还是另有隐情？

续表

本节课教学设计

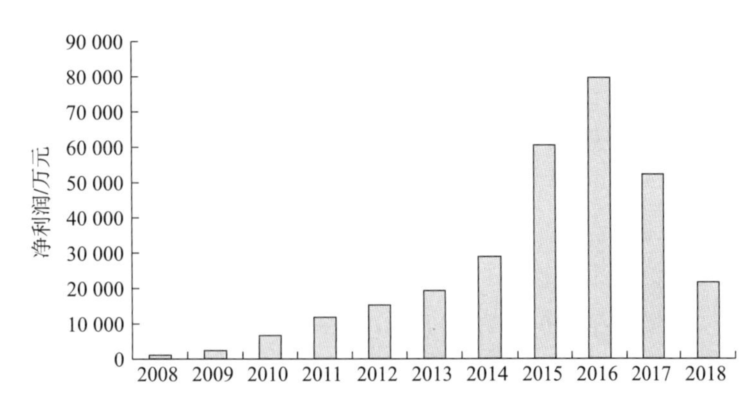

图 4　2008—2018 年尔康药业归属于母公司普通股东的净利润变化趋势

数据来源：新浪财经公司年报

表 1 通过计算固定资产周转天数（后期财务管理中财务指标的内容），发现它的周转天数每年都在上升，而且远比同行医药公司高得多。

表 1　2014—2018 尔康药业与行业其他公司固定资产周转天数的对比分析

公司	2014	2015	2016	2017	2018
尔康制药	146. 16	204. 54	185. 13	224. 63	309. 89
恒瑞医药	64. 63	53. 90	50. 31	47. 81	44. 71
济川药业	101. 37	85. 06	89. 22	98. 42	95. 81

表 2 通过计算连续几年在建工程与固定资产的占比，可判断固定资产可能存在虚增。

表 2　2014—2018 尔康药业固定资产相关指标的年度对比

年份	尔康制药	恒瑞医药	济川药业
	固定资产/亿元		
2014	7. 19	13. 66	8. 94
2015	12. 77	14. 24	8. 87
2016	17. 69	16. 77	14. 32
2017	17. 6	19. 88	16. 53
2018	22. 93	23. 29	21. 84
	固定资产占比		
2014	32. 37%	15. 03%	26. 61%
2015	26. 59%	12. 39%	24. 74%
2016	31. 29%	11. 70%	28. 71%
2017	30. 78%	11. 08%	24. 81%
2018	37. 91%	10. 41%	28. 01%

续表

<table>
<tr><td rowspan="3">本节课
教学设计</td><td>

续表

年份	尔康制药	恒瑞医药	济川药业
	在建工程/亿元		
2014	2.78	2.58	1.59
2015	1.98	3.46	4.67
2016	7.72	7.97	2.61
2017	8.19	10.81	6.67
2018	2.92	13.57	6.31
	在建工程占固定资产比值		
2014	38.66%	18.89%	17.79%
2015	15.51%	24.30%	52.65%
2016	43.64%	47.53%	18.23%
2017	46.53%	54.38%	40.35%
2018	12.73%	58.27%	28.89%

②ST 抚钢“钢铁侠”。

抚顺特钢（600399.SH）2018 年 3 月 21 日被证监会立案调查，2018 年 6 月被爆出内控存在重大缺陷，2016 年以前涉嫌虚增资产，其中：存货虚增 6.99 亿元，固定资产虚增 8.42 亿元，在建工程虚增 2.97 亿元。

2020 年 12 月 23 日，ST 抚钢公告称，公司于 2020 年 12 月 17 日至 2020 年 12 月 22 日收到辽宁省沈阳市中级人民法院（以下简称“法院”）发来的 288 份《民事判决书》及相关法律文书。根据《民事判决书》显示，法院已对 288 名原告诉公司证券虚假陈述责任纠纷案件审理终结并做出一审判决，合计金额 743.87 万元。

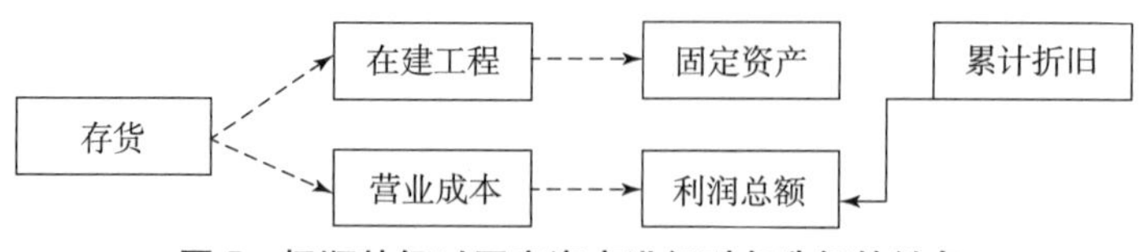

图 5　抚顺特钢以固定资产进行财务造假的链条

（2）微案例启示：“固定资产”相关账户，蕴藏大大能量。作为会计，要“诚信在胸中，慧眼视四方”，不仅要掌握扎实的专业知识，更要用职业判断去识别造假行为。

2. 微思政

思政要点：从中华优秀传统文化中汲取力量，做一个诚信的人。

通过以上案例的分析与固定资产相关的账务处理，帮助学生树立“诚信为本”的会计职业道德观念，专业扎实与道德高尚互为表里，用会计语言和经管思维为国家、社会贡献自己的力量。

</td></tr>
</table>

续表

本节课教学设计	（1）微思政中华优秀传统文化故事1：季札挂剑。 季子挂剑，中国古代历史典故，见于司马迁著《史记·吴太伯世家》，以及西汉刘向著《新序·节士》。季子，名“札”，为春秋时代吴王寿梦之子，封于延陵，称延陵季子。季札出使鲁国，途经徐国，徐君喜爱季札的佩剑，有心索取，却难于启齿。季札明白徐君的心意，决定把剑赠送给他，但因佩剑出使是一种礼仪，只好待其归来，才能了此心愿。不幸，返回时徐君已死。季札为兑现内心的许诺，便将宝剑挂在徐君墓前的树上走了。 启示：朋友间一诺千金，生死不渝。 （2）微思政中华传统文化故事2：曾子杀猪。 曾子是孔子晚年重要的弟子，被后人尊称为“宗圣”。据说曾子有一次想要去赶集，孩子哭闹非要跟着一起去，曾子的妻子为了哄孩子就说：“你如果听话，不跟着爸爸去集市，等爸爸回来给你杀猪炒肉吃。”曾子的妻子本来是说的一句哄孩子的谎话，但是曾子从集市回家之后，果然把家中的猪杀掉给孩子炒肉吃了。 启示：亲子间，要言而有信。 （3）微思政中华传统文化故事3：商鞅立木。 “商鞅立木”是战国时期发生在秦国国都的一个事件。当时商鞅变法推出新法令，怕民众不信任，就放了一根木头在城墙南门，贴出告示说，如有人将这根木头搬到北门就赏十金，所有民众都不信。直到将赏金提升至五十金时，才有一壮士将木头搬到了北门，商鞅如约赏给了他五十金。此举取得了民众对商鞅的信任，商鞅终于公布了变法的法令。 启示：政府与民众间，要言而有信。 （4）微思政小结：由诚信教育延伸到社会主义核心价值观。 社会主义核心价值观： 富强　民主　文明　和谐 自由　平等　公正　法治 爱国　敬业　诚信　友善 （5）重点引导：个人诚信与企业社会责任，是为人之基，诚信是做人之本。 小组学习指引—微讨论—“诚信对于个人发展和专业学习的重要性”任务布置，分组讨论，随机提问。 （6）小结：志向高远、品德高尚、诚信专业、综合能力强的人才是任何时候社会都急需的人才。（时间：5分钟）
课程思政元素	（1）以上市公司通过固定资产进行财务舞弊为案例切入，引入中华优秀传统文化中诚信的典型人、事（季札挂剑、曾子杀猪和商鞅立木），引发学生思考，激发学生学习的热情，启发学生思考如何诚信做人、做事。 （2）与现实结合，在诚信教育的基础上引入社会主义核心价值观，激发学生的社会责任感。

四、课程思政融入效果

（1）以上市公司的案例让教材和知识点立体化，转变了“会计就是分录”的刻板印象，激发了学生学习财会知识的热情。

（2）以“理论+案例”的引导，培养学生透过现象洞察本质的能力，提高了学生的知识应用能力和逻辑思维能力。

（3）通过正反举例，结合古今，让学生不仅有学习好专业知识、服务好社会的责任感，更由专业课学习延伸到对人生的思考，思考要做一个什么样的人，如何做一个“大写”的会计人。

五、教学反思

（1）引发学生的兴趣与思考，“随风潜入夜，润物细无声”。将案例引入会计学基础教学，引起学生兴趣，并由此引出课程思政内容——中华优秀传统文化之“诚信教育”，引发学生思考，将课程教学与思政育人有机结合。

（2）改进教学的方式与内容，“轻盈数行字，浓抹一生人”。改变“以教师为中心”，单纯讲授书本知识的教师单向授课、学生被动接收知识的传统课堂教学模式，向以“学生为中心”转变；课堂教学内容充实，引导学生探究式、个性化与自主式学习；教学活动丰富生动，增加课堂的参与性、互动性、拓展性和互助性。

（3）拓展课程学习的视野，“零星算之为计，总合算之为会”。丰富“以账务处理为主”的教学内容，转向案例引入“以问题为导向”的教师讲解，引导学生积极参与课堂教学模式的转变；紧密结合现实生活中的实际案例并运用信息化手段，促进学生从微观账务处理到中观、宏观思维模式的转变。

大学化学课程思政教学案例

化学化工学院　冉秀芝

一、课程基本信息

<table>
<tr><td>课程名称</td><td colspan="3">大学化学</td></tr>
<tr><td>课程性质</td><td>基础必修课</td><td>学科门类</td><td>理学</td></tr>
<tr><td>学分</td><td>2.5</td><td>授课对象</td><td>本科一年级</td></tr>
<tr><td>学时</td><td>40（理论 32，实践 8）</td><td>授课方式</td><td>线下</td></tr>
<tr><td colspan="4">课程简介</td></tr>
<tr><td colspan="4">围绕学校建成高水平应用研究型大学定位，面向社会培养一流本科技术型人才，对标新工科建设的本科毕业生相关要求，材料类等工科专业致力于培养身心健康、人格健全、品德高尚且具优良人文素养的新时代立体化新工科人才。大学化学是传授化学知识与工程实践之间“桥梁信息”的一门基础必修课，是培养有理想、有目标、有计划、有行动、有家国情怀的新时代大学生的需要，为学校材料类等多个工科专业本科开设的一门学科基础必修课程。本课程主要阐述化学反应基本原理、溶液中四大平衡及物质结构等化学学科基础知识，包括对化学反应热、化学反应进行的方向和限度、化学反应速率等化学反应基本原理，溶液及溶液中的离子平衡，氧化还原反应与电化学，化学与材料、能源、环保等内容，使学生了解化学学科的基本理论，完善自然科学的知识结构，训练和培养学生科学思维能力和科学创新能力；引导学生树立正确的世界观、人生观和价值观；强化学生工程伦理意识，培养学生爱岗敬业、团结协作的职业道德品质，锲而不舍、勇于创新的科学研究精神，培养学生实事求是、精益求精、开拓进取的大国工匠精神，增强学生自然科学的科学素养和职业道德素养，激发学生科技报国的家国情怀和使命担当。</td></tr>
</table>

二、教学目标

<table>
<tr><td>知识目标</td><td>（1）掌握化学反应热力学与动力学的基本原理，溶液及其离子平衡及氧化还原反应与电化学。
（2）理解化学学科相互之间的联系及规律，能将化学的基本原理和知识用于解决工程问题。
（3）了解化学学科与社会进步和现代高科技的发展。</td></tr>
</table>

续表

能力目标	（1）在材料制品设计和过程中，选择正确研究路线，制定可行的实验方案。 （2）提出满足相关领域产品的性能、工艺和成本需求的设计方案。 （3）在材料的设计与开发环节中体现创新意识。
课程思政育人目标	（1）厚植家国情怀：增强学生对国家、民族和文化的认同感，激发使命担当意识。 （2）培养科学创新精神：培养化学学科思维和科研创新精神。 （3）培养大国工匠精神：培养求真务实、精益求精、开拓创新精神。 （4）增强生态文明意识：增强绿色化学理念与可持续发展思想。 （5）树立正确的哲学世界观：坚持辩证唯物主义哲学思想。

三、教学设计

案例名称	OBE 理念下大学化学课程思政教学实践——以绪论部分的教学为例		
授课章节	绪论	学时	2
本节课教学目标	在教学目标的设计上，以 OBE 理念为指导，强调以学生学习成果为起点进行反向设计。以学生学习成果为出发点，不仅对知识和能力方面给予关注，还对素养、情感、态度、价值观等方面加以关注。因此，本课程的教学目标设计成知识、能力、素质三个层面，实现了从只注重知识到知识、能力、素质互融的课程教学的顶层设计。 **（一）知识目标** 掌握化学与材料的关系；理解化学与社会进步和现代高科技的发展，理解化学与环境、能源的关系，理解纳米材料概念、特点及其应用；了解超导材料的应用，化学与生活的关系。 **（二）能力目标** 以具体案例为切入点，培养学生理论联系实际的能力；通过案例与社会热点问题的讨论解析，启发探究式思维模式，培养学生的耐心和理解应用知识的能力。 **（三）价值目标** （1）培养学生科学素养：严谨认真的科研习惯，全面思考问题的素养。 （2）树立哲学世界观：辩证唯物主义的物质观，对立统一规律。 （3）厚植家国情怀：民族自信、献身于建设社会主义现代化生态文明事业的精神。 （4）培养大国工匠精神：责任担当及专业认同感，刻苦专研、求真务实的科学精神，精益求精、开拓创新精神。		
本节课教学设计	**（一）课程思政教学的方法与手段** 教育的根本任务是育人，专业课程教学的育人则是要将做人做事的道理巧妙地融入专业课程的教学内容中，避免课程思政教学中新旧“两张皮”的出现。在大学化学的课程思政的教学实践中，将思政元素融入教学环节中的方式方法主要有以下几种： 一是巧妙利用视频与动画，不仅可以活跃课堂，激发学生学习积极性，还能加深相关知识点的理解，培养创新意识与科学精神。		

续表

本节课教学设计

二是运用实例或案例法。特别是将生活实例与案例引入课堂教学，一方面可以增加教学内容元素；另一方面学科知识在生活中的应用使学生感受亲切感和提高认同感，从而可提高学习主动性，培养学科思维和理论与实践相结合的能力。

三是讲科学家的故事。科学家特别是我国科学家的故事，如侯德榜、卢嘉锡、张青莲等的榜样作用不仅可以增强学生的民族自信心和自豪感，还可以使学生了解并学习科学家实事求是、勇于创新的科学精神，不畏艰难、吃苦耐劳的优秀品质。科学家榜样的作用对学生的科研素质的培养是一种潜移默化的过程，虽起不到立竿见影的作用，但对学生的意识形态的影响是巨大的。

四是恰当引入化学学科热点问题及前沿问题，一方面可以活跃课堂氛围，激发学生对课程学习的兴趣；另一方面既能拓宽学科知识，加深学生对学科知识的理解，培养学生学科精神和工程伦理精神。

（二）教学设计

教学环节与教学方法	教学内容与思政要素切入点	育人目标
课堂导入：视频 + 提问的方法导入课堂（2 分钟）。	超级吸水剂怎么合成的？为什么能吸收大量的水？吸水剂的用途有哪些？切入化学学科物质组成与构性关系的学科思维，注重理论与实践相结合。	（1）培养科学思维：培养化学学科思维和学以致用的能力。
知识讲授：采用多媒体教授 + 板书 + 案例讨论等方法。	0.1 化学的研究对象及研究的主要内容 0.1.1 化学的研究对象：通过回顾中学的一些化学反应实例，如铝热反应、氯酸钾制取氧气等，归纳总结化学反应的特点，进一步说明化学是研究化学反应的科学，而研究化学反应必须在原子、分子水平上研究参与反应的物质组成、结构、性能、变化规律以及变化过程中的能量关系等。切入辩证唯物主义的物质观和对立统一规律。化学反应的热力学、动力学和物质结构是化学学科的理论核心，物质的构性关系是化学学科研究的对象。汽车尾气 NO 的治理：$2NO \longrightarrow N_2 + O_2$，这一化学反应的可能性与现实性的问题。 0.1.2 化学研究的内容：切入实事求是的科研精神。 （1）基础理论部分：热力学、动力学和物质结构。 （2）应用部分：元素、化学物，化学与社会发展。 （3）实验部分：验证、合成、分析检测和设计性。	（2）树立哲学世界观：一是辩证唯物主义的物质观，在界定领域又要坚持“最小”的原则，树立底线意识。二是对立统一规律，即矛盾的对立统一和相互依存的关系。 （3）培养科研精神：科学研究的原则，从简单到复杂，复杂问题简化研究；实事求是、求真务实。 （4）树立哲学发展观：量的积累产生质变；质变意味着界面的打破。
启发探究	1895 年，德国 Goldschmidt 发现了铝热反应的自蔓延特征。自蔓延高温合成（SHS）技术的发展应用。	
学生讨论	化学反应的最小单位是什么？以铝热反应为例，讨论化学反应具备哪些特点。切入发展观。	

续表

本节课教学设计

续表

教学环节与教学方法	教学内容与思政要素切入点	育人目标
知识讲授：采用多媒体教授+板书+案例讨论等方法。	0.2 化学与社会进步和现代高科技的发展 0.2.1 化学与生活：衣、食、住、行。 疲劳时多食碱性食物；哈伯合成氨。 $N_2(g)+3H_2(g) \longrightarrow 2NH_3(g)$。切入刻苦专研的科研精神。 $HCOH+H_2O_2 \longrightarrow CO_2+H_2O$。 交通运输工具的制造离不开各种化学材料，提高燃料的效率，减少污染，寻找新能源等方面。 0.2.2 化学与材料：纳米材料、新材料、超导材料、C_{60}、纳米隐身材料（歼 20 战斗机）。切入民族精神。 融入盛正直与高温超导材料的故事。增强民族自信，培养科学精神。针对材料专业激发学生的专业认同感，非材料专业做科普教育。 0.2.3 化学与能源：化石能源、氢能源（储氢材料）。切入节能习惯与“双碳”目标。针对新能源专业增强专业认同感，非新能源专业做科普教育。 0.2.4 化学与环境：伦敦烟雾事件、PM2.5。切入绿色化学理念，可持续发展的思想。	（5）培养大国工匠精神：哈伯、侯德榜、卢嘉锡、张青莲等在科学研究中刻苦专研、锲而不舍、追求真理的科学精神，精益求精、开拓创新的大国工匠精神。 （6）厚植家国情怀：①增强专业认同感和勇于担当责任意识；②民族自信：歼 20 战斗机，留美学者盛正直的故事。 （7）提升科学素养：培养利用专业的眼光看待学科前沿问题和社会热点问题。 （8）增强生态文明意识：生态环保意识与审美素养。
启发探究	（1）在化石能源的消费过程中带来的环境问题，“碳达峰”与“碳中和”战略的推行与实施。 （2）中国特色社会主义生态文明建设。	
学生讨论	（1）隐形战斗机为什么不能被“看见”？隐形材料的结构与功能的关系是怎样的？ （2）为什么要推行“双碳”战略？如何实现“双碳”目标？当代大学生应该养成哪些节能好习惯？ （3）如何践行绿色化学理念？当代大学生如何践行环境保护？如何理解可持续发展理论？	
复习总结	以板书的内容复习本节主要内容。	再现思政元素。

续表

<table>
<tr>
<td>本节课
教学设计</td>
<td>
续表
<table>
<tr><td>作业布置</td><td>课外阅读：《寂静的春天》。</td><td>增强环保意识。</td></tr>
</table>
（1）正确的世界观：一是辩证唯物主义的物质观，在界定领域又要坚持“最小”的原则，树立底线意识。二是对立统一规律，即矛盾的对立统一和相互依存的关系。三是辩证唯物主义的发展观，量的积累产生质变；质变意味着界面的打破。
（2）科学素养与大国工匠精神：盛正直、哈伯等科学家在科学研究中刻苦专研、追求真理的科学研究精神，实事求是、精益求精、开拓创新、爱岗敬业的大国工匠精神。培养学生文献调研能力与资料整理能力等科研能力。
（3）民族自信和职业道德意识：歼 20 战斗机，留美学者盛正直的故事。1987 年年底，盛正直等人首先发现了第一个不含稀土的铊钡铜氧高温超导体，1988 年 2 月，盛正直等人又进一步发现了 125K 铊钡钙铜氧高温超导体。
（4）生态文明理念：培养环境保护意识，树立可持续发展观。环境保护为前提，经济发展为核心，社会发展为根本；经济的发展不能以牺牲环境为代价，保存子孙后代的发展潜力。
（5）学科思维：科学思维和学以致用的能力，严谨认真的科研习惯，全面思考问题的能力。留美科学家盛正直从铊钡铜氧高温超导体到铊钡钙铜氧高温超导体的研究，体现了在材料领域的突破不仅需要科研创新精神，还需要化学学科为新材料的研究提供的理论知识。
</td>
</tr>
</table>

四、课程思政融入效果

（1）契合了学校本科教学发展目标。对标新工科建设的要求，以 OBE 理念为指导，推行“案例导入 + 讲授研讨 + 自主学习”的教学策略，提高了学生与时俱进、不断学习新理论新方法的意识以及实践能力和社会适应能力。

（2）课程内容体系做到了“新”和“增”。“新”是指在大学化学的教学中不断更新化学学科领域最新的理论与方法，把最新化学学科相关研究成果和教学改革成果引到了课程的教学实践中；“增”是指增加了育人目标，挖掘了专业知识点中的思政元素，奠定了本课程育人的基础，可有效提升学生的学科素养，形成良好的思想道德品质。

（3）教学效果得到了提升。通过引导与启发、探究与讨论、提问与解析等思政案例的推进方式，自然地融入了思政元素，丰富了课程内容，活跃了课堂氛围，调动了学生的学习兴趣和参与课堂的积极性，教学效果得到了有效提升。从近三年的学生评价来看，学生认为课堂氛围活跃、良好，课程内容丰富，老师上课幽默风趣等。

学生对大学化学课程教学的评价（部分截图）

五、教学反思

（1）化学学科是在原子和分子水平上研究化学反应。化学作为一门重要的基础学科，与人类的现代文明和社会发展有着十分密切的联系。

（2）培养学生的化学思维；在教学中融入做人做事的基本道理、社会主义核心价值观和民族复兴的理想与责任，不仅是培养现代立体化人才的要求，也是培养有理想、有目标、有计划、有行动、有家国情怀的新时代大学生的需要。

（3）在一般人眼里，化学学科主要是枯燥深奥的方程式，既缺乏人文环境，又缺乏人文精神。而事实上，理工科不仅重逻辑知识，也重人文思想。如果我们教育出来的人缺乏生态保护意识，就会出环境问题。因此，课程思政不能是假大空的表扬、一本正经的说教，而应该做到情景契合、内容融合，巧妙地结合好专业研究方向或者热点，用学生感兴趣的事物来引导他们感悟、发自内心的认同，做到润物细无声。

（4）课程思政建设是一项日常性和持续性的工作，在今后的教学中，深入贯彻落实高校“立德树人”的根本任务，拓展线上教学资源的建设，为课程思政育人提供良好的教学平台。

（5）作为一线教师，不仅要学习专业知识，更要坚持理论学习，实时了解国家最新的教育政策和方针，熟知学科热点问题，不断更新课程教学内容，改革教学方式方法和手段，努力做精于“传道授业解惑”的“经师”和“人师”的统一者。

精细化学品化学课程思政教学案例

化学化工学院　周德文

一、课程基本信息

课程名称	精细化学品化学		
课程性质	专业必修课	学科门类	工学
学分	3	授课对象	应用化学专业大三本科生
学时	48	授课方式	线上线下混合
课程简介			
精细化学品化学是研究特殊功能化学品性质和应用原理的一门学科，是应用化学专业三年级的专业必修课。本课程内容量大，全面介绍了精细化学品所涉及的多个领域，如表面活性剂、食品添加剂、农药、染料等的产品性能、特点、典型产品的生产方法及应用和发展趋势。通过本课程的学习，学生掌握部分常见精细化学品的分类、化学结构、合成化学、应用性能及范围，拓宽知识面和夯实专业基础，培养综合运用知识、灵活解决实际问题的能力；同时树立对精细化工生产中“三废”的防治和环境保护的意识，为将来从事精细化工相关的工作，实现绿色化工打下坚实的基础。			

二、教学目标

知识目标	（1）了解中国纸的发展历史。 （2）了解中国造纸术的发展，掌握古法造纸的工艺。 （3）掌握现代造纸工艺流程及各工艺的主要作用。
能力目标	（1）能够基于相关专业知识，分析和评价现代造纸工业对社会、健康、环境以及文化的影响，并理解应承担的工程伦理和责任。 （2）能够应用数学、化学等自然科学和工程科学的基本原理，识别、表达并通过文献调研、研究分析复杂工程问题，以获得有效结论。
课程思政育人目标	（1）文化自信：唤醒深藏于学生内心深处的中华优秀传统文化精神基因，铸牢中华民族共同体意识和家国荣誉感。 （2）科技创新：科技赋予传统文化科学特性和创造力，要想振兴产业发展，既需要匠心精神，更需要先进科学技术的加持。 （3）工程伦理：工业生产过程中，会产生或多或少的污染物，而造纸工业一直是污染比较严重的行业，引导学生思考工业生产和环境保护的关系。

三、教学设计

<table>
<tr><td>案例名称</td><td colspan="3">现代技术唤醒千年传承的蜕变——从古法造纸到现代造纸业</td></tr>
<tr><td>授课章节</td><td>造纸化学品概述</td><td>学时</td><td>1</td></tr>
<tr><td>本节课
教学目标</td><td colspan="3">（1）通过对造纸技术史的学习，了解科学技术发展对造纸工业的推动作用。
（2）了解中国造纸术的发展，掌握古法造纸的工艺。
（3）熟悉现代造纸工艺流程及各工艺的主要作用，思考在造纸工业中使用了哪些化学品，发挥了什么样的作用，为后续课程中掌握造纸工业中的精细化学品化学原理打下基础。</td></tr>
<tr><td>本节课
教学设计</td><td colspan="3">（一）知识要点
（1）纸的历史与种类。
（2）古法造纸的流程。
（3）现代造纸工艺流程。
（二）教学内容
1. 纸的历史与种类（从纸的历史了解中国的历史）
此部分内容可以由学生通过提前预习，在课堂讲述。
纸张的历史：结绳记事—骨刻—竹简—帛书—麻纸—纸。
2. 古法造纸的流程（《天工开物》）
斩竹漂塘—煮楻足火—舂臼—荡料入帘—覆帘压纸—透火焙干。
3. 现代造纸工艺流程
制浆—造纸—涂布。
主要的造纸工艺及作用：
（1）制浆工段是将含纤维的原料分离出纤维的过程。
（2）造纸工段主要是将制浆工序制备的浆料生产成纸和纸板的过程，是由悬浮在液体中的纤维在网上错综交织成均匀的纤维层，再经过压榨和干燥之后即得成品纸。
（3）加工工段主要是根据用户要求对抄纸的原纸进行再加工处理，获得原纸所没有的某些特性纸张。
（三）教学方法
隐性融入法——根据课程内容，可将传统文化部分直接引入课程中，通过对传统文化的回忆和学习，进一步掌握现代制造工业中的科技元素，将文化自信和科技创新的德育内容，无声地融入课程教学中，起到润物细无声的作用。本课程中，不明确指出文化自信和科技创新等关键词，但在整个课程的完成过程中，渗透着对历史文化的敬畏之心，充满了对科技创新的向往。
（四）课程思政融入内容及方式
1. 兴趣导入
纸张是我们身边常见的一种物质，学生在生活中会接触到各种各样的纸，本案例采用词云在线生成器，让学生通过手机自助填写纸的种类，在屏幕上自动生成词云。过程有趣而又生动，充分调动了学生学习的积极性，同时也使学生掌握了纸的分类，明白了生活中纸的重要性。</td></tr>
</table>

续表

<table>
<tr><td>本节课教学设计</td><td>2. 历史知识小竞赛
纸在中国有着较久的历史，是中国古代四大发明之一，在对历史的学习中，我们已经掌握了一些关于纸的历史知识，通过对历史知识的回顾，让学生进一步了解中国的传统文化，在情感上产生共鸣，增强学生的文化自信，让学生明白，纸张不仅是无数纤维的堆积物，也承载着“力透纸背”的历史厚重。
纸的历史知识竞赛载体：问卷星，微信扫描即可完成。从学生的完成情况可以看出学生对历史知识的掌握情况，也反映了部分学生传统文化的缺乏，引导学生平时多了解中国历史。
3. 传统文化与技术——古法造纸
在历史知识竞赛中，提及了宋应星的《天工开物》中记载了古法造纸技术，从而引申出古法造纸工艺。重点要求学生掌握煮楻足火、荡料入帘等与现代工艺相对应的古法工艺。同时，引用网红李子柒造纸的图片和重庆奉节的“古法造纸”老作坊，引起学生对传统文化传承的关注。
4. 古今造纸工艺对比下的课程思政——现代造纸工艺
对比古今造纸工艺，突显科技创新的重要性。
在造纸原料上，古法主要是麻，而现代造纸工艺中主要是木材，同时，再生纸在原料中的地位也不可忽视——引起学生对节约用纸和纸张回收的关注。
在造纸工序上，打浆机替代了切麻工艺，湿布化学系统替代了传统的抄纸工艺，烘干系统替代了晒纸工艺——古今对比，彰显现代科学技术力量，极大提高了纸张的质量和生产效率。
各种造纸用精细化学品的使用，在进一步提升效率的基础上，改进了纸张质量——本章后面几节的主要内容：功能化学品与过程化学品。同时，也引起学生对造纸工业污染问题的关注。由于过程中使用了种类繁多的大量化学品，这些物质会进入水中，如何减少造纸工业的环境污染，是造纸业长期发展的重要问题。引导学生思考科技创新、经济发展与环境保护的相互关系。
5. 学以致用，学会责任担当——介绍重庆的造纸企业
以有本专业毕业生就业的造纸企业为介绍对象，重点介绍江津的玖龙纸业和永川的理文纸业，引导学生就业方向和专业的责任担当。
6. 科技创新力量的震撼——自学现代造纸工艺视频
要求学生课下自学造纸工艺视频，感受现代科技力量的震撼，树立科技报国的远大志向。</td></tr>
<tr><td>课程思政元素</td><td>家国情怀、科学思维、社会责任、文化自信、工匠精神、创新精神、环保意识。</td></tr>
</table>

四、课程思政融入效果

1. 文理结合，课程目标达成度提高

精细化学品化学课程改革中，不断发掘专业知识中的人文内容。课程支撑的毕业要求

指标点为参考，并依据最终考核结果进行评价。最近一学期，精细化学品化学的课程目标达成度评分值在70分以上。理论与实践并重，重视课程思政建设，线上线下课程思政齐发的教学模式得到普遍认同；符合专业要求的课程体系不断完善；“课堂讲授、自主学习、启发探索”的教学方式不断提升；课程的专业针对性、实用性进一步增强。

2. 学生的专业认同度提高

通过不断在课程中融入思政元素，近两年有更多学生愿意考取研究生，从事化学化工技术开发和研究，近两年就业学生有超过30%的学生在精细化工领域就业。

五、教学反思

1. 传统文化有助于学生对专业知识的学习，提升专业自信、文化自信

结合课程内容，将传统文化与专业知识有机结合在一起，提高了学生学习兴趣，学生在课程上积极回答问题，思考传统文化的重要性。在文化自信上，学生输出的表现虽无法具体衡量，但在期末试卷中，适当增加了传统文化知识与传统知识的结合考查，学生完成度达95%。在精细化学品化学的课程中，与本案例类似的教学案例还有很多。例如在皮革鞣制工艺中，我们提到，明代文学家吴承恩在其名著《西游记》第四十二回中写的“悟空道：这一踩翻下去，却不湿了虎皮裙？走了硝，天冷怎穿”一句中“硝”的作用。再例如，在讲香料一节中，我们会讲到中国古代四大名香“龙檀沉麝”的来源、用途和提取方法。

2. 传统文化的学习，有助于学生思考科技创新的重要性

在现代工业技术的冲击下，传统生产工艺发生了翻天覆地的变化，通过对比生产工艺，可以树立学生科技报国的决心。在课下，学生开始主动关注一些传统工艺，并尝试用现代科学技术改变生活。在讲到香水章节的时候，有学生开始利用所学的香料知识，合理选择头香、体香、基香的香型，在毕业的时候给班上每位同学送上一瓶自制香水。

3. 在理工科课程中融入人文元素，增加了课堂的有趣性

理论课的学习是枯燥的，传统文化的引入，赋予了工科专业课鲜活的灵魂，让学生看到了五千多年中华文明的延续，增强了民族自豪感和文化自信心；在传统文化中讲解专业知识，让学生在潜移默化的环境中，感受现代科技带给传统技术的革新和蜕变，领悟科技创新的真谛，自觉承担起科技报国的责任担当。

制药安全与环保课程思政教学案例

药学与生物工程学院　唐亚琴

一、课程基本信息

课程名称	制药安全与环保		
课程性质	专业必修课	学科门类	工科
学分	2	授课对象	制药工程专业本科学生
学时	32	授课方式	线下
课程简介			
制药安全与环保是制药工程专业的核心课程，也是专业必修课。制药企业具有生产工艺复杂多变，原材料以及产品易燃易爆、有毒有害和腐蚀性，生产装置大型化，生产过程连续化、自动化的特点，因此在生产过程中存在着潜在的危险，这些危险因素在一定的条件下会转变为事故，从而破坏生产并危及人的生命安全。因此，本课程以先进的 EHS 理念和本质安全为主线，在相关原理和范畴指导下系统、全面地讲授制药过程中的共性安全与环保基础理论与实践。通过本课程的学习，学生掌握制药企业生产中发生事故的原因，学习防止事故所需的科学技术知识；能够运用这些知识分析、评价和控制工程设计中、技术开发中、生产管路中的危险，促进制药工业的发展和生产顺利进行；能够运用制药工程健康、安全与环保知识分析并合理评价制药工程实践对健康、安全与环保的影响，并能够理解应承担的责任。			

二、教学目标

知识目标	（1）熟悉危险化学品的定义、分类、危险等理论知识。 （2）掌握危险化学品安全管理的理论知识。
能力目标	（1）能够认识危险化学品的本质。 （2）掌握危险化学品的安全管理技术。
课程思政育人目标	（1）培养学生爱岗敬业、遵纪守法的世界观。 （2）使学生树立“以人为本、安全生产重于泰山”的理念，理解习近平总书记“发展决不能以牺牲人的生命为代价”的讲话，培养制药人的职业素养。 （3）培养学生作为制药人对公众安全、健康和环境保护的社会责任，并能够在制药工程实践中自觉履行，体现自己的专业担当精神。

三、教学设计

<table>
<tr><td>案例名称</td><td colspan="3">药治“百”病，“理”助担当</td></tr>
<tr><td>授课章节</td><td>第二章　制药安全技术基础
第一节　危险化学品基础</td><td>学时</td><td>1</td></tr>
<tr><td>本节课
教学目标</td><td colspan="3">（1）通过“融入案例教学，建立知识体系”，指导学生学习危险化学品的定义、分类、危险等理论知识，使学生能够认识危险化学品的本质，培养学生分析问题、解决问题及事故预防的能力。
（2）通过案例分析，使学生了解事故背后的违规违纪操作等不良行为，了解相关的法律法规，培养学生爱岗敬业、遵纪守法的世界观。
（3）通过危险化学品安全管理技术的学习，学生树立“以人为本、安全生产重于泰山”的理念，理解习近平总书记“发展决不能以牺牲人的生命为代价”的讲话，提升制药人的职业素养。
（4）培养学生作为制药人对公众安全、健康和环境保护的社会责任，并能够在制药工程实践中自觉履行，体现自己的专业担当精神。</td></tr>
<tr><td>本节课
教学设计</td><td colspan="3">（一）专业理论知识
采用思维导图将教学目标与课程知识点串联。 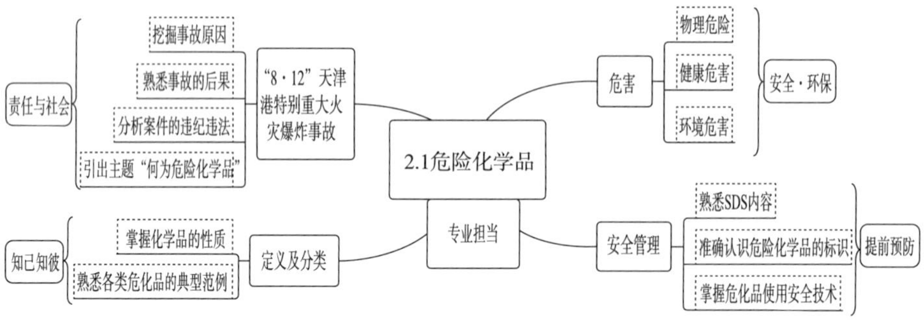

责任与社会
挖掘事故原因
熟悉事故的后果
分析案件的违纪违法
引出主题“何为危险化学品”
“8·12”天津港特别重大火灾爆炸事故
2.1危险化学品
危害
物理危险
健康危害
环境危害
安全·环保
知己知彼
掌握化学品的性质
熟悉各类危化品的典型范例
定义及分类
专业担当
安全管理
熟悉SDS内容
准确认识危险化学品的标识
掌握危化品使用安全技术
提前预防

（二）融入课程思政教学方法和形式
本案例以掌握危险化学品相关知识为教学目标，采用视频案例，通过案例分析，串联各知识点，主要涵盖以下四个方面：
1. 案例引出
（1）设问：还记得上节课讲到的事故分级吗？什么样的事故被界定为特别重大事故？是否了解过制药企业相关的安全事故报道？
（2）引出案例：血的教训——天津港“8·12”特别重大火灾爆炸事故。
2. 案例内容（15 分钟）
（1）案例形式：《天津港“8·12”瑞海公司危险品仓库特别重大火灾爆炸事故!》视频 + PPT + 讲授 + 课堂互动。
（2）案例分析：
①事故直接原因。</td></tr>
</table>

续表

<table>
<tr>
<td>本节课
教学设计</td>
<td>②事故的惨痛后果。
③事故反思。
3. 案例中包含的各知识点串联
（1）导致这场事故的直接原因是什么？——危险化学品的定义及分类。
直接原因：瑞海公司危险品仓库运抵区南侧集装箱内的硝化棉由于湿润剂散失出现局部干燥，在高温等作用下加速分解放热，积热自燃，引起相邻集装箱内的硝化棉和其他危险化学品长时间大面积燃烧，导致堆放于运抵区的硝酸铵等危险化学品发生爆炸。
那么什么是危险化学品呢？我国《危险化学品安全管理条例》规定，具有毒害、腐蚀、爆炸、燃烧、助燃等性质，对人体、设施、环境具有危害的剧毒化学品或其他化学品，均属于危险化学品。危险化学品分为物理危险化学品、健康危险化学品和环境危险化学品三大类，27 小类。（针对不同的小类举例说明，如易燃气体、氢气、煤气等）
雨课堂在线问答：请同学们举出三种实验室涉及的危险化学品。（加深学生对危险化学品的认识）
【课程思政教育】知己知彼，方能百战不殆。只有知道危险的存在，才能合理利用相关专业知识，采取相应的措施进行风险防范。
（2）事故的惨痛后果——危险化学品的危害。
人们常祈祷“岁月静好，现世安稳”，然而，我们现世的岁月静好，国家的长治久安，是因为有人在替我们负重前行。
设问：最终谁为这场事故买了单？（课堂互动，引发思考）
“8 · 12”事故的重大损失：
①971 人伤亡：相关数据显示，遇难人数高达 165 人（其中参与救援处置的公安现役消防人员 24 人、天津港消防人员 75 人、公安民警 11 人，事故企业、周边企业员工和居民 55 人）、8 人失踪（其中天津消防人员 5 人，周边企业员工、天津港消防人员家属 3 人），798 人受伤（伤情重及较重的伤员 58 人、轻伤员 740 人）。
②经济损失：截至 2015 年 12 月 10 日，事故调查组依据《企业职工伤亡事故经济损失统计标准》等标准和规定，已核定直接经济损失 68.66 亿人民币，其他损失尚需最终核定。
③环境污染：通过分析事发时瑞海公司储存的 111 种危险货物的化学组分，确定至少有 129 种化学物质发生爆炸燃烧或泄漏扩散。其中，氢氧化钠、硝酸钾、硝酸铵、氰化钠、金属镁和硫化钠这 6 种物质的重量占到总重量的 50%。同时，爆炸还引燃了周边建筑物以及大量汽车、焦炭等普通货物。本次事故残留的化学品与产生的二次污染物逾百种，对局部区域的大气环境、水环境和土壤环境造成了不同程度的污染。
【课程思政教育】
①古往今来，中国历史上无数“向死而生”的英雄烈士，他们用生命守护了现世的安稳。“8 · 12”事故中 99 名消防官兵壮烈牺牲，灾难中正是这些可敬的消防战士，毅然决然冲锋向前，为了拯救民众献出自己宝贵的生命。制药过程事故频发，只有制药人人人发挥专业特长，铸牢专业担当，才能有效预防和减少灾难，实现“你守护生命，我们守护你”。培养学生无私奉献精神、社会责任和专业担当精神。
②通过学习习近平总书记“发展决不能以牺牲人的生命为代价”的讲话，培养学生爱国敬业、奉献社会的人生观，自觉履行社会责任，不一味地追求利益。
③通过学习“绿水青山才是金山银山”，培养学生的安全与环保意识。</td>
</tr>
</table>

续表

<table>
<tr><td>本节课
教学设计</td><td>（3）事故反思——危险化学品安全管理。
①天津港发生后，检察机关介入事故调查。经调查发现众多问题：
a. 天津市交通运输委员会违规发放经营许可证，对瑞海公司违法违规经营活动监管不力。
b. 天津新港海关有关责任人员在危险化学品进出口监管活动中对工作严重不负责任，给不具备资质的瑞游公司开辟绿色进出关通道，放纵瑞海公司从事违法经营活动。
c. 交通运输部水运局巡视员王金文，违法行使职权，帮助瑞海公司通过安全评审，致使不具备资质的瑞海公司通过了危险化学品经营有关资质的审批。
d. 瑞海公司管理混乱，一般化工品与危险化学品码放在一起。品种太多太杂，外人根本无法辨认区分，使得消防救援工作阻碍重重。
课堂互动：但凡上述任何一个环节相关人士做好自己的本职工作，或许都可以避免这次事故。作为大三制药专业的学生，明年你们也即将奔赴各个岗位，你们做好准备了吗？你们又将以什么样的专业理念面对自己的工作呢？
②危险化学品安全管理：
a. 熟悉 SDS、储存及包装内容：以大家熟悉的金属钠为例，介绍其 SDS 内容。
b. 掌握危险化学品标识。
c. 掌握危险化学品安全使用技术。
【课程思政教育】
①《习近平与大学生朋友》中提到：“知识要学，学了之后就要用，知识就会越学越深，即便是刚开始学的知识，也会找到应用的地方。”——理论与实践相结合。鼓励学生大胆尝试用自己的专业知识解决相应的困境，增强学生的专业自信，做一个有情怀、有专业担当的制药人。
②凡事预则立，不预则废：“安全第一”的思想没有摆在第一位，对于惯性的违章违纪不够重视，“好人主义”思想严重。必须严格执行各岗位、各工种的作业标准，把安全管理制度落到实处，保证安全生产，强调事前预防和风险分析的能力。
4. 知识拓展（翻转课堂）
查阅相关资料，以近年来制药过程中的安全事故为例，分析其事故原因及危害，并谈谈你对该事故的感想，如何提高自己的专业担当？制作 PPT，每组汇报时间 5 ~ 10 分钟，由老师和其他小组共同打分。
进一步学习相关事故引发的惨痛教训，激发学生专业思考，培养学生的社会责任感和专业担当。同时，采用小组汇报形式培养学生的团队协作能力。</td></tr>
<tr><td>课程思政
元素</td><td>科学思维、社会责任、环保意识、安全意识。</td></tr>
</table>

四、课程思政融入效果

（1）视频视觉冲击，让学生深刻体会危险化学品的危害力，引发学生的情感共鸣。

（2）分析事故原因：知己知彼，方能百战不殆，只有知道危险的存在，才能合理利用相关专业知识，采取相应的措施进行风险防范。

（3）凡事预则立，不预则废：“安全第一”的思想没有摆在第一位，对于惯性的违章违纪不够重视，“好人主义”思想严重。必须严格执行各岗位、各工种的作业标准，把安全管理制度落到实处，保证安全生产，强调事前预防和风险分析的能力。

五、教学反思

随着科学技术的发展和进步，学生所能接触的学习渠道和学习内容层见叠出。因此，部分学生呈现出“道理我都懂，但与我无关”状态，很难达到情感共鸣，这使得课程思政教育难以达到最终目标。基于此，本案例以视频形式情景带入，主要教学体会如下：

（1）人非草木，孰能无情：以案例事故视频（配以解说），让学生直观地感受到事故给人们带来的巨大灾难，引发思考。

（2）科学引导，点燃情感共鸣：谁为这场事故买了单？（是这些“向死而生”的可敬的消防官兵，是我们伟大的祖国）哪些方法可以避免？（培养专业担当）

（3）分析案例背后的故事，串联知识点：什么原因导致了这场事故？（直接原因和管理层面）最后融入课堂知识点，即如何管理和使用危险化学品？专业的人干专业的事，相互守护，共建美好家园。

药物化学课程思政教学案例

药学与生物工程学院　王　娟

一、课程基本信息

课程名称	药物化学		
课程性质	专业必修课	学科门类	工科
学分	3	授课对象	药学及制药工程专业
学时	48	授课方式	线上线下混合
课程简介			
药物化学课程是一门发现与发明新药、合成化学药物、阐明药物化学性质、研究药物分子与机体细胞（生物大分子）之间相互作用规律的综合性学科，是药学领域中重要的带头学科。它涉及有机化学、分析化学等化学学科，解剖学、生理学、生物学、细胞学、遗传学、免疫学等生命科学，随着近年现代科学技术的发展，药物化学也涉及信息与计算机科学及分子生物学学科。该课程是药学、制药工程、药事管理等专业的重要专业基础课。通过本课程的学习，学生能熟悉化学药物的结构、理化性质、构效关系、体内代谢及临床应用，为后续的药物分析、药剂学等专业课程打下牢固基础，为有效、合理地使用现有化学药物提供理论依据，为克服威胁人类健康的重大疾病和从事新药研究奠定理论基础。			

二、教学目标

知识目标	（1）掌握镇痛药的分类、结构、性质、作用机制、构效关系及临床应用。 （2）熟悉代表性药物的合成路线。 （3）了解镇痛药的悠久历史。
能力目标	（1）通过学习过程中的小组讨论、文献资料查阅及情景剧的表演，促进学生主动思考，培养学生的综合分析、判断能力及沟通交流能力。 （2）根据药物的性质分析和合成过程对药物进行质量分析；为药物的生产、制备、质量分析、储存保管以及使用等奠定理论基础，培养学生日常用药的科学常识和指导用药的能力。

续表

课程思政育人目标	（1）系统知识和方法：系统掌握基本理论，深刻理解药物构效关系、作用机制和用途，树立科学方法论。 （2）国际视角：追踪相关领域动态和发展。 （3）逻辑论证：培养科学逻辑和批判性思维能力。 （4）自主学习能力：激发自主知识构建和终身学习能力。 （5）沟通能力：锻炼良好沟通能力和集智攻关、团结协作精神。

三、教学设计

<table>
<tr><td>案例名称</td><td colspan="3">多么痛的领悟——吗啡的“华丽变身”</td></tr>
<tr><td>授课章节</td><td>第 3 章　镇痛药及镇咳祛痰药
第 1 节　镇痛药</td><td>学时</td><td>1</td></tr>
<tr><td>本节课教学目标</td><td colspan="3">（1）掌握镇痛药的分类。
（2）掌握吗啡的通用名、结构式、理化性质、作用机制和用途。
（3）掌握阿片类镇痛药的构效关系。
（4）了解中枢镇痛药的研究现状和发展方向，以及代表性药物的合成路线。</td></tr>
<tr><td>本节课教学设计</td><td colspan="3">（一）教学重点、难点
重点：镇痛药的分类、通用名、结构式、理化性质、作用机制和用途。
难点：阿片类镇痛药的构效关系。
（二）理论知识与育人主题
结合教学大纲的要求，并有机整合教学内容，分别以“吗啡的前世今生”“吗啡的本质”“吗啡的性格特点”“吗啡的另一面”“吗啡的升级版”，对应知识点“吗啡的发展史”“化学结构”“化学性质”“临床应用”“结构改造”，形象生动地为学生揭开镇痛药吗啡的神秘面纱，并将思政元素巧妙嵌入每一个任务点或知识点，润物细无声。具体思政教学设计思路如图所示。
任务点　思政元素
吗啡
发展史 — 情景教学 — 远离毒品，拒绝诱惑
化学结构 — 模型展示 — 空间思维，联系观点
化学性质 — 启发设问 — 严谨细致，推理归纳
临床应用 — 案例教学 — 对立统一，事物两面
结构改造 — 比较教学 — 勇于创新，积极探索</td></tr>
</table>

续表

<table>
<tr>
<td>本节课
教学设计</td>
<td>

（三）设计思路

设计理念强调以学生为中心，以学生的学习特征为设计依据，以启发式教学为总的指导思想，采用任务驱动法进行教学。即通过雨课堂、超星泛雅等系列网络平台，发布学习任务，学习任务中包含典型的药物化学思政案例，学生在课前通过网络平台进行相关资料的阅读，完成小组讨论、观点汇总等工作。在课堂中，根据学生的特点，运用情景设置、问题导向以及前沿拓展等教学手段调动学生学习兴趣和积极性，运用思维导图、结构拆分、概括对比等形式帮助学生建立药物化学的学习方法。此外，通过头脑风暴、案例研讨等活动，引导学生在线实践，充分表达自己的观点，采用课后总结、线下练习等形式进一步强化教学效果。

（四）教学过程

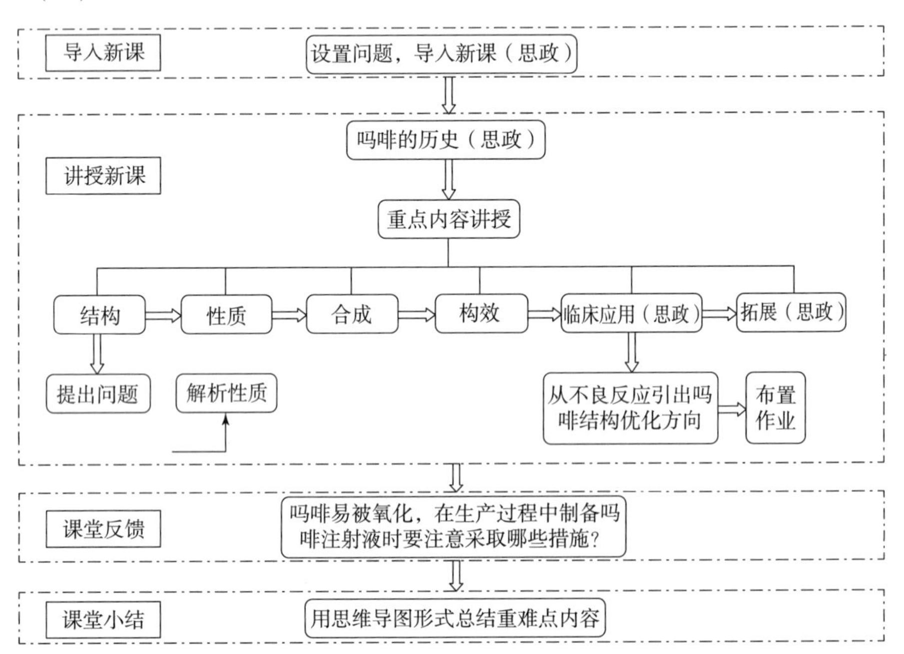

（五）案例资源

（1）视频材料：《鸦片战争》《门徒》等电影片段。

展示罂粟种植及鸦片制作的视频片段，讲述鸦片的来源及危害，林则徐禁烟行动是爱国的行为，是正义之举。

（2）图片材料：吗啡的不良反应、毒品的危害、中国禁毒的举措。

吗啡是强大的镇痛药，当患者产生巨大疼痛时，合理使用该药物，既能减轻病人的疼痛，又能缓解病人因疼痛带来的紧张、焦虑、恐惧等。但吗啡既是一种药品又是毒品，强调一旦上瘾，停药后容易出现“戒断症状”，此时患者非常难过、生不如死，必须再次用药才能缓解，因此不法分子将吗啡或者阿片类镇痛药作为毒品祸害他人、殃及社会。为学生普及“抵制毒品，参与禁毒”的思政教育，深化学生保护自我的安全意识。

（3）思考讨论材料：为何瘾君子都骨瘦如柴？如果说吸毒能减肥，你愿意吗？如何安全合理地使用吗啡？

设置学生感兴趣的话题，引起学生的思考，让学生联系基本知识推测药物的基本作用。

</td>
</tr>
</table>

续表

课程思政元素	家国情怀、创新意识、思辨意识、敬重生命。

四、课程思政融入效果

药物化学教学改革围绕立德树人目标，结合前沿学科特色，通过不断增加知识性和引领性，在激发学生的自主探究和协同进化的过程中进行知识传授、能力培养和价值观引领。基于 OBE 的教学评价显示课程设计满意度较高、学生高阶能力增值显著。课程最具吸引力的是“对科学问题的探究”；“与时俱进的前沿知识”呈上升趋势；“对进展和新技术感兴趣”占 70% 以上；认同自主研讨“要求较高，虽吃力但很有收获”占大多数。显示项目式学习挑战度对学生的积极影响，教学内容的高阶性、创新性和挑战度深受学生欢迎。通过自主探究，学生收获最大首选“利用药物化学知识和技术来解决科学问题”，第二是“团结协作”；2020—2021 年认同小组学习“有意义且态度积极”由 33% 提高到 64%，认同对建立科学逻辑思维“有帮助”由 81% 提高到 92%，2019—2021 年认同对科研思路“很有启发”从 43% 提升到 68%。显示教学设计对创新基因激活的正向作用，显著提高人才群体的高阶能力和素质。

五、教学反思

1. 精彩之处

药物化学是联系基础化学和生命科学的交叉学科，也是药学各专业核心课程的上游学科，有着不可替代的学科魅力。在教学过程中，结合相关药物发展历史、社会热点事件，挖掘章节所蕴含的思政内含元素及所承载的思政教育功能，并将其无缝嵌入本章节教学的各个知识点环节。将唯物辩证法作为主线贯穿教学始终，利用世界的普遍联系、原因与结果等思维形成知识架构，帮助学生明确知识架构体系，启发学生的辩证思维，传授正确方法论；通过介绍我国科学家爱国奉献、敢为人先的精神，激发民族自豪感，将中国科学成果等资料融入相关知识点，增强学生对祖国科学家工作的认同感，提升文化自信；结合专业相关知识点的科学背景及探索过程，培养学生运用科学方法分析问题和解决问题的能力，学习其中蕴含的坚忍不拔、勇于创新的开拓精神，培养学生的科学素养观。通过全程“嵌入式”课程思政设计，坚持课程思政与思政课程同向同行、共同发力，实现全员全程全方位育人的根本目标。

2. 不足之处

个别学生未做到“入心”“知行合一”。在主题讨论中，学生所发表议论是否是自己的真实想法，还需要深入了解。同时，学生是否会做到“知行合一”也是值得反思的问题。通过私下与学生交流谈心发现，学生对于镇痛药的认知都有所提高，但个别学生还是觉得镇痛药即为止痛药，只要疼痛就可服用。因此，还需在课下引导学生在实践中感受合理用药的重要性。

课程所用的个别案例与学生的实际生活差异较大，不利于学生切实学习。寻找身边平凡人的禁毒案例，供后期教学使用，拉近榜样与学生的距离，促进学生找到“知行合一”的途径。

大学英语3课程思政教学案例

外国语学院　杜云飞

一、课程基本信息

课程名称	大学英语3		
课程性质	公共基础课	学科门类	外国语言文学
学分	3	授课对象	大二非英语专业本科生
学时	48	授课方式	线上线下混合
课程简介			
作为公共基础课的重要组成部分，大学英语课程的受众面广、学习周期较长、课程体系丰富。教学内容涉及语言、文化、社会、历史、专业知识、跨文化能力和国际视野等，是帮助学生树立正确的道德规范，激发家国情怀，培养文化主体意识和文化自信的有效途径，也是课程思政的良好载体。 由此，本门课程从价值塑造、知识传授和能力培养三个维度设立了教学目标。 （1）价值目标。通过中西文化的对比，帮助学生正确认识中西文化的差异，弘扬核心价值、建立文化自信、培养家国情怀。 （2）知识目标。通过对西方文化中六个核心主题的探究和学习，帮助学生构建西方文化的相关知识，对西方主要文化领域的基本状况和重要成果获得概略的了解，并掌握相关的语言表达。 （3）能力目标。帮助学生提升英语语言综合应用能力和跨文化能力；能够就熟悉的文化主题进行良好的口头和书面交流；能够借助网络资源、工具书或他人的帮助，对中等语言难度的信息进行处理和加工；培养学生的思辨能力和学习自主意识。 从学情角度分析，参与课程学习的学生，英语水平能满足课程学习的基本要求，但对西方文化的了解不够，相应的词汇表达积累也有所欠缺。			

二、教学目标

知识目标	通过对西方文化中六个核心主题的探究和学习，帮助学生构建西方文化的相关知识，对西方主要文化领域的基本状况和重要成果获得概略的了解，并掌握相关的语言表达。
能力目标	帮助学生提升英语语言综合应用能力和跨文化能力；能够就熟悉的文化主题进行良好的口头和书面交流；能够借助网络资源、工具书或他人的帮助，对中等语言难度的信息进行处理和加工；培养学生的思辨能力和学习自主意识。
课程思政育人目标	通过中西文化的对比，帮助学生正确认识中西文化的差异，弘扬核心价值、建立文化自信、培养家国情怀。

三、教学设计

<table>
<tr><td>案例名称</td><td colspan="3">以史为镜——古罗马文明的兴衰</td></tr>
<tr><td>授课章节</td><td>Unit 9 以史为镜——古罗马文明的兴衰</td><td>学时</td><td>4</td></tr>
<tr><td>本节课
教学目标</td><td colspan="3">（一）知识目标（知识传授）
通过对文本材料和视频材料的探究，帮助学生理解古罗马文明兴盛和衰落的原因，了解古罗马八大创新的显著特点，积累相关语言表达并掌握改写句子的基本技巧。
（二）能力目标（能力培养）
帮助学生提升英语语言综合应用能力，培养学生在快速阅读中归纳重点的能力，强化学生的思辨能力和学习的自主意识。
（三）课程思政育人目标（价值塑造）
通过讲授古罗马文明，培养学生的思辨能力，帮助学生正确认识中西文化的差异，弘扬核心价值、建立文化自信、培养家国情怀。</td></tr>
<tr><td>本节课
教学设计</td><td colspan="3">本主题的教学围绕古罗马文明的兴盛和衰落展开，重点讲解古罗马八大创新的显著特点、八大创新和文明兴衰之间的联系，以及改写句子的基本技巧。整个教学过程由课前、课中和课后三个阶段组成，在线上 SPOC 学习平台、线下实体课堂与自主学习平台有序展开。
（一）知识要点和教学内容
1. 课前阶段
注重知识的记忆和语言的输入，利用 SPOC 学习平台，即云班课开展课前学习。
（1）背景知识学习：在云班课上观看视频 Ancient Rome 101。
（2）互动讨论：观看视频后在云班课的讨论区中探讨古罗马文明的历史沿革、著名的历史人物以及重要的发明创新，帮助学生理解、记忆并积累相关知识。
2. 课中阶段
注重知识的内化和语言的输出，以实体课堂为主，云班课平台作为辅助。
（1）设立单元项目“A video interview, the best innovation in the world”，要求学生以小组为单位，以“新时代的伟大发明”为题进行一次小型社会调查并制作成视频在下一次上学时展示。
（2）全局地、概略地了解古罗马文明的兴起。
①内容导入（Guess Who Julius Caesar is）。教师给出恺撒和屋大维的著名事迹作为线索，引导学生回顾课前学习内容，在云班课上投票选出恺撒。
②文本材料学习：教师首先点出构建古罗马文明的八大创新，然后通过 A 篇课文第一段的讲解，让学生建立对八大创新的基本认知；回顾改写的语言技巧，并利用云班课进行改写练习，为下一步的学习提供概念和语言上的支持。
③快速阅读（Guess What the innovation is）：教师引导学生在课堂上以小组为单位阅读 A 篇课文全文，找出原文中突显这八大创新特点的代表性句子并进行改写。在学生将他们所改写的句子分享到云班课上后，全班同学根据提示猜出所展示的句子分别代表了哪些创新（见图 1）。</td></tr>
</table>

续表

本节课教学设计	 **图1　学生完成快速阅读后进行互动** （3）重点讲解八大创新中的水利设施（Aqueducts）：精读A篇课文第二段，重点了解水利设施的重要性和相关语言知识（见图2）。其中语言知识包括： ①否定和肯定的相互替换。 ②So... that... 句型引领的倒装句。 ③常用的两组缩写。  **图2　教师重点讲解课文内容，并将思政元素融入其中** （4）思辨能力训练：Innovations，a coin with two sides。通过思辨性地阅读、思考和讨论，激发学生就某一既定话题提出问题、解决问题的能力。 ①实例讨论：China will soon become the number one English speaking country in the world。教师给出案例，和学生共同探讨这个句子可能存在的问题。

续表

本节课 教学设计	② 课堂讨论：针对 A 篇课文的一个片段“These well - built aqueducts, advanced road system and generous welfare helped Roman emperors win favor with the public, but some historians have argued that they also contributed to Rome's economic decline”，学生以小组为单位进行讨论，并在云班课平台提出相关问题（见图 3）。 ③ 视频材料学习：教师根据学生提出的问题进行即时评价；学生通过回顾视频材料“Ancient Rome 101”，找出古罗马文明衰落的主要原因。  **图 3　教师指导学生讨论** （5）课堂总结：对本堂课的学习进行总结，布置学习任务，并寄语学生重任在肩，希望他们未来能成为科技创新的中坚力量。 3. 课后阶段 注重知识的巩固和语言的输出。 （1）云班课：以“新时代的伟大发明”为题，撰写一篇 150 字的短作文。 （2）“FiF 智慧教学平台”：TED 演讲口语训练。 （3）单元项目：学生以小组为单位，以“新时代的伟大发明”为题进行一次小型社会调查并制作成视频。 **（二）教学方法** 以项目式教学法和探究社区理论作为理论支撑，构建了一个探究式的多维混合教学模式。整个教学过程由线上 SPOC 学习、线下课堂与自主学习三个环节组成，将教学环境、智能技术和教学行为三个维度进行有效混合，使教学过程从单一的线下课堂延伸到多平台联动的立体教学环境中，为课程思政元素的融入提供了有效的平台保障。学生在教师的指导下，通过自主探究的方式主动获取知识、收集信息、解决问题，最终完成单元项目；而教师则转变为学习的管理者、引导者、协助者、监督者和评价者，在不同阶段为学生提供语言、概念、内容和策略上的支持。在此过程中，教师并不直接讲述课程思政内容，而是将其润物细无声地融入课程教学当中，引导学生在学习过程中探索和发现。 **（三）融入课程思政教学方法和形式** 重庆理工大学以立德树人为根本任务，面向和服务国家及地方经济发展，致力于建设

续表

本节课教学设计	西部一流的高水平应用研究型大学。作为学校公共基础课程中的重要组成部分，大学英语课程的受众面广、学习周期较长、课程体系丰富。教学内容涉及语言、文化、社会、历史、专业知识、跨文化能力和国际视野等，是帮助学生树立正确的道德规范、激发家国情怀、培养文化主体意识和文化自信的有效途径，也能成为课程思政的良好载体。 但是以往的大学英语教学和课程思政的融合路径不清晰，主要表现为以下三个问题。一是教学目的的功利性造成语言技能和人文素养培养上的不均衡。学生往往过度强调英语的工具性作用，把学习目标定位为通过四六级考试，对人文素养的提升有所忽略。二是教材内容对中国文化的忽略导致中国文化在外语教学中的“失语”，在一定程度上削弱了学生的民族文化认同感。三是文化交流的单向性让学生能够较为清楚地了解外国的文化和社会，但是缺乏了解外国人如何看待中国文化的机会和途径。针对这些问题，课程教学团队从教学目标的重构、探究式的教学模式设计和教学内容中思政育人元素的挖掘三个方面将课程思政有机融入了课程教学当中。 首先，课程教学团队重新设置了本门课程的教学目标。以工程认证为契机，将课程教学目标与专业培养要求对接，并依据《新文科建设宣言》精神，从价值塑造、知识传授和能力培养三个维度设立了教学目标。在本案例中，该主题的教学目标着重强调了大学英语课程的价值引领作用，即通过对古罗马文明的学习，培养学生的思辨能力，帮助学生正确认识中西文化的差异，弘扬核心价值、建立文化自信、培养家国情怀。 其次，课程教学团队以项目式教学法和探究社区理论作为理论支撑，构建了一个探究式的多维混合教学模式（见图4）。整个教学过程由线上SPOC学习、线下课堂与自主学习三个环节组成，将教学环境、智能技术和教学行为三个维度进行有效混合，使教学过程从单一的线下课堂延伸到多平台联动的立体教学环境中，为课程思政元素的融入提供了有效的平台保障。学生在教师的指导下，通过自主探究的方式主动获取知识、收集信息、解决问题，最终完成单元项目；而教师则转变为学习的管理者、引导者、协助者、监督者和评价者，在不同阶段为学生提供语言、概念、内容和策略上的支持。在此过程中，教师并不直接讲述课程思政内容，而是将其润物细无声地融入课程教学当中，引导学生在学习过程中探索和发现。 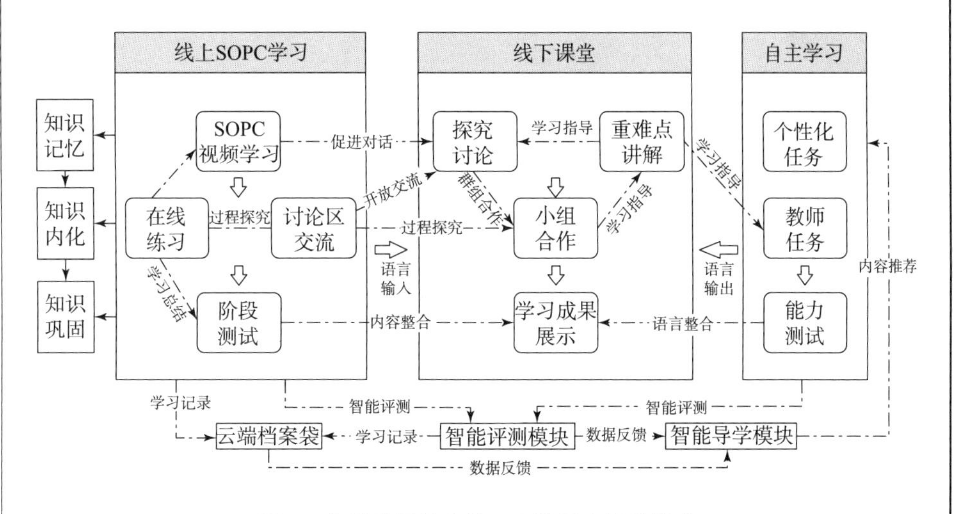 **图4 大学英语线上线下多维混合教学模式**

续表

本节课教学设计	最后，深度挖掘了教学内容中的思政育人元素。课程教学团队以教学目标的价值引领和探究式的教学过程为核心，逐步重构课程教学内容、课堂活动、学习资源和评价方式。于2021年对原版课件进行了梳理和完善，为每个教学主题设置了学习视频，并安排了阶段性的诊断性测试。通过中外教学材料的对比，帮助学生了解文化知识、辨识文化差异、树立文化自信、弘扬核心价值，避免了中国文化在外语教学中的“失语”现象。在本案例中，课程团队将古罗马的八大创新与中国的四大发明、新时代的科技创新相结合，帮助学生了解新时代的科技创新成就，引导学生了解科技创新在国家全局发展中的核心地位，点燃了学生的科技创新热情。
课程思政元素	文化自信、社会主义核心价值观、家国情怀、创新思维。

四、课程思政融入效果

在大学英语与课程思政的深度融合过程中，由于教学目标、教学模式、教学内容等在近年的教学过程中不断得到创新和完善，不仅学生的学习满意度有所提高，学习积极性提升明显，而且在培养学生的思辨能力、帮助学生正确认识中西文化的差异、弘扬核心价值、建立文化自信、培养家国情怀等方面也卓有成效。

1. 学习满意度有所提高

每轮授课结束后，教学团队均向学生发放了调查问卷，用于了解学生的学习满意度，收集反馈建议。通过对比2016级和2019级的问卷结果发现，学生对英语学习的多样化需求得到满足，对课程学习的满意度提升明显（见图5）。在第一次开学时，教学内容尚未重构，也未搭建完善的教学模式，因此，当时仅有64.39%的学生表示学习后有所收获。与之相比，由于2019级的课程教学在各方面都趋于完善，因此，2019级学生的满意度高达90.53%。

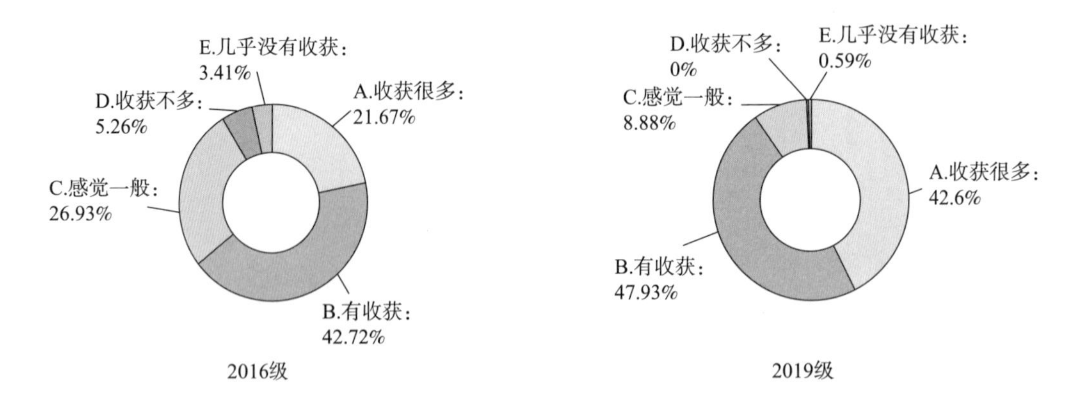

图5　2016级和2019级学生的学习满意度对比

2. 学习积极性提升显著

通过对学习数据的统计分析，学生的学习积极性提升明显。根据云班课后台获取的数据，2019级学生课后作业和小组任务的完成率均超过90%，课中环节的投票、头脑风暴、练习、测试等活动也收获了八成以上的参与率，在有限的上学时间内基本做到了人人参与，打破了一节课仅有几名学生能获得互动机会的尴尬境况。在教师的引导下，学生能获得更多的机会展示学习成果，因此更愿意采取主动的学习策略进行学习。

3. 育人效果卓有成效

除了语言综合应用能力，学生的跨界能力如跨文化能力、思辨能力、创新思维、团队合作能力以及自主学习能力都得到了不同程度的提升；在帮助学生正确认识中西文化的差异、弘扬核心价值、建立文化自信、培养家国情怀等方面也卓有成效。学生表示，通过课程学习和单元项目的完成，他们能够以自主探究的方式主动获取知识、收集信息、解决问题。例如，在本案例中，学生在老师的指导下进行社会调查，录制视频，并在课堂展示，对改革开放以来的科技创新成就有了较为全面的了解，也理解了“科技是国之利器，国家赖之以强，企业赖之以赢，人民生活赖之以好”的深刻内涵。

五、教学反思

我们认为，教学目标和内容的重构是课程思政与外语教学深度融合的重要抓手，教学理念和教学路径的不断更新是课程思政与外语教学深度融合的核心动力，教师的育人能力和专业能力的持续提升是课程思政与外语教学深度融合的长期保障。探索如何将思想政治教育元素有机地融入英语课程中，如何在知识传授和能力培养的过程中引导学生塑造正确的世界观、人生观和价值观，如何培养学生的民族自豪感和文化自信，是外语教学的应有之义，也是必备内容。由此，在课程思政与外语教学持续融合的过程中，应该在以下三个方面做深、做实。

（1）课程思政应以语言知识为主，思政理念的灌输应循序渐进、润物细无声地融入课程教学。

（2）课程思政建设应与讲好中国故事、传播好中国声音的大背景相结合，通过中西文化案例的对比，启发学生思考，提升学生的文化自信与创新热情，实现德育与智育的深度融合。

（3）课程思政要以学生为中心，了解学生的语言水平和思想状况，分析学情，培养学生对专业课程以及思政内容的学习兴趣，增强学习的主动性。

工程训练—机械制造基础训练Ⅲ 课程思政教学案例

工程训练与经管实验中心　刘敬露

一、课程基本信息

<table>
<tr><td>课程名称</td><td colspan="3">工程训练—机械制造基础训练Ⅲ</td></tr>
<tr><td>课程性质</td><td>基础实践课程</td><td>学科门类</td><td>工学</td></tr>
<tr><td>学分</td><td>3</td><td>授课对象</td><td>大二本科生</td></tr>
<tr><td>学时</td><td>96（实训三周）</td><td>授课方式</td><td>线下</td></tr>
<tr><td colspan="4">课程简介</td></tr>
<tr><td colspan="4">工程训练—机械制造基础训练Ⅲ面向全校车辆、材料等机械类专业开设，其目的是使机械类相关专业的学生通过对常见机械加工技术的初步了解，获取解决实际工程问题的基本思路和方法，了解工业生产、体验工业文化、建立工程背景，提高学生工程实践动手能力以及分析问题、解决问题的能力，启发学生创新思维。
本课程讲授关于机械制造的一般过程、机械零件的常用加工方法和主要设备的应用。以项目为驱动，通过教师讲解演示、自主学习、操作练习、加工考核等方式，学生能够了解机械制造常见工夹量具和设备的使用方法、安全操作规程，了解新工艺、新技术、新材料在现代机械制造中的应用。
此外，本课程还注重培养学生安全、质量、环保、管理、成本等工程意识以及严谨、求实的作风，初步建立良好的工程素养。课程采用模块化教学，主要包括车铣、钳装、焊接、数控加工、特种加工、快速成型、工业机器人应用等实训模块。</td></tr>
</table>

二、教学目标

知识目标	（1）了解制造业常见加工技术的发展历程、现状、前景等基础知识。 （2）了解制造业通用仪器、设备、工具等的结构、种类、原理、应用等基础知识。
能力目标	（1）初步掌握常见制造加工技术所使用的设备、工具的基本操作技能，并能正确完成简单（典型）零件的加工或相应辅助性任务。 （2）培养实践动手及自主学习能力。 （3）培养发现问题、分析问题、解决问题的能力。

续表

课程思政育人目标	结合职业精神、工匠精神，以立德树人为根本，以实践创新能力培养为主线，帮助学生树立正确的世界观、人生观和价值观。

三、教学设计

<table>
<tr><td>案例名称</td><td colspan="3">大技贵精，大道无疆——工业机器人工具数据的创建</td></tr>
<tr><td>授课章节</td><td>ABB 工业机器人工具数据（tooldata）的设定</td><td>学时</td><td>3</td></tr>
<tr><td>本节课教学目标</td><td colspan="3">（一）知识与技能目标
（1）了解工业机器人工具数据 tooldata 的定义和作用。
（2）掌握工具数据 tooldata 的创建流程。
（3）掌握 4 点法设定工具 TCP（工具作用点中心即工具坐标系原点）的流程及技巧。
（4）能够比较灵活地应用 3 种机器人手动操作方法对机器人进行示教定位和姿态调整。
（5）能够根据实际情况对工具质量和重心参数进行设置。
（二）能力目标
（1）通过指导文档及微课视频培养自主学习的能力。
（2）通过数据结果误差分析，培养分析问题、解决问题的能力。
（3）培养独立思考、钻研、探究新知识的能力。
（三）课程思政育人目标
（1）安全意识。
（2）严谨规范、精益求精的工匠精神。
（3）刻苦专研、攻坚克难的专业精神。</td></tr>
<tr><td>本节课教学设计</td><td colspan="3">（一）知识要点
（1）工具数据 tooldata 的定义和作用。
（2）工具 TCP 的设定方法和流程。
（3）灵活运用 3 种机器人手动操作方法。工具 TCP 标定过程中，需要学生能够比较灵活地操作机器人，深入理解 3 种机器人手动操作方法各自的特点和作用（前面的课程已经完成这部分的初步学习），并能够自主思考、总结经验，解决机器人手动操作过程中的各种问题（例如运动轴超限，运动轨迹优化等），这是对前期学习内容的一个综合应用。
（4）设置工具质量和重心参数。工具质量、重心等参数，需要学生结合相关物理、几何、测量等理论知识，并利用现有工具获取数据，进行计算最终获取。</td></tr>
</table>

续表

<table>
<tr><td>本节课
教学设计</td><td>

（5）分析误差原因，提出改进方案。最终完成工具数据 tooldata 的设定后，分别在 RobotStudio 离线编程软件环境及 YL－399 机器人工作站进行检验并分析误差原因，提出改进方案。

（二）教学内容、教学方法及组织形式

<table>
<tr><th>教学环节</th><th>教学过程</th><th>教学内容</th><th>教师</th><th>学生</th><th>说明</th></tr>
<tr><td rowspan="2">引入任务</td><td>复习引入</td><td>【对比引入/案例分析】
在 RobotStudio 离线编程环境中，利用之前完成的机器人运动轨迹编程练习项目，更换工具，直观展示工具数据 tooldata 对工业机器人编程应用的意义和作用。 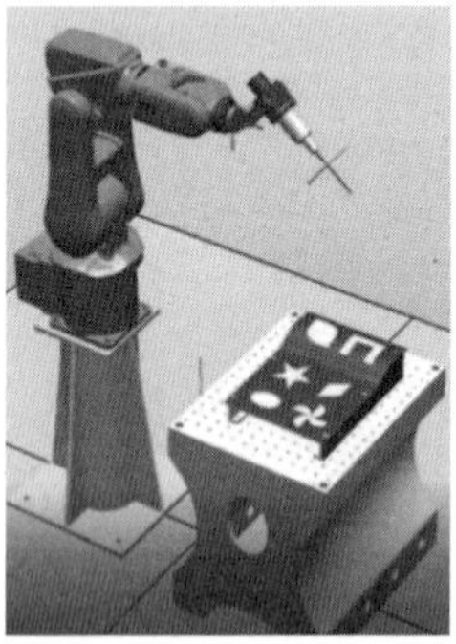 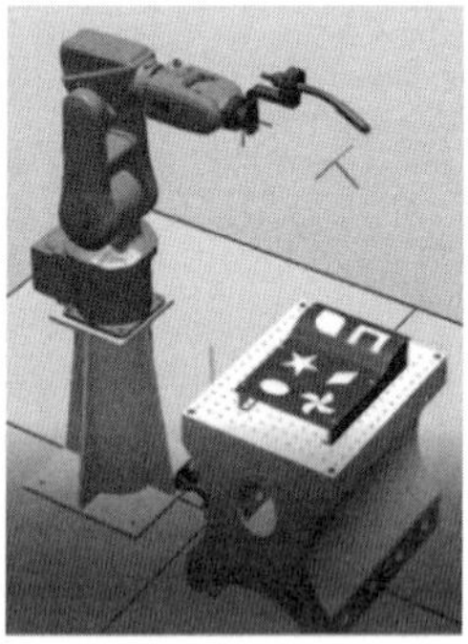</td><td>通过运行轨迹对比，直观引入本节教学课题</td><td>观察思考</td><td>对比引入</td></tr>
<tr><td>任务布置</td><td>【任务布置】
分别在 RobotStudio 软件环境和 YL－399 工业机器人实训考核系统中完成给定工具的工具数据 tooldata 设定、自行检验并分析结果。 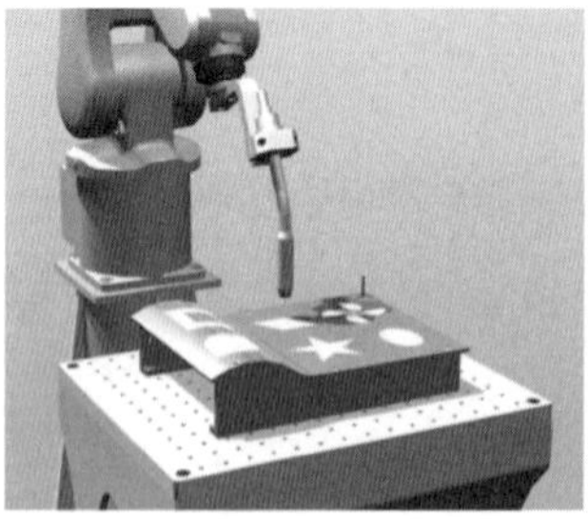 </td><td>通过软件系统和实际工作站布置任务</td><td>观察思考</td><td>布置任务</td></tr>
</table>

</td></tr>
</table>

续表

续表

<table>
<tr><td rowspan="4">本节课教学设计</td><th>教学环节</th><th>教学过程</th><th>教学内容</th><th>教师</th><th>学生</th><th>说明</th></tr>
<tr><td rowspan="3">任务实施</td><td rowspan="2">知识讲解</td><td>【工具数据的定义】
通过机器人坐标系的使用引入工具数据 tooldata 的定义和作用。 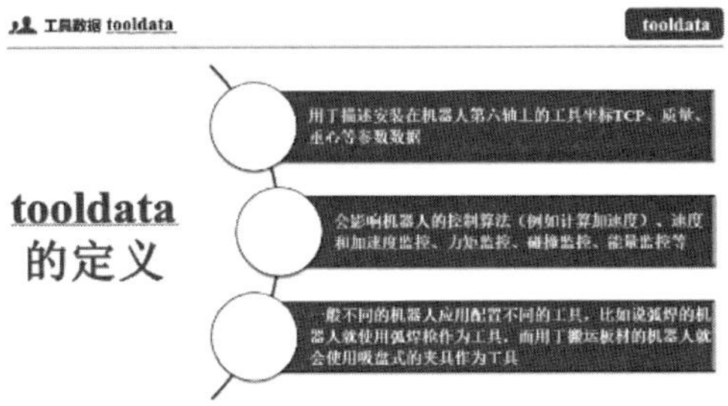
工具数据 tooldata　tooldata
tooldata 的定义
用于描述安装在机器人第六轴上的工具坐标TCP、质量、重心等参数数据
会影响机器人的控制算法（例如计算加速度）、速度和加速度监控、力矩监控、碰撞监控、能量监控等
一般不同的机器人应用配置不同的工具，比如说弧焊的机器人就使用弧焊枪作为工具，而用于搬运板材的机器人就会使用吸盘式的夹具作为工具</td><td rowspan="2">利用 PPT 课件简单讲解工具数据相关的理论知识、设定方法及流程</td><td rowspan="2">分析思考</td><td rowspan="2">概览式介绍工具数据理论知识点</td></tr>
<tr><td>【TCP 的设定方法】
简单介绍 TCP 的 3 种设定方法、流程和注意事项。 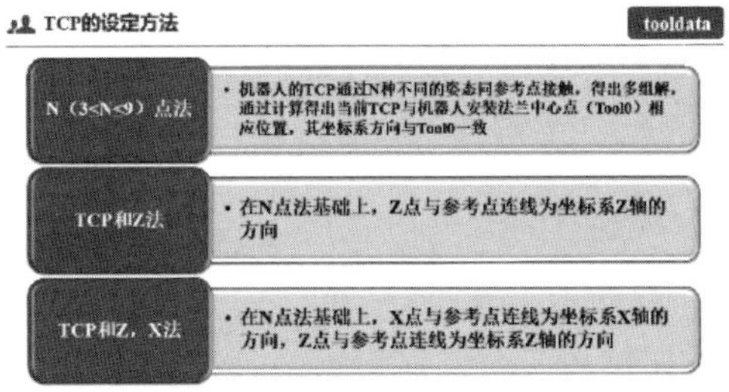
TCP的设定方法　tooldata
N（3<N<9）点法：机器人的TCP通过N种不同的姿态同参考点接触，得出多组解，通过计算得出当前TCP与机器人安装法兰中心点（Tool0）相应位置，其坐标系方向与Tool0一致
TCP和Z法：在N点法基础上，Z点与参考点连线为坐标系Z轴的方向
TCP和Z，X法：在N点法基础上，X点与参考点连线为坐标系X轴的方向，Z点与参考点连线为坐标系Z轴的方向</td></tr>
<tr><td>任务讲解</td><td>【创建 tooldata 数据文件】
通过示教器打开“手动操作”—“工具坐标”，创建 tooldata 数据文件。 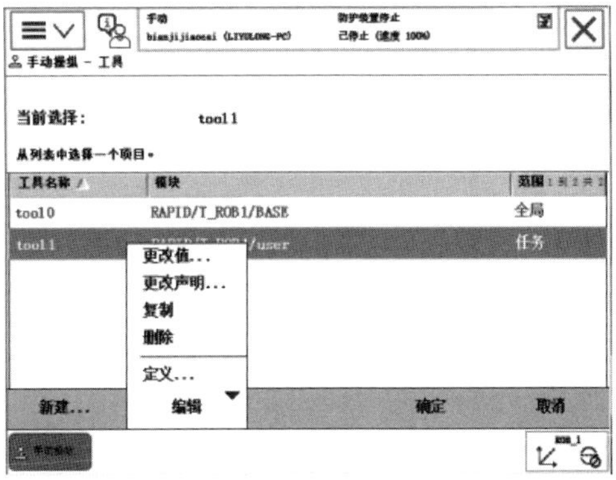
手动操纵 - 工具
当前选择：　tool1
从列表中选择一个项目。
工具名称　模块　范围
tool0　RAPID/T_ROB1/BASE　全局
tool1　/user　任务
更改值…　更改声明…　复制　删除　定义…
新建…　编辑　确定　取消</td><td>在学生自主学习的过程中提示重点，引导思考</td><td>自主学习思考</td><td>通过微课或者指导文档阐述工具数据 tooldata 的设定方法和流程</td></tr>
</table>

续表

续表

	教学环节	教学过程	教学内容	教师	学生	说明
本节课教学设计	任务实施	任务讲解	【4 点法设定 TCP】 通过“编辑”工具数据 tooldata 文件选择“TCP 和 Z，X”，点数 N = 4 来设定 TCP。 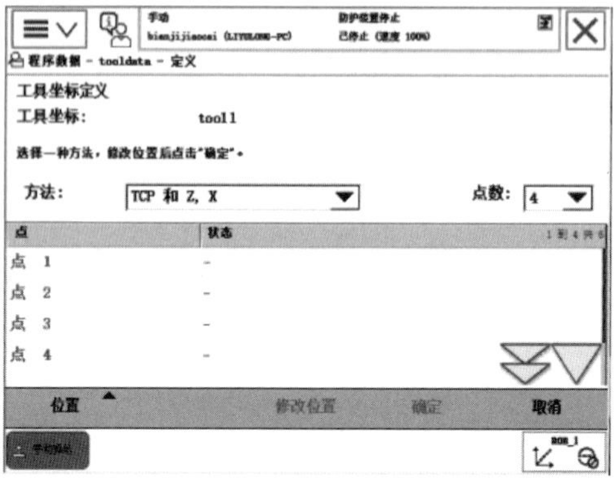 在“4 点法”数据获取过程中，灵活应用“手动线性”和“手动重定位”帮助机器人以一定的姿态靠近空间固定点。注意：前 3 个点的姿态相差尽量大一些，点 4 要求工具参考点垂直于固定点。 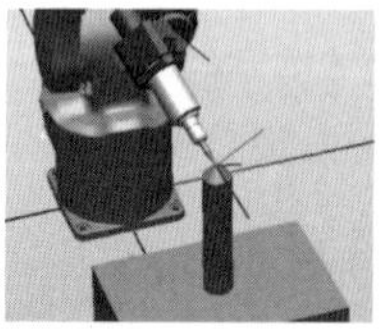 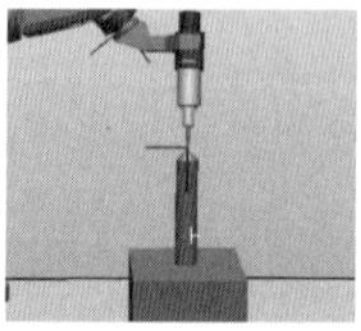			
			【+X、+Z 方向设定】 操控机器人使工具参考点以点 4 的姿态从固定点移动到工具 TCP 的 +X（自定义）方向。 操控机器人使工具参考点以点 4 的姿态从固定点移动到工具 TCP 的 +Z（自定义）方向。 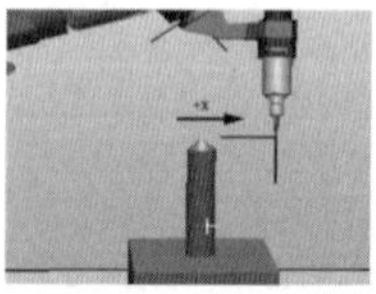 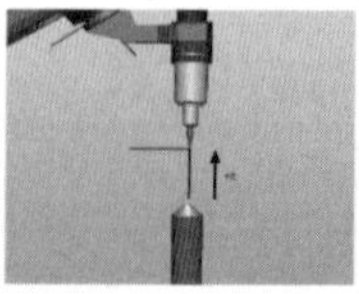			

续表

续表

本节课教学设计	教学环节	教学过程	教学内容	教师	学生	说明
本节课教学设计	任务实施	任务讲解	【工具质量 mass 的设置】 根据实际工具质量进行设置，单位为 kg。 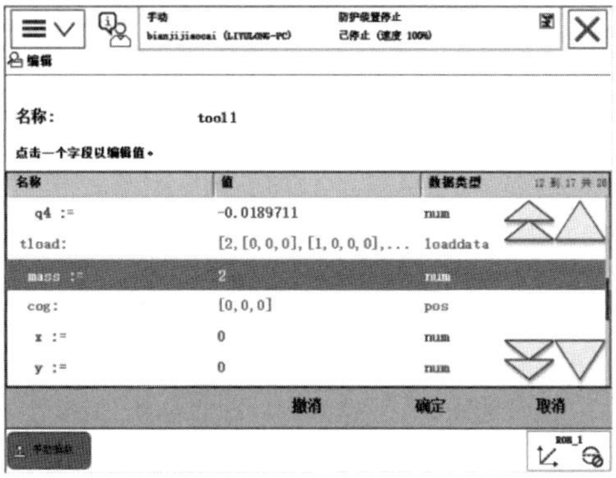 【工具重心 cog 的设置】 根据工具结构进行测算，它是工具重心相对于 tool 0 的分别在 X，Y，Z 方向的偏移值，单位为 mm。 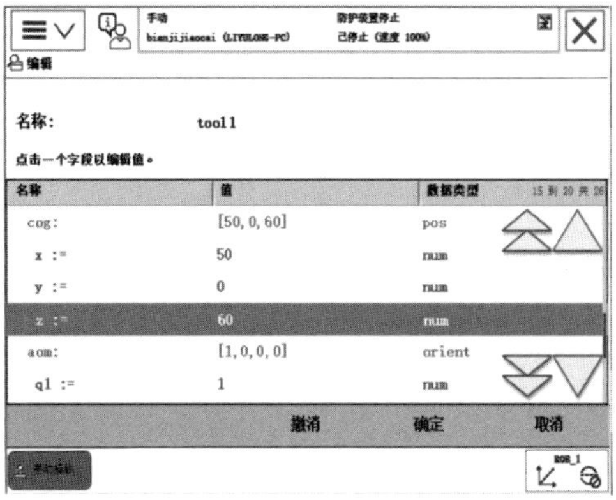 			
		离线仿真	【机器人姿态调整】 在 RobotStudio 离线编程软件中按照设定流程进行工具数据 tooldata 的设定。“4 点法”中前 3 个点的机器人姿态首先用“手动重定位”进行调整，以保证姿态差异较大这个要求；第 4 点姿态调整可考虑先将机器人返回机械原点，利用“手动关节”调整工具垂直于固定点，然后再“手动线性”定位靠近空间固定点。			

续表

续表

<table>
<tr><td rowspan="4">本节课教学设计</td><td>教学环节</td><td>教学过程</td><td>教学内容</td><td>教师</td><td>学生</td><td>说明</td></tr>
<tr><td rowspan="3">任务实施</td><td rowspan="3">离线仿真</td><td>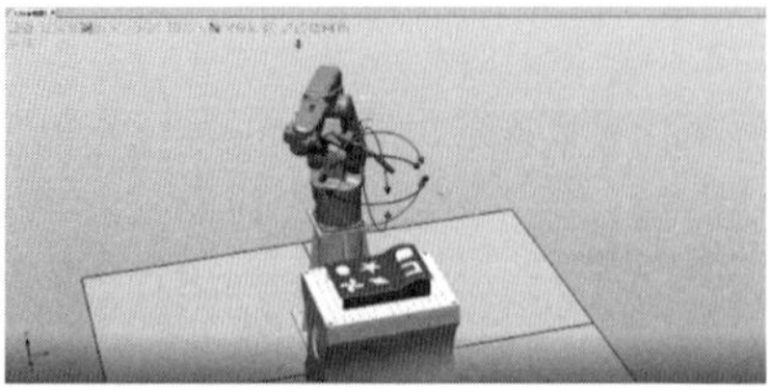</td><td rowspan="2">引导学生思考如何调整机器人姿态便于定位，避免直接告知。</td><td rowspan="2">根据指导文档/微课自主学习，边操作边思考，分析问题，解决问题</td><td rowspan="3">充分体现学生的课堂主体地位，利用提问引导学生自主思考解决问题，培养分析问题、解决问题的能力。</td></tr>
<tr><td>【定位技巧】
充分理解 3D 空间直线坐标定位原则帮助调整定位。（即借助平面定位）
</td></tr>
<tr><td>【误差分析】
完成 TCP 设定后，在“计算结果”界面查看误差，平均误差尽量控制在 1mm 以内，但也要以最终验证效果为准。
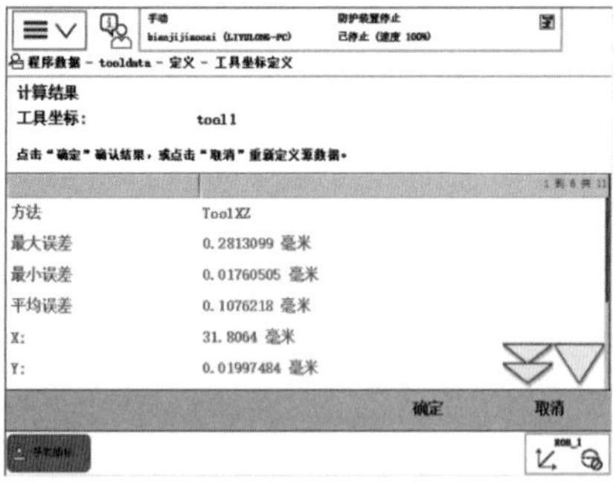
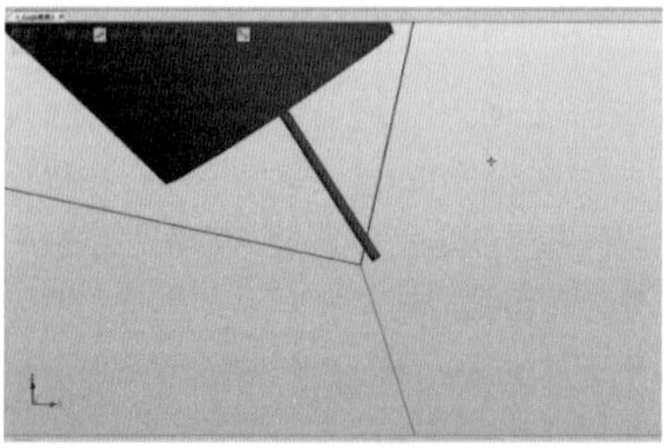</td><td>引导学生进行误差分析，回顾操作过程，追述误差产生的原因，思考解决的办法。</td><td>分析思考，进一步理解理论知识，寻找减小误差的办法。</td></tr>
</table>

续表

续表

	教学环节	教学过程	教学内容	教师	学生	说明
本节课教学设计	任务实施	实物操作	【实操技巧】 通过 RobotStudio 离线仿真操作后，组织能够顺利完成的学生到 YL－399 工业机器人实训考核系统中进行工具数据 tooldata 的设置，流程与在软件上是一致的。 注意差异： 首先需要利用“单轴运行”避开“奇点”；然后在示教器的操作过程中注意手柄的操作技巧，灵活运用手柄的操控幅度来控制机器人运行速度。	操作演示结合交流引导，强调系统安全操作规范，示教器操作技巧。	操作练习，思考其与模拟仿真的差别，分析结果。	
		总结评价	【离线仿真阶段】 熟悉工具数据 tooldata 设定的流程步骤，通过“同步”检验设定的工具作用点中心，即工具坐标系原点与实际工具作用点的误差，分析误差产生的原因，并通过工具数据参数的调整来减小误差。 主要评价依据是最终设定结果显示，并结合提问了解学生对工具数据的自我分析理解。 【实训操作阶段】 通过离线仿真，在对工具数据设定流程已经相对熟悉的前提下，主要通过过程考核的方式，评价学生实际操控机器人的能力，以及遇到操控问题后分析问题原因、解决问题的综合工程素质。	虚实结合，结果与过程评价相结合。	总结经验并应用到后续的任务中去解决即时问题。	
	课后思考反馈	思考提问	（1）为何利用“手动重定位”来检测工具数据 tooldata 的设定情况？ （2）工具重心的测定方法有哪些？	抛出问题鼓励发言。	踊跃发言。	多渠道沟通交流，促进教学改进。
		课后小结	提交总结，反馈学习情况。	通过反馈了解教学效果。	自我反思。	

续表

<table>
<tr><td>本节课教学设计</td><td>（三）融入课程思政教学方法或形式
<table>
<tr><th rowspan="2">序号</th><th rowspan="2">教学内容</th><th rowspan="2">时间</th><th rowspan="2">思政元素</th><th>教学方法</th><th rowspan="2">教师</th><th rowspan="2">学习要求</th></tr>
<tr><th>线下</th></tr>
<tr><td>1</td><td>工业机器人工具数据tooldata的定义和作用</td><td>5分钟</td><td>安全意识</td><td>对比引入
案例分析</td><td>布置项目任务</td><td>观察思考</td></tr>
<tr><td>2</td><td>工具TCP的设定方法和流程</td><td>20分钟</td><td></td><td>课件/微课
指导文档</td><td>提示重点</td><td>自主学习</td></tr>
<tr><td>3</td><td>根据项目任务在离线编程软件上用4点法完成指定工具TCP的标定</td><td>80分钟</td><td>工匠精神
严谨规范
精益求精</td><td>课件/微课
指导文档
引导分析</td><td>个别指导</td><td>自主学习</td></tr>
<tr><td>4</td><td>设置工具质量和重心参数</td><td>15分钟</td><td>专业精神
知行合一</td><td>引导提示
分析探讨</td><td>引导提示</td><td>自主思考</td></tr>
<tr><td>5</td><td>分析误差原因，提出改进方案</td><td>15分钟</td><td>专业精神
刻苦专研
攻坚克难</td><td>成果展示
组织研讨
实时点评</td><td>分析点评</td><td>分析思考</td></tr>
</table></td></tr>
<tr><td>课程思政元素</td><td>工匠精神、职业精神、劳动精神、科学精神、社会责任。</td></tr>
</table>

四、课程思政融入效果

（1）课程在整体实践（教学）过程中自然地融入“吃苦耐劳”“严谨规范”“精益求精”的劳动精神和工匠精神（职业精神），使课程教学的过程在实现知识与技能目标的同时，成为锤炼心志、养成品行的过程。

（2）通过引导提示、探讨点评等形式，在实践过程中融合了“刻苦专研”“攻坚克难”的专业精神，培养学生分析问题、解决问题、钻研问题、探究问题的科学精神。

（3）通过案例分析、对比引入，强调任何工程实践活动都有可能产生安全隐患，潜移默化地植入安全意识的培养，增强社会责任意识。

五、教学反思

工程训练系列课程目标中十分重要的一项就是对工程文化的认知及工程素质的培养。以往的教学过程中更多地强调技能的学习和安全操作规范的遵守，对学生的职业规范及职业道德的培养相对较弱。通过典型案例，在教学过程中融入课程思政元素，使学生在学习知识、掌握技能、经历挫折中更好地体会实实在在的劳模精神、劳动精神、工匠精神、科学精神，更加直观地让学生感受工程职业精神。有学生课后对我说：“老师，虽然完成这个项目任务我觉得很难，但是感觉也很有趣。”由此可见，课程思政元素的融入对学生综合工程素质的培养效果显著。

大学体育——篮球课程思政教学案例

体育教学部　徐延林

一、课程基本信息

课程名称	大学体育——篮球		
课程性质	公共基础必修课	学科门类	体育学
学分	1	授课对象	大一、大二本科生
学时	36（理论 2，实践 34）	授课方式	线下
课程简介			
本课程是依据体育课程的教育目的、具体化的课程目标（身体运动、身心健康）以及课程思政的相关理念而开设的全校公共基础必修课，主要讲授篮球运动概述、发展过程、技战术、竞赛规则与裁判法等内容。通过深入挖掘篮球运动中的思政元素，将其融入篮球课程中的教学、训练与比赛中，可以培养学生的爱国主义精神、集体主义精神、科学探究精神、开拓创新精神等，真正实现与思想政治理论课同向同行，形成协同效应，从而帮助学生在篮球实践中享受乐趣、增强体质、健全人格、锤炼意志。			

二、教学目标

知识目标	使学生了解篮球的发展概况，学习掌握篮球的基本技术、战术、篮球比赛规则以及裁判法等。
能力目标	通过课内外篮球练习、比赛提升学生综合运用篮球技战术的能力，树立终身体育意识，养成终身体育锻炼习惯。
课程思政育人目标	通过篮球课程，培养学生勇于探索、积极思考、超越自我的优良品质；树立规则意识、竞争意识；增强团结协作、文化自信、集体主义精神和爱国主义情怀。

三、教学设计

<table>
<tr><td>案例名称</td><td colspan="3">篮球双手胸前传接球技术教学及运用——超越自我，团结协作</td></tr>
<tr><td>授课章节</td><td>第七章第二节</td><td>学时</td><td>2</td></tr>
<tr><td>本节课教学目标</td><td colspan="3">（1）通过教师讲解，使 90% 的学生能正确掌握双手胸前传接球技术动作的方法和在篮球项目中的作用。
（2）通过分组练习，使 90% 的学生能够正确掌握双手胸前传接球的练习方法和动作要领，使 70% 的学生能初步运用于教学比赛中。
（3）通过观看“微视频”、分组练习、学生展示、小组比赛、教学比赛等，培养学生超越自我、乐于创新、团结协作等优秀品质。</td></tr>
<tr><td>本节课教学设计</td><td colspan="3">（一）知识要点
准备活动；动作技能学习；教学比赛；专项身体素质；放松总结。
（二）教学内容
篮球双手胸前传接球技术教学及运用。
（三）教学方法
讲解示范法、游戏教学法、合作学习法、探究式教学法等。
（四）课程思政融入内容及方式
通过学生自学、教师引导、同伴协助等方式进行，实现了从泛化、分化、巩固与提高、自动定型到比赛的运用，从而培养了学生超越自我、团结协作等优秀品质。

双手胸前传接球技术教学及运用的思政目标
（超越自我、团结协作）

思政元素 → 实现方式
规则意识 竞争意识 → 双手拍球
探究精神 合作意识 担当精神 → 微视频 分组学习
工匠精神 榜样示范 → 讲解示范
坚持不懈 精益求精 → 强化学习

思政元素 → 实现方式
相信自我 勇于尝试 → 学生展示
团结协作 勇于拼搏 规则意识 → 小组比赛
团结协作 集体精神 → 教学比赛
分享自我 相信自我 敢于展示 → 集体总结</td></tr>
</table>

续表

<table>
<tr>
<td>本节课
教学设计</td>
<td>1. “双手拍球”游戏——规则意识、竞争意识
教师讲解“双手拍球”游戏规则、要求等，然后示范，最后进行双手拍球游戏。

2. 通过观看“微视频”和分组学习——探究精神、合作意识、勇于担当
课前，向学生推送双手胸前传接球的微视频，让学生带着问题去积极主动学习、思考，增强学生对学习动作的感性认识和理性认知。通过小组长负责制，实行分组学习，大家相互交流、积极讨论，提高学习效果。

3. 教师讲解示范——工匠精神，榜样示范
根据各小组练习中存在的问题，教师统一解答、示范；教师介绍双手胸前传接球的定义（传球、接球）、作用及运用时机，并与击地传球、单手肩上传球进行对比示范，介绍大家比较熟悉的篮球明星在比赛中的实际运用；讲解双手胸前传接球的动作方法及要领。</td>
</tr>
</table>

续表

本节课教学设计	（1）动作方法。传球动作：双手持球于胸腹间，两肘自然弯曲于体侧，身体成基本站立姿势，两眼注视传球目标，传球时后脚蹬地发力，身体重心前移，两臂前伸，两手腕随之内旋，拇指用力下压，食指、中指用力拨球将球传出。概括为：蹬—伸—翻—抖—拨。接球动作：两眼注视来球，两臂伸出迎球，触球瞬间，顺势收球于胸腹间。概括为：伸迎—触收。 （2）动作要点。传球动作：持球动作正确，用力协调连贯，食指、中指拨球。接球动作：触球收臂后引缓冲，动作协调连贯。最后，教师示范常见的易犯错误动作，例如双肘外翻、球不旋转、力度不够等。  4. 强化练习——坚持不懈，精益求精 学生通过教师的讲解、示范，对双手胸前传接球有了进一步的认识，再次强化练习，教师巡回指导，进一步巩固双手胸前传接球技术。 

续表

<table>
<tr>
<td>本节课
教学设计</td>
<td>5. 学生展示——相信自我，敢于尝试
各组派代表展示双手胸前传接球，学生对自己的展示情况进行评价，学生代表进行评价，教师进行总体评价。

6. 小组比赛——团结协作、勇于拼搏，竞争意识、规则意识
根据人数分组，安排裁判，进行双手胸前传接球比赛。教师讲解比赛方法、要求以及惩罚规则等。

7. 教学比赛——团结协作，乐于奉献，集体精神
分组进行半场的 3 对 3 或 4 对 4 教学比赛，提高学生对双手胸前传球接的实际运用能力，进一步提升学生运球、传球、投篮的综合水平。</td>
</tr>
</table>

续表

<table>
<tr><td>本节课教学设计</td><td>
8. 集体总结——分享自我、相信自我、敢于展示
比赛结束后，学生分享学习双手胸前传接球的收获、感悟；教师对整体情况进行评价，表扬表现好的学生，同时也指出存在的不足；对课外提高双手胸前传接球提出明确的要求。
</td></tr>
<tr><td>课程思政元素</td><td>本节课主要体现团结协作、勇于拼搏，竞争意识、规则意识等课程思政元素。</td></tr>
</table>

四、课程思政融入效果

（1）增强了学生的集体精神、竞争意识。为了共同完成教学任务、取得比赛的胜利，学生们需要团结协作、顽强拼搏。

（2）培养了学生的规则意识。学生需要在相应的规则下参与教学游戏、比赛，否则将会受到相应的“惩罚”。

五、教学反思

（1）注重教学方法多样性。不要一味地采用讲解示范法，应将翻转课堂、对分课堂、探究式教学法合理地运用到教学中，增加学习的趣味性。

（2）注重改革教学评价。不要过于强调双手胸前传接球的次数，应注重动作的准确性、协调性、经济性、弹性等动作特性和体育人文素养，还要将学生自评和互评结合起来。

（3）注重教学过程的调节。每个班级学生的篮球基础、性别等存在差异，要根据实际情况，适当调整篮球课程思政设计。

（4）注重课程设计的代表性。根据篮球动作、规则等特性，凝练出具有代表性、典型性的思政元素。

跆拳道课程思政教学案例

体育教学部　刘　佳

一、课程基本信息

<table>
<tr><td>课程名称</td><td colspan="3">跆拳道</td></tr>
<tr><td>课程性质</td><td>公共基础选修课</td><td>学科门类</td><td>体育学</td></tr>
<tr><td>学分</td><td>1</td><td>授课对象</td><td>大二本科生等</td></tr>
<tr><td>学时</td><td>32</td><td>授课方式</td><td>线下</td></tr>
<tr><td colspan="4">课程简介</td></tr>
<tr><td colspan="4">本课程为重庆理工大学的公共基础选修课，是依据体育课程的教育目的、课程目标，以及学生的实际情况开设的，是一门较系统讲授跆拳道运动发展概况、基本技战术、竞赛规则与裁判方法，以及身体素质练习等内容的课程。教师授学时融合跆拳道思政，发挥跆拳道课中的礼义廉耻、百折不屈、忍耐克己的教育意义。</td></tr>
</table>

二、教学目标

<table>
<tr><td>知识目标</td><td>（1）课前要求学生在网上观看视频，使学生可以很好地了解跆拳道实战中常用的技术动作，能通过视觉记忆使大脑更好地控制步伐移动和踢腿的速度以及重心的稳定性。
（2）用跆拳道教学选拔出优秀人才参加全国大学跆拳道比赛。</td></tr>
<tr><td>能力目标</td><td>通过跆拳道选修课达到精神和身体双修作用，内修品、外修身，养成身心健康的思想品德，成为优秀人才，为学校树立人文名片。</td></tr>
<tr><td>课程思政育人目标</td><td>（1）强化爱国为情感核心，提升学生爱国主义信念，增加民族意识与自豪感。
（2）通过跆拳道实战式的练习使学生更好地增强自控力，学会忍耐，培养坚忍不拔的意志品质。
（3）通过跆拳道的礼仪以及实战时的呐喊声音增加自信，释放压力，用跆拳道的礼义廉耻、百折不屈的精神育人。</td></tr>
</table>

三、教学设计

<table>
<tr><td>案例名称</td><td colspan="3">以礼始以礼终——试论内外兼修的跆拳道</td></tr>
<tr><td>授课章节</td><td>第一章第二节</td><td>学时</td><td>2</td></tr>
<tr><td>本节课
教学目标</td><td colspan="3">（1）通过网络学习，学生了解跆拳道的基本知识。
（2）通过教师讲解，学生了解跆拳道的起源发展。
（3）通过教师示范，学生掌握跆拳道的基本礼仪姿势。
（4）通过教师示范，学生掌握跆拳道的基本格斗姿势。
（5）通过教师带领，学生了解跆拳道的基本腿法运用。
（6）通过教学选拔优秀学生进入校跆拳道队进行系统训练，代表学校参赛。</td></tr>
<tr><td>本节课
教学设计</td><td colspan="3">（一）知识点与思政相结合
<table>
<tr><th>知识点</th><th>思政内容</th><th>育人目标</th></tr>
<tr><td>中国武术与跆拳道起源和发展的关系。</td><td>（1）融入中国传统武术运动知识，与跆拳道运动知识、思想、文化相结合。
（2）跆拳道文化适用于国际因此能成为奥运会项目。</td><td>（1）了解跆拳道与中国武术的关系，从而达到爱国教育。
（2）传承中华民族传统美德。
（3）跆拳道是充满激情的一项运动。</td></tr>
<tr><td>跆拳道礼义廉耻、百折不屈、忍耐克己的精神对德育的积极影响。</td><td>跆拳道的本质是竞技运动。通过增加不同人的对打以及通过比赛的输赢促使学生内心变化。</td><td>（1）先修心再修身，调整人的心态，增强意志力，增加自信心，克服困难，突破自己。
（2）跆拳道礼义廉耻、百折不屈、忍耐克己的精神有利于培养人格。</td></tr>
<tr><td>跆拳道训练中的鞠躬礼、交换教具礼是先修其身再修其心的最好表现</td><td>在教学中增加礼仪练习，预期喊口号不如实际行动。利用师生之间，上下课，同学之间相互打招呼行礼等规范学生的习惯。</td><td>（1）使学生形成良好的生活态度和健康的心理。
（2）利用礼仪先从行动做起，培养学生谦虚的精神。
（3）通过学习跆拳道的以礼始、以礼终影响身边其他同学，树立重庆理工大学特色人文名片。</td></tr>
</table>
（二）教学内容
1. 跆拳道的起源与发展
跆拳道起源于朝鲜半岛，距今已有两千余年的历史。这项运动开始并非以跆拳道命名，它是由许多不同的流派综合而成的。跆拳道之所以获得此名，是因为1955年国际跆拳道联盟前总裁将韩国古典武道融合之后，建立起了名为“跆拳道”的新流派，并由此获得快速发展。</td></tr>
</table>

续表

<table>
<tr><td>本节课
教学设计</td><td>
1980 年，跆拳道才正式获得了国际的认可。2000 年，跆拳道首次进入奥运会，成为一项正式的对抗竞技项目。1989 年，跆拳道传入中国，由于其外表整洁、竞技感十足的特点，在中国获得较快发展。如今，我们身边有着各式各样的跆拳道馆，吸引着不同年龄层的学生参与进来，修身养性的同时，达到强身健体的效果。
思政融入意义：
（1）融入中国传统武术运动知识，与跆拳道运动知识、思想、文化相结合，从中找到适合自己的文化素养。
（2）跆拳道文化适合国际因此能成为奥运会项目。
2. 跆拳道训练中立德树人行为规范的要求以及鞠躬手礼仪与持教具交换礼
思政融入意义：在开始练习之前，要向国旗鞠躬，向教练鞠躬；在对抗的开始，还向对手鞠躬。只有在过程中将礼仪做到位，让学生内修精神外化行动，才能更好地培养学生克己、谦虚的精神，跆拳道课堂教学中的思政意义才能更好地实现。

3. 跆拳道实战技术特点与常见动作
跆拳道实战中以腿法为主，拳为辅。实战中要快、准、狠，意志力坚强，心态平和才能取胜。
常见腿法练习：横踢、下劈、侧踢、后踢腿法。
两人一组，每人练习腿法 10 次。
思政融入意义：

（1）只有内心强大且自信的人，才能够在困难来临时努力克服困难，持续战斗。因此，跆拳道的课堂教学一定要让学生树立起自信心。
（2）无论是第一次踢腿、第一次对抗还是第一次实战，都不能让学生恐惧未知，都必须让学生勇敢尝试。让学生清晰地知道，当问题和挫折来临时，只有迎难而上、勇于实践，才能克服困难、突破自我。
（三）教学组织以及练习方法
1. 教学组织
（1）四横排队形。

</td></tr>
</table>

续表

本节课教学设计	（2）准备活动：关节练习后结合慢跑。 2. 教学练习方法 （1）引导启发法。 （2）网络教学法：建立班级群提前投放相关视频。 （3）示范教学法：教师主动示范完整动作并给予讲解。 （4）分解练习法：教师带领学生按口令分解练习。 （5）完整练习法：通过分解练习后以慢动作形式进行完整练习，由慢到快完成。 （6）错误分析法：将错误动作单独纠正并讲解，找到错误原因。
课程思政元素	礼义廉耻、百折不屈、忍耐克己、科学思维、突破自我。

四、课程思政融入效果

（1）综合评价。学生能够积极参与教学互动，通过教师讲解、分组练习，达到了预期知识、能力素养思政目标。

（2）总体观察。学生除上课外其他时间见到老师能主动行礼打招呼，自信心有所增加。

五、教学反思

（1）跆拳道实战技术动作中容易出现身体僵硬、侧身不够、两脚距离或大或小等错误，应及时发现错误、培养自我纠错能力。

（2）教师要不断提高自身思政教育理论和政治思想觉悟，以德立身、以德立学、以德施教，做到以礼始、以礼终，言传身教，帮助学生在跆拳道课程中找到乐趣，增强体质，健全人格，做到真正的思政。

数据结构课程思政教学案例

计算机科学与工程学院　卢　玲

一、课程基本信息

课程名称	数据结构		
课程性质	专业基础课	学科门类	计算机科学与技术
学分	4	授课对象	本科二年级
学时	64	授课方式	线下实验/分组教学
课程简介			
数据结构是计算机类各专业的专业基础课，所介绍的原理和算法是计算机软件设计的基石。课程从抽象数据类型的角度讨论各种基本数据结构及其应用，其中包括线性表、栈与队列、串、数组、二叉树与树、图等数据结构；介绍各数据结构的逻辑结构定义和物理存储实现以及主要操作应用算法；课程同时讨论了查找和排序操作的各种实现方法，使学生初步具备现实世界问题在计算机中如何表示和处理的能力。 课程的实验教学主要培养熟练运用程序设计语言对数据进行表示和处理的能力及进行复杂程序设计的技能，围绕课程目标安排实验项目，严格考核实验成果。课程还设置适当的课后作业，以锻炼学生搜集资料、进行数据结构的算法设计及分析能力。 学生学习本门课程后，能够在搜集和整理相关资料的基础上，学会分析数据对象特征，掌握数据组织方法和计算机的表示方法，为数据选择适当的逻辑结构、存储结构以及设计相应的处理算法，掌握进行复杂程序设计的技能，为后续课程的学习和毕业后从事专业工作打下良好基础。 课程还通过课堂教学、实验教学等培养学生的科学精神、工程与社会观，塑造青年大学生的社会主义文化自信，为培养专业能力、综合素质全面发展的计算机人才奠定基础。			

二、教学目标

知识目标	（1）掌握算法分析的基本原理和方法，能够对具体算法进行性能分析。 （2）理解数据结构与算法设计的关系。 （3）掌握不同数据逻辑结构的特点，掌握不同逻辑结构的存储结构的特点和性能，能够分析具体问题中数据的逻辑结构，并选用适当的存储结构。 （4）掌握描述算法的方法，能够清晰地描述具体问题的解题思路。

续表

能力目标	（1）能够针对问题，准确选择、判断线性表、栈、队列、数组、树、二叉树、图等常用数据结构的概念、术语等。 （2）掌握三大逻辑结构的基本操作算法以及常用查找、排序算法的原理和方法，能够根据问题进行分析或比较。 （3）能够设计各种数据结构基本操作的算法，能够编程实现、测试所设计的算法，并将所实现的操作应用于查找、排序等应用中。 （4）能够通过分析问题的重难点、关键点，结合研究条件，制定研究路线；能够制定验证算法的实验方案；能够用图、表等形式记录结果。
课程思政育人目标	（1）树立社会主义核心价值观，增强社会主义文化自信，具有高尚的道德情操；了解国情，有推动国家和民族复兴、推动国家科技进步的责任感。 （2）富有人文精神、科学精神，树立正确的工程与社会观，能够理解计算机软件设计、开发的工程实践对社会、健康、安全、法律、文化等的影响。

三、教学设计

案例名称	谁是网络大V?		
授课章节	第6章　图及其应用（实验）	学时	2
本节课教学目标	实验任务：对给定的网络结构，找出其中的大V结点。 **（一）知识目标** （1）通过实验巩固学生对图的存储、图的基本操作方法和技术。 （2）通过计算有向图中顶点的（出/入）度，做进一步的应用。 （3）运用排序算法求解。 （4）学生应自主查阅、了解社交网络及其相关的知识。 **（二）能力目标** （1）能够对问题中具有多对多逻辑结构的数据，用图的方式建模。 （2）基础目标：能够选用合理的存储结构对图进行存储。 （3）进阶目标：能够优化存储结构（例如矩阵压缩存储）。 （4）能够将问题的功能需求分解为图的基本操作，通过编程、单模块测试、集成测试完成实验要求。 （5）能够自主检索、阅读和综述与本问题相关的资料。 **（三）课程思政育人目标** *1. 科学精神* 一个问题、一个方案的评价指标往往不是唯一的。为了找到网络大V，其相关指标众多，需要学生根据具体问题进行分析、确定和实验验证。我们应该对科学探索的长期性、问题求解的多样性有充分认知。		

续表

<table>
<tr><td>本节课
教学目标</td><td>2. 工程与社会
（1）网络大 V 可能对社会尤其是社交网络中的青少年群体起到什么样的作用？
（2）社交网络中的青年大学生应该如何看待网络大 V 对自身的影响？
（3）社会主义文化自信
青年应如何坚持社会主义文化自信，主动维护风清气正的网络空间？</td></tr>
<tr><td>本节课
教学设计</td><td>（一）专业理论知识
本实验包含的知识要点：
（1）无向图的储存。
（2）计算图存储结构任意顶点的（出/入）度。
（3）矩阵的压缩存储。
（4）排序算法。
（二）教学内容
1. 实验问题及任务
社交网络可抽象为一种图结构。进一步地，从社交网络用户的关注、被关注关系角度观察，可将这种图看成是有向图。例如，如果一个用户 u 被 100 个粉丝关注，不妨认为 u 的入度为 100，如果 u 关注了 1000 个账号，则 u 的出度为 1000。
 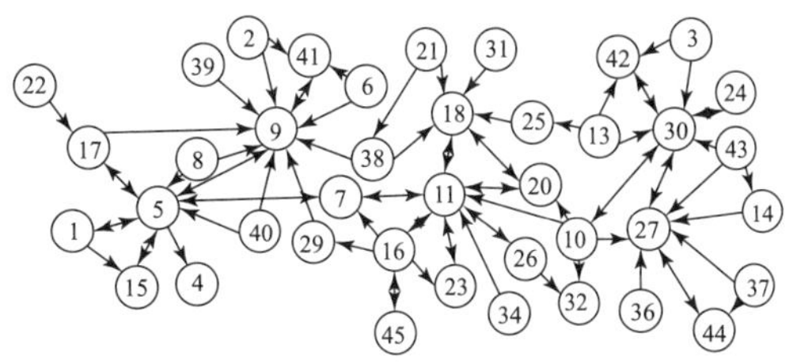
大 V① 一般指在微博上十分活跃、有着大群粉丝的用户。“V”（Verified）指用户已通过认证，经微博身份认证的账户名后会显示“V”字符。大 V 拥有百万计甚至千万计的粉丝，可能成为微博“意见领袖”，带动微博用户活跃度。如果大 V 把未经核实的谣言随意转载引用，则将推动谣言快速传播。反之，如果大 V 有良好的大局意识，勇于担当，积极作为，则有利于营造清朗的网络空间。
例如，自新冠疫情暴发以来，社会公众对疫情相关信息密切关注。在疫情中，科普和健康垂直领域的大 V 积极分享专业知识，有效加强了用户的心理防疫和科学防疫，共同构成中国抗疫战役中的科普防线。
2020 年，重庆市渝北公安分局结合疫情期间公安民警的真实工作视频制作的 MV，被多个新浪微博大 V 账号转发，令最美逆行者的故事广为传播，引发强烈反响。</td></tr>
</table>

① 源自百度百科词条：网络大 V。

续表

<table>
<tr>
<td>本节课教学设计</td>
<td>
2020年疫情之下科普类大V发挥重要作用

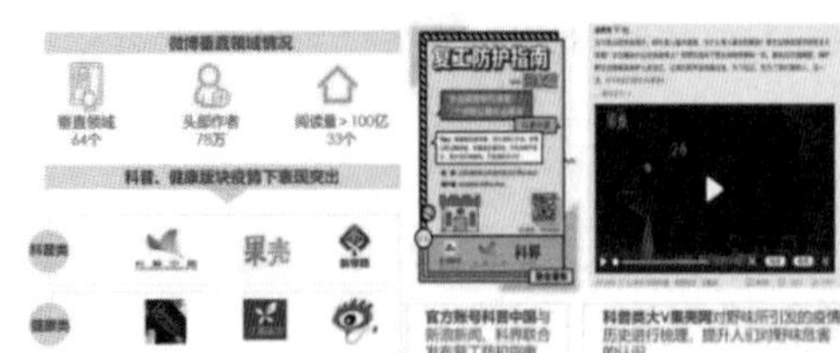

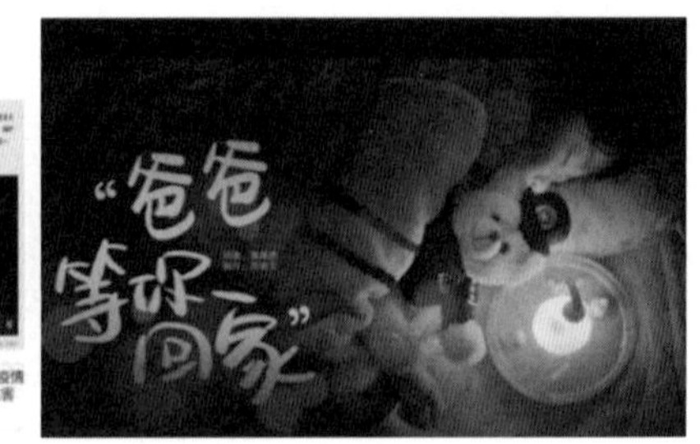

社会网络①（Social Network）分析中有一个度中心性（Degree Centrality）指标，是刻画结点中心性（Centrality）的直接度量指标之一。
度中心性②：一个结点的度越大，意味着该结点的度中心性越高，其在网络中就越重要。例如，用户 u1 有 20 个微信好友，u2 有 50 个微信好友，则 u2 的度中心性大于 u1，其社交圈子可能更广。
显然，本例问题描述的是无向图的情形，如是有向图，则需考虑出度和入度问题。
综上，本实验任务如下：
本实验要求对一个给定的社交网络图，找到并输出其中的大 V 结点。
（1）不妨以度中心性为指标，确定网络大 V：考虑社会网络是微博（故为有向图），度中心性指计算结点的入度。
（2）如果某结点的入度在网络中排名前 10，则该结点是大 V 结点。
（3）对输出形式无特殊要求，输出大 V 结点的 ID 即可。
（4）数据来源：http：//www. sociopatterns. org/datasets/The data set gives the contacts of the students of nine classes during 5 days in Dec. 2013。
（5）不妨用邻接矩阵来存储图。由于是有向图，因此矩阵非对称。
2. 拓展问题
你认为应该如何比较用户 u 在微博和微信上的度中心性？
提示：如果微信与微博的人数规模相当，则可以直接比较，但如果用户数存在规模差异，则需考虑去规模化问题，即标准化度中心性。
3. 思考题
（1）思考网络大 V 可能对社会，尤其是社交网络中的青少年群体起到什么样的作用。
（2）社交网络中的青年大学生应该如何看待网络大 V 对自身的影响？
（3）你认为青年大学生应该如何维护清朗的网络空间？
4. 实验结果要求
学生应在实验后编写实验报告，主要包含以下内容：
（1）算法概述。
（2）实验重点及难点。
（3）实验结果（实验测试描述及运行结果记录）。
</td>
</tr>
</table>

① 最初对社会网络感兴趣的是英国著名的人类学家布朗（Radcliffe Brown）。他在对社会结构的关注中，以相对非技术的形式提出了“社会网络”（Social Network）的思想。

② 社交网络分析中重要指标：https：//blog. csdn. net/weixin_ 43841231/article/details/100114506。

续表

<table>
<tr><td rowspan="1">本节课教学设计</td><td>（4）实验方案分析（实验设计的优点、不足、时空开销等分析）。
（5）拓展问题分析（对于拓展问题，简述你的观点）。
（6）思考题分析（任选一个思考题，简述你的观点）
（三）教学方法
以学生为主体，进行分组研讨实验。
（1）教师发布本实验任务书。
（2）学生自由分组，以 2 人为一组。
（3）学生讨论、查阅资料完成实验任务，并撰写实验报告。
（4）教师进行巡视、答疑，旁听各小组讨论情况，并参与讨论。
（四）融入课程思政教学方法或形式
1. 设置综合性实验内容，引起学生共鸣
（1）本例实验的知识和技术要素为“构建无向图并实现其基本操作”，将知识和技术封装为一个应用问题“计算和发现网络中的大 V 结点”，令实验成为综合性实验。
（2）在问题背景中引入“社交网络”“网络谣言”“新冠疫情”等内容，通过贴近计算机学生的平台、应用场景，和富有时代背景的热点问题，融入工程与社会观、文化自信等元素，引起学生的兴趣和共鸣。
2. 设置多样的学习任务，全过程培养综合素质
本例实验一是要求学生自主查阅、了解和使用主流社交网络平台，阅读案例脚注资料，拓宽视野，培养自主学习能力；二是设置“拓展问题”，是无标准答案的开放性问题，要求学生以探究的方法完成，培养求实、严谨的科学精神；三是设置“思考题”，包括“青年大学生应如何看待网络大 V 对自身的影响”等，培养正确的价值观，塑造工程与社会观。
3. 通过反思总结，巩固思政成效
本例实验要求学生撰写实验报告，除描述解题方案，还要求对“当代青年应如何主动维护风清气正的网络空间”等问题进行简述，通过归纳、总结，促进学生反思，达成思政目标。</td></tr>
<tr><td>课程思政元素</td><td>科学思维、社会责任、创新精神、文化自信。</td></tr>
</table>

四、课程思政融入效果

据最近一期课程问卷，学生对基于案例的实验教学方法普遍认同。76.5% 的学生认为实验案例“有助于培养我的探究精神；66.5% 的学生认为“让我能更多地思考青年与国家科技发展的关系”；76.3% 的学生认为“让我能更多地关注计算机及其相关领域知识”。大部分学生认为通过实验，自己的“科学精神”“工程与社会观”等显著提升。

五、教学反思

1. 教师需深刻认知课程思政的内涵，系统性地更新教学资源

工程应用型人才的能力和素质，含“技术要素”和“非技术要素”两方面。其中，“非技术要素”要求课程培养学生正确的价值观、家国情怀、职业规范、科学精神等，这正体现了课程思政的内涵。

为落实课程思政，应系统性更新教学资源，包括教学大纲、课件、教案、作业、案例，以及其他辅助性学习资源等。对专业课程，其单一教学资源中的思政元素不宜过分求多，但应将思政元素融入教学各环节，以潜移默化的氛围育人。

2. 思政元素应以贴近实际的方式呈现，要求提升教学内容的广度

例如，数据结构课程设置了“谁是社交网络大 V”“中国地图四染色”“搜索引擎小 MARS”等实验案例，将课程知识和思政元素以贴近学生学习、生活实际的方式呈现。这要求任课教师不断拓展视野，立足时代前沿，丰富教学内容。

3. 思政元素应融入多个教学环节，师生双向奔赴

课程思政的元素应融入教学内容、学习任务中，也应在学习成果中体现，包括结课问卷调查等，令学生主动参与课程思政，提升其获得感。

学术英语课程思政教学案例

外国语学院　姜有为

一、课程基本信息

<table>
<tr><td>课程名称</td><td colspan="3">学术英语</td></tr>
<tr><td>课程性质</td><td>公共基础课</td><td>学科门类</td><td>文学</td></tr>
<tr><td>学分</td><td>3</td><td>授课对象</td><td>大二本科生</td></tr>
<tr><td>学时</td><td>48（理论 32，
实践 16）</td><td>授课方式</td><td>线上线下混合式</td></tr>
<tr><td colspan="4">课程简介</td></tr>
<tr><td colspan="4">学术英语是为非英语专业本科生大二学生所开设的一门公共基础课。修学本课程需要学生达到提高阶段英语学习的能力，修完大学英语 4 或达到同等英语水平（CET4 级或以上）。
本课程的教学目的在于提高学生的语言技能、学术技能和学术素养，为学生借助英语拓展自身专业发展提供条件，如直接使用英语从事本专业工作，或者继续深造学习、进行学术研究。
本课程以课本教材为基础进行语言教学，根据学生自身的专业背景和学术兴趣选定研究课题，结成小组团队，围绕项目进行资料搜索、阅读、论文写作。主要教学任务是讲授学术英语的语言特点、文体结构以及相关英文文献的阅读、综合、写作的方法和技巧。
通过本课程的学习，学生形成较为完整的学术思维，掌握学术英语的专业性和规范性，同时进一步提高阅读理解和综合分析能力（如记笔记、引用、信息转换、总结等）；通过阅读真实的语言素材，扩大专业英语词汇量，开阔学术视野和思路；熟悉学术文体的写作规范。</td></tr>
</table>

二、教学目标

<table>
<tr><td>知识目标</td><td>（一）Enhancing language ability
（1）Help students to understand the essay：Using Interactive Technology to Support Students' Understanding of Greenhouse Effect and Global Warming。
（2）Help students to understand and translate the following long and difficult sentences by analyzing sentence structures。
（3）Have an insight in “Greenhouse Effect and Global Warming”。</td></tr>
</table>

续表

知识目标	（二）**Academic Writing：Searching for external sources** （1）Explain the general methods for searching for sources。 ①using the term（such as people's understanding of radiation）as key words in electronic searches or library searches。 ② locating potentially appropriate and relevant source（titles，contents，introductions，abstracts）。 ③reading them quickly and decide which ones are most relevant to your topic。 ④evaluating the usefulness and reliability by comparing and contrasting those sources。 （2）Ask students to do source research in class on " English for academic purposes" 。 （3）Introduce the three rules of evaluating a reliable source。 （三）**Literacy Skills：Paraphrasing** （1）Introduce the definition of "paraphrasing" 。 （2）Make a comparison between paraphrasing and summarizing。 （3）Introduce and explain the ways of paraphrasing。 （4）Introduce "plagiarism in disguise" in paraphrasing and help students to avoid unconscious academic dishonesty。
能力目标	（1）英语综合运用能力。 （2）阅读理解能力。 （3）英语资料查找与阅读能力。 （4）课堂报告能力。
课程思政育人目标	（1）了解我国"双碳"目标的含义与背景。 （2）了解温室效应与全球变暖相关的知识。 （3）运用英语知识，检索英语文献，借鉴国外节能减排的经验，助力我国实现碳中和目标，共建地球村。 （4）结合实际案例和数据分析，让学生深刻认识我国为实现改善空气质量，增强人民幸福感的目标所作出的巨大努力和取得的重大进展及积极成效，加深对我国大气生态环境治理的责任感和自豪感，从而达到培养科学思维、弘扬社会主义核心价值观和爱国情怀的目标。

三、教学设计

案例名称	温室效应和全球变暖		
授课章节	Unit 2 *Using Interactive Technology to Support Students' Understanding of Greenhouse Effect and Global Warming*	学时	4

续表

<table>
<tr><td>本节课教学目标</td><td colspan="3">课程思政旨在帮助为学生树立正确的“三观”，但学术英语课堂仍需依托语言知识点，从教学资料原有的内容延伸至思政元素，这一过程需要教师巧妙地过渡，因此明确指导环节必不可少。

图1 明确指导与思政契合点的引入

以全球热点问题为切入点，结合我国实际情况和案例，讲解应对生态环境问题的科学方法和有效政策；聚焦全球变暖问题，让学生“读中学、问中学、动中学、练中学”，在课程学习中塑造学生保护环境的良好价值观；本次课程以案例教学为载体，综合运用启发式和参与式教学等方式，以帮助学生理解消化知识点和铸牢社会主义核心价值观。</td></tr>
<tr><td rowspan="5">本节课教学设计</td><td>教学环节</td><td>教学内容</td><td>课堂思政目标</td></tr>
<tr><td>课前准备1：词汇学习</td><td>通过“微课视频”线上学习“环境与气候”主题词汇。</td><td>了解环境与气候主题相关的背景知识。</td></tr>
<tr><td>课堂阶段1：思政文献阅读活动</td><td>碳中和，中国在行动。</td><td>了解中国“双碳目标”的内容与背景。</td></tr>
<tr><td>课堂阶段2：文章阅读与讲解</td><td>讲解文章：Using Interactive Technology to Support Students' Understanding of Greenhouse Effect and Global Warming。</td><td>了解我国实现“碳中和、碳达峰”目标的原因与背景，即温室效应与全球变暖的背景知识。</td></tr>
<tr><td>课堂阶段3：学生课堂报告</td><td>学生以“节能减排的国外经验”为主题，运用英语知识，检索英语文献，最后一节课作课堂报告。</td><td>借鉴国外节能减排的经验，助力我国实现碳中和目标，共建地球村。</td></tr>
<tr><td>课程思政元素</td><td colspan="3">科学思维、社会责任、环保意识。</td></tr>
</table>

四、课程思政融入效果

（一）教学案例1：思辨能力和思政教育相结合

中国工程院院士李培根在华中科技大学发表关于“批判性思维”的主题演讲。李培根院士说：“马克思主义的精髓就是批判性思维，没有批判性思维实际上就不会有马克思主义。所以批判性思维是马克思主义的重要思维方式，当然也是马克思的重要精神。”批判性思维能力的培养是大学英语教学的一项重要任务。而学术英语课堂为学生提供平台进行思辨，教师融入思政元素，可以达到立德树人的目标。

对于《学术英语（理工）》第二单元的课文 *Using Interactive Technology to Support Students' Understanding of Greenhouse Effect and Global Warming*，教师引入的思辨问题是：面对全球变暖和环境保护的问题，我们个体如何平衡自然和可持续发展的关系？环境问题不仅是科学问题，也是和我们每一个人都息息相关的伦理道德问题，我们每个人应如何正确地面对？当真正出现这些问题的时候，应当承担什么样的责任？作为新时代的大学英语教师，可以有技巧地、非常灵活地去提问并引导学生辩证地思考，不仅可以培养学生的思辨能力，也把德育有效融入大学学术英语课堂。

（二）案例 2：将语言教学与思想政治教育有机结合

结合《学术英语（理工）》第二单元的课文主题“温室效应和全球变暖”有意识地挖掘其中的思想政治教育资源。本单元讲述了应对气候变化，普通人能做些什么，作者给出的答案是：气候变化可能是一个大问题，但是我们仍然可以做许多小事来影响它。只要我们努力，我们大部分人都能为减少温室气体排放出一份力。教师在讲这篇文章之前，可以将学生分成几个小组，要求学生收集与课堂教学内容相关的图片及词组，以激发学生的课堂学习兴趣，为课堂教学工作的高效实施及开展做好充足的准备工作。同时，这也是一次很好的德育教育过程。在搜集素材的过程中，学生可以了解到环境问题的严重性、环境保护的必要性和急迫性，意识到保护环境是一种义不容辞的责任。讲授完文章之后，又可以让学生讨论并用英语表述我们普通人可以从自己身边的哪些小事做起来保护环境，应对气候变化。最后教师也发表自己的看法：一个人的行为可能不会导致气候的变化，但是很多人共同出现的行为会在很大程度上影响气候的变化。如果在生活当中不注意的话，即使是无心之失也会酿成大错。比如，对路边的垃圾桶视而不见，随手扔垃圾，这种行为是非常恶劣的，先污染空气，再污染土地，然后污染防治还需要耗费很多钱。汽车尾气也是非常严重的一个危害。汽车尾气排放出来的都是二氧化碳，而城市树木绿植的面积相对比较小，对于二氧化碳的处理不是很及时，对于空气的危害最直接的就是温室效应，导致全球变暖、冰川融化以及海平面上升。所以，保护环境不是一个人或者某个组织的责任，这是我们人类共同的责任，如果我们每个人都能够注意这些日常细节，每个城市都能进步一小步，人类将进步一大步。只有充分尊重自然规律，自然才会尊重我们。尊重大自然，我们每个人努力学会从身边小事做起。例如，“尽量少排放生活废气；能坐公交车就不要开私家车；能几个人凑一辆车就不要各开一辆；用完电灯、电视或电脑随手关闭；多使用节能灯……”这些“小活动”可能只是举手之劳，也可能会带来小小的“不爽快”，却是为保护大自然，同时也是为保护我们自己的生活环境尽了一份力。这样，学生不仅学习了与“环境”有关的英语新词汇、新词语和新的句型，提高了英语语言的表达能力，同时又接受了保护环境的教育，实现知识传授、能力提升与思想熏陶、价值引领相互交融、相得益彰，将思想政治教育润物细无声地渗透到英语课程的教学中，实现课程思政的教学目标。同时，通过小组活动对学生进行了团队精神与协作意识的培养。

（三）案例 3：在英语课程小组任务中内化思政元素

《学术英语（理工）》第二单元的课文 *Using Interactive Technology to Support Students'*

Understanding of Greenhouse Effect and Global Warming 分析了全球变暖的原因、影响以及解决方法。但是解决方法部分作者一笔带过，留给读者很大空间。由此，布置任务给学生：拍摄一个视频，面对全球变暖我们能够做什么。在任务布置之前，老师带领学生一同了解，面对全球变暖等生态问题，全世界已经有哪些行动，带领学生阅读 China Daily 网页版，了解世界对于碳中和与碳达峰的承诺、在昆明召开的世界生物多样性大会上提出的提倡企业带头为生态保护提供支持以及我国在这方面的成就、在山西太原召开的能源低碳发展论坛上提出氢燃料的使用等，帮助学生打开全球视野，站在人类命运共同体的高度来思考解决问题，做有责任感的世界公民；内化天人合一、人与自然和谐相处的中华智慧，增进爱国情怀；了解家乡能源问题，为地方经济献计献策。

（四）案例 4：提升思辨能力，增强责任意识

背景介绍：《学术英语（理工）》第二单元的课文讲到气候变暖是当前最热的全球性环境问题，为了缓解气候变化，国际社会通过各种努力制定了一系列措施，例如常常听到的《联合国气候变化框架公约》、《京都议定书》、《巴黎气候协定》、联合国政府间气候变化专门委员会（IPCC）评估报告等。这些政策提出的背景是什么？它们之间有什么关系？我国最新提出的“双碳”目标和这些国际政策又有什么关联？

思政知识点讲解：联合国政府间气候变化专门委员会发布基于科学家和决策者评议的全球气候变化报告，为气候谈判提供科学依据。1991 年的《联合国气候变化框架公约》开启了全球关于气候变化的国际谈判。随后的《京都议定书》、《巴黎气候协定》等都是《联合国气候变化框架公约》缔约方会议在不同年份提出的具有影响力的政策文本。我国“双碳”目标是基于《巴黎气候协定》提出的国家自主贡献，向全世界展示了应对气候变化的中国雄心和大国担当，使我国从应对气候变化的积极参与者、努力贡献者，逐步成为关键引领者。

1. 保护环境，从我做起

生态文明已正式写入我国《宪法》，习近平总书记在十九大报告中也强调：“我们要牢固树立社会主义生态文明观，推动形成人与自然和谐发展现代化建设新格局，为保护生态环境作出我们这代人的努力！”“绿水青山就是金山银山。”

全球变暖与环境保护有着密切的关系，全球变暖最主要的原因是温室效应，而温室气体的排放则是形成温室效应的“罪魁祸首”，尤其是 CO_2 的排放。森林的光合作用，发挥了“碳汇”的作用；由于木材等林产品的燃烧分解，即向环境中释放碳，此时则为“碳源”的作用。讲到这里就可以有意识地提示学生逐步树立保护环境的意识，认识环境现状，解决环境问题，也要让学生深刻感悟到保护环境就是保护人类自己。这不仅仅是一句口号，保护环境要从我做起，进而影响身边人，也要从现在做起，从日常饮食、购物等生活的点滴做起，号召大家共同建设我们的“美丽中国”。

2. 深刻阐释气候变化问题的实质，充分认识中国提出碳达峰和碳中和目标的责任担当

随着全球温室气体排放持续加速，全球气候变暖情况加剧。中国与国际社会共同努力、并肩前行，助力《巴黎气候协定》行稳致远，为全球应对气候变化作出更大贡献。

教学中，一是讲清楚全球日趋紧迫的气候变化形势。气候变化是当今时代的“根本性问题”，受其影响全球极端天气灾害频发，给有关国家经济社会发展和人民生命财产造成巨大损失。

二是讲清楚气候变化不仅是环境问题，更是发展问题。只有在可持续发展的框架内加以统筹，倡导绿色、低碳、循环、可持续的生产生活，才可能得到根本解决。

三是讲清楚中国提出碳达峰，碳中和目标的庄严承诺是大国担当和对世界的贡献。中国通过不断强化自主贡献目标、坚定走绿色低碳发展道路、加大温室气体排放控制力度等措施，推动中国应对气候变化实践不断取得新进步，这是对世界应对气候变化作出的中国贡献。中国作为世界上最大的发展中国家，将完成全球最高碳排放强度降幅，用全球历史上最短的时间实现从碳达峰到碳中和。与发达国家相比，中国面临着更多困难、更严峻的挑战、更大的压力，也更体现了作为负责任大国的担当。

教学中要引导学生认识气候变化带给人类的挑战是现实的、严峻的、长远的，认清关于气候变化的“阴谋论”“谎言论”和“甩锅论”的实质，理解全球气候治理不是零和博弈，而是关乎全人类利益的大事，国际社会应当携起手来，共同构建地球生命共同体，共同建设清洁美丽的世界。

五、教学反思

本单元教学目的明确，能针对学术英语课文特点和学生实际确定适度的要求；突出课程思政元素在教学目标中的地位，关注学生学情，注意面向全体及兼顾学生差异。课前深入分析教材，挖掘教材内容中蕴含的关于“温室效应和全球变暖”的思政教育元素，并结合国际社会中做法及态度做好充分准备。

教学过程中教学形式多样，大部分学生态度积极、思维活跃，师生间气氛和谐。

教学观念新，教学策略与方法选取得当且多样，重视引导学生独立思考，主动在合作交流中理解掌握知识技能，在潜移默化中内化思政教育，并能够恰当合理地使用现代教育技术开展多种教学活动。

材料加工冶金传输原理课程思政教学案例

材料科学与工程学院　王新鑫

一、课程基本信息

课程名称	材料加工冶金传输原理		
课程性质	专业必修课	学科门类	工学
学分	2	授课对象	大二本科生
学时	32（理论32）	授课方式	线上线下混合
课程简介			
材料加工冶金传输原理是焊接技术与工程专业的专业必修课。课程描述材料加工和冶金过程中的传输现象，并结合学科发展前沿，介绍在新技术中的应用实例，主要内容包括流体静力学、流体动力学、热量传输的概念和描述、质量传输基本概念和基本方程及其应用。通过本课程的学习，学生能够掌握材料加工冶金过程中动量、质量和能量传递的基本原理、处理问题的基本思想，学会用传输过程基本原理分析材料加工中的传输现象，了解动量、质量和热量传输方程的数值求解方法及其在材料加工传输过程中的应用，为后续课程的学习奠定基础。			

二、教学目标

知识目标	（1）掌握静止流体中压力的变化规律，并学会分析相关的现象。 （2）用静止流体中压力变化的公式进行相关问题的计算分析，得到正确的结果和结论。
能力目标	学会理论和实际相结合，用静止流体中压力变化的规律初步分析并解决工程中相关的实际问题，并得到正确的结论。
课程思政育人目标	通过在课程中结合“蛟龙”号、“奋斗者”号等大国重器的设计与制造技术关键问题，讲述我国深海探测事业的发展及国家的国土安全等，体现“大国重器”价值观，让学生明白科技强国的重要性。鼓励学生善于思考、勤于分析，将理论和实际相结合。建设成世界强国，更加需要我们瞄准世界科技前沿，面向国家重大需求，激发学科兴趣，增强创新活力。同时，在这些举世瞩目的成绩背后，凝聚了科学家们严谨求实、团结协作、拼搏奉献的精神。引导学生在学习过程中发挥团结协作、迎难而上的奋斗精神，确立追求卓越、勇攀高峰的科学态度。

三、教学设计

<table>
<tr><td>案例名称</td><td colspan="3">静止流体中的压力变化</td></tr>
<tr><td>授课章节</td><td>第一章第五节</td><td>学时</td><td>2</td></tr>
<tr><td>本节课
教学目标</td><td colspan="3">
（一）知识目标
（1）掌握静止流体中压力的变化规律，并学会分析相关的现象。
（2）用静止流体中压力变化的公式进行相关问题的计算分析，得到正确的结果和结论。
（二）能力目标
学会理论和实际相结合，用静止流体中压力变化的规律初步分析并解决工程中相关的实际问题，并得到正确的结论。
（三）课程思政育人目标
通过在课程中结合“蛟龙”号、“奋斗者”号等大国重器的设计与制造技术关键问题，讲述我国深海探测事业的发展及国家的国土安全等，体现“大国重器”价值观，让学生明白科技强国的重要性。
</td></tr>
<tr><td>本节课
教学设计</td><td colspan="3">
（一）知识点引入
从先秦时代的屈原发出《天问》，到如今“天问”一号探测火星，到“蛟龙”号开启深海探测（如图 1 所示），“奋斗者”号深入万米海底，我们对自然的叩问和探索从未止步！数万米深的海底，到底有什么新的物种？新的地质形态？一切新的发现都能帮助我们进一步认识地球的环境，生物和地质的演化。如果这些太过遥远而在我们的有生之年也不一定有答案，那么从我们能见到的角度讲，深海探测，有可能发现新的物质和资源，或许其中有我们需要的新材料、新能源、新物种等，对科技的进步、国家的发展，也有着非常重要的现实战略意义。

图 1 “蛟龙”号潜海
深海蕴藏着丰富的资源，载人潜水器是深海开发的重要工具。“蛟龙”号载人潜水器项目于 2002 年立项，2008 年完成设备研制工作，是“十五”期间“863”重大专项“7000 米载人潜水器”的成果，其设计最大下潜深度 7000 米，最大下潜深度达到 5188 米，标志着我国深海载人技术已达到国际先进水平，可与美、法、俄、日比肩。“蛟龙”号载人潜水器是我国首台自主设计、自主集成研制的作业型深海载人潜水器，也是目前世界上下潜深度最大的作业型载人潜水器。“蛟龙”号可在占世界海洋面积 99. 8% 的广阔海域中使用，对于我国开发利用深海资源有着重要意义。
</td></tr>
</table>

续表

本节课教学设计

深海探测需要借助于深海探测器，那么深海探测器进入深海需要满足什么条件？首先需要解决的问题是什么？而这些问题与本节课的内容——静止流体中压力的分布密切相关。

（二）知识要点

1. 静止流体中压力分布的规律

重力场中，如图 2 坐标系所示，p_0 为液面上的压力，z_0 为液面高度，z 为液面以下位置的高度，h 为距离液面的深度。由于

$$\frac{\partial p}{\partial z} = -\rho g$$

其中，p 为压力，ρ 为流体密度，g 为重力加速度。积分得：

$$p - p_0 = -\rho g(z - z_0)$$

即：

$$p = \rho g(z_0 - z) + p_0 = \rho g\Delta h + p_0$$

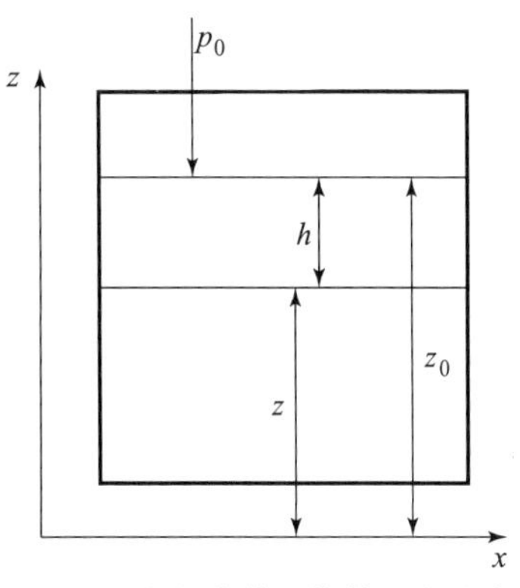

图 2 重力场中的流体静压力分布

上式称为流体静压强基本公式。可见，静止流体液面以下的压力随着深度增加呈现线性增加的变化规律。

2. 几点推论

（1）深度相同的点压强相等，因此等压面为水平面。

（2）流体中任一点的压强随着深度按照线性变化。

（3）平衡状态下，自由液面上压强 p_0 的任何变化都会等值地传递到流体的各个质点。这就是水压机、液压传动等装置的基本原理。

3. 静止流体中压力的计算

如图 3 所示，有一边长为 0.6 m 的立体方储水容器，上表面开口接长 30 m、直径 25 mm 的管道，当容器充满水且水面与上管口平齐时，试计算容器底部受到的压力。

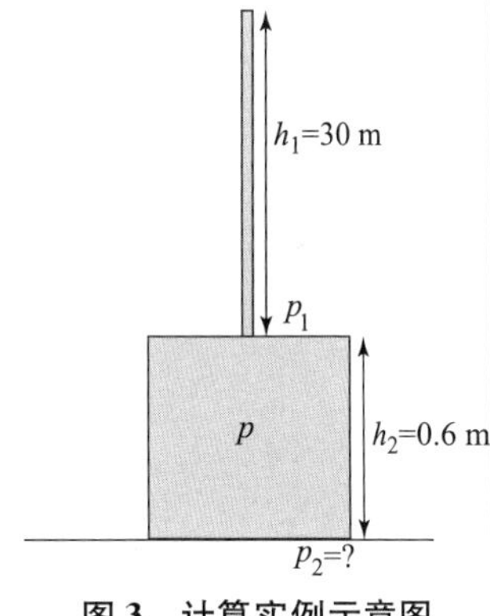

图 3 计算实例示意图

提示：应用流体静压力变化公式计算。

（三）互动讨论与课堂练习

“奋斗者”号是中国研发的万米载人潜水器，于 2016 年立项，由“蛟龙”号、“深海勇士”号载人潜水器的研发力量为主的科研团队承担。2020 年 6 月 19 日，中国万米载人潜水器被正式命名为“奋斗者”号（如图 4 所示）。

2020 年 10 月 27 日，“奋斗者”号在马里亚纳海沟成功下潜突破 1 万米，达到 10 058 米，创造了中国载人深潜的新纪录。2020 年 11 月 10 日在世界上最深的海沟马里亚纳海沟成功下潜，实现在马里亚纳海沟成功坐底，深度达到 10 909 米。

假设水平面上的大气压为 0（表压），如果忽略海水密度随深度的变化，且假设 $\rho = 10^3\ \mathrm{kg/m^3}$，试估算在“奋斗者”号下潜的 10 058 米处，壳体受到的静水压力为多少（单位：atm）？

$$p = p_0 + \rho g\Delta h = 0 + 1\,000 \times 9.8 \times 10\,058 = 98\,568\,400\ (\mathrm{Pa}) \approx 973\ (\mathrm{atm})$$

续表

<table>
<tr><td>本节课
教学设计</td><td>

图 4 “奋斗者”号载人潜水器

可见，经过简单的估算，得到“奋斗者”号壳体至少需要承受 973 个标准大气压的压力，如果考虑海水密度的变化，这个压力要更大！从潜水上来讲，人体大约承受的最大压力是 18 个标准大气压。因此，对深海探测而言，壳体超强的耐压能力是首先需要解决的问题！如果抗压不够，壳体会在深海中被压得粉碎，遑论载人下潜了。
而如何达到如此之高的抗压能力，就需要材料科学和工程等方面的知识了。除此之外，下潜的动力系统、壳体的制作、控制系统等一系列问题都需要解决。因此，举世瞩目的成绩背后，无不凝聚了所有参与人员的团结协作和拼搏奉献。</td></tr>
<tr><td>课程思政
元素</td><td>家国情怀、科学思维、工匠精神、创新精神、社会主义核心价值观、追求真理的科学观。</td></tr>
</table>

四、课程思政融入效果

（1）与实际案例结合，使学生的学习兴趣和积极性增强，同时对知识点的理解更容易，也更加透彻。

（2）学生进一步了解与所学知识点密切相关的技术前沿和我国在相关领域取得的科技创新成就，增强了民族自信心和自豪感。

（3）有助于培养学生严密的科学思维和逻辑思维，形成追求真理的科学观。

五、教学反思

通过将课程思政元素融入教学，学生的学习兴趣明显增强，学习效果显著提高；通过思政案例，将所学理论和实际应用相结合，进一步加深了对所学知识点的理解。同时，学生了解到人类科技发展的前沿，认识到国家科技进步的重要性，更加坚定了认真学习本课程和本专业的信心，增强了爱国热忱和民族自豪感。课程思政的融入对专业基础课的学习是一种行之有效的方法。

“仪器之光”——精益求精的科学精神确定最佳测量方案课程思政教学案例

机械工程学院 程 瑶

一、课程基本信息

<table>
<tr><td>课程名称</td><td colspan="3">误差理论与数据处理</td></tr>
<tr><td>课程性质</td><td>专业必修课</td><td>学科门类</td><td>工学</td></tr>
<tr><td>学分</td><td>3</td><td>授课对象</td><td>大二本科生</td></tr>
<tr><td>学时</td><td>48（理论 40，实践 8）</td><td>授课方式</td><td>线下</td></tr>
<tr><td colspan="4">课程简介</td></tr>
<tr><td colspan="4">本课程是学校测控技术与仪器专业的专业必修课，该课程开设于大二下学期，是解决信息处理及分析的基础理论课程。课程以误差基础理论、数据处理方法为主要教学内容，包括误差概念、误差的基本性质与处理、误差合成与分配、测量不确定度、线性参数的最小二乘法处理、回归分析。通过学习本课程，学生能够运用误差理论和基本误差模型对测量领域复杂的误差产生及消除进行分析；以正确的科学态度及职业规范，科学客观地评价测量结果；完成测试与实验方案的合理设计，实现复杂工程问题中不同类型误差及不确定度的合成与分配，具有测量工程问题的研究和精度评价能力；具有良好的伦理责任感，以求真、务实、敬业、精益、专注、创新等科学精神的伦理规范完成工程项目。
本课程以国际 OBE 理念顶层设计，构建以学生为中心、工程能力突出的课程循环体系。挖掘本校学科特色及科研成果，将科学伦理价值观拆解成伦理责任、伦理规范两层体系，映射教学内容。以本学科的重要科研成果时栅位移传感器为主线，“四见时栅”形成思政教育专题，讲述中国仪器制造的高光时刻，形成“仪器之光”的育人特色。</td></tr>
</table>

二、教学目标

知识目标	能够运用误差理论和基本误差模型对测量领域复杂的误差产生及消除进行分析；以正确的科学态度及职业规范，科学客观地评价测量结果。
能力目标	完成测试与实验方案的合理设计，实现复杂工程问题中不同类型误差及不确定度的合成与分配，具有测量工程问题的研究和精度评价能力。
课程思政育人目标	具有良好的伦理责任感，以求真、务实、敬业、精益、专注、创新等科学精神的伦理规范完成工程项目。

三、教学设计

<table>
<tr><td>案例名称</td><td colspan="3">“仪器之光”——精益求精的科学精神确定最佳测量方案</td></tr>
<tr><td>授课章节</td><td>第 3 章第 7 节</td><td>学时</td><td>2</td></tr>
<tr><td>本节课
教学目标</td><td colspan="3">（一）知识目标
掌握间接测量方法以及测量方案中误差合成公式的应用，理解最佳测量方案的确定原则，掌握最佳测量方案确定的各种方法。
（二）能力目标
针对误差合成公式对测量方案的影响，启发分析最佳测量方案考虑因素，探究测量方案中的研究对象及目标，以函数误差公式以及误差传递系数的选择依据，培养方案设计能力。
（三）价值目标
求真、务实、专注、精益求精的科学精神、科学理想、专业志趣、爱国情怀，两个层次的伦理责任及伦理规范的科学伦理价值观。</td></tr>
<tr><td>本节课
教学设计</td><td colspan="3">（一）课堂设计思路
通过提问式教学方法，引出最佳的含义。以学科重要成果时栅位移传感器为例，讲述中国精度、精益求精的团队故事及精神，培养学生伦理责任，以此引出最佳的原则。通过知识回顾间接测量过程中函数误差的计算公式，引出减小误差的方法。通过轴心距案例教学，引导学生选择最佳函数误差公式。通过弓高弦长案例教学，引导学生选择最佳函数误差传递系数。通过课堂练习、分组讨论的实践方式，完成最佳测量方案的应用。
（二）教学重点
最佳测量方案的确定方法。
（三）教学难点
最佳测量方案确定过程中各个因素的考虑以及各种确定方法的选择。
（四）对重点、难点的处理
以学科重要成果时栅位移传感器为引导，突出最佳原则，引导学生正确的伦理态度及规范。采用测量科研案例以及研讨的方式，推导最佳方案的选择及确定方法。
（五）知识要点及思政元素
最佳测量方案的确定：当测量结果与多测量因素有关时，采用什么方法确定各因素，才能使测量最佳。
考虑因素：因为已定系统误差可通过误差修正的方法来消除，所以设计最佳测量方案时，只需考虑随机误差和未定系统误差的影响。
研究对象和目标：研究间接测量中使函数误差为最小，以精益求精的科学精神确定最佳测量方案。
教学内容：最佳测量方案的选取原则、选取步骤与评价标准。
课程思政元素：在设计测量方案时，从科学伦理责任及科学伦理规范的角度出发，以学科团队故事引导学生树立国产仪器设计的使命感。</td></tr>
</table>

续表

<table>
<tr>
<td>本节课教学设计</td>
<td>

（六）融入课程思政教学设计及实施过程

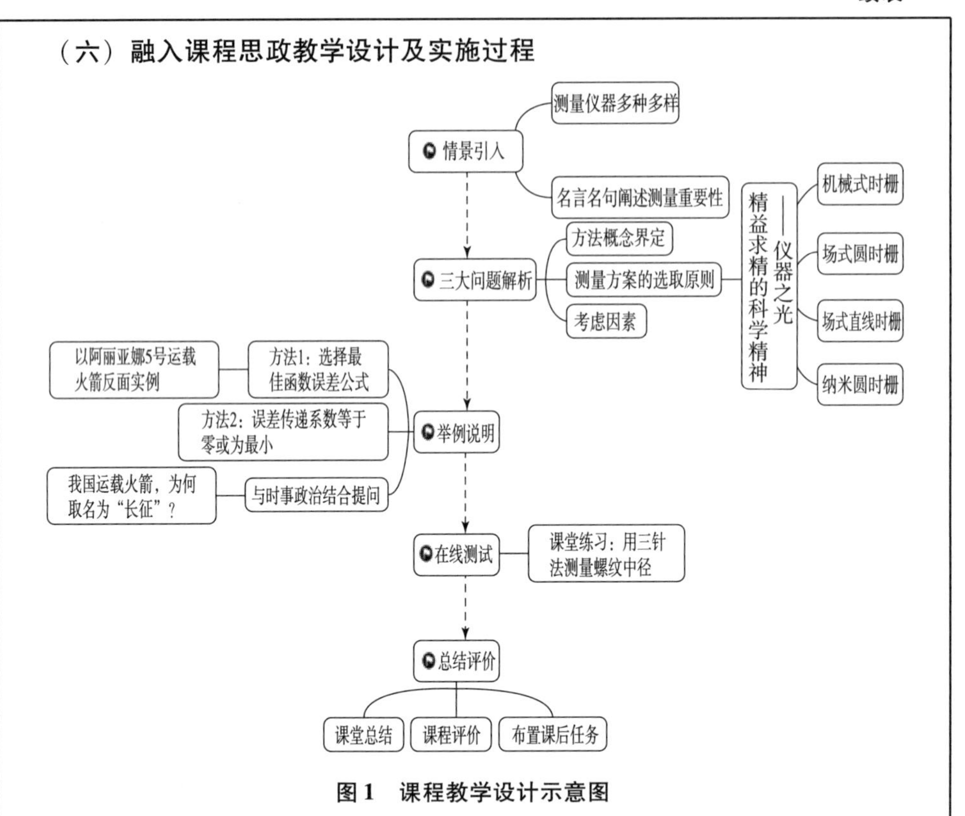

图1　课程教学设计示意图

以最佳关键词为引子，通过提问引出正确的科学伦理规范来对待最佳测量方案。通过古今中国仪器方面的事迹突出中国仪器之光，以《坐标中国》栏目对时栅位移传感器的报道，突出中国精度。以本学科团队的研制精神及发展历史，引出设计最佳测量方案的原则。

图2　教学案例示意图

</td>
</tr>
</table>

续表

<table>
<tr><td>本节课教学设计</td><td>
传统技术采用棱体与平行光管实现角度测量，受加工水平的限制，随机误差比较大。20 世纪 90 年代，在完善机床和武器系统的回转精度测量新型仪器的过程中，国内所有同类测量系统用的都是国外的光栅传感器。光栅测量角度精度较好，却受制于国外技术封锁，这让国内从事"仪器科学与技术"研究的工作者都憋着一口气，想通过自主研究解决工业上的技术问题。

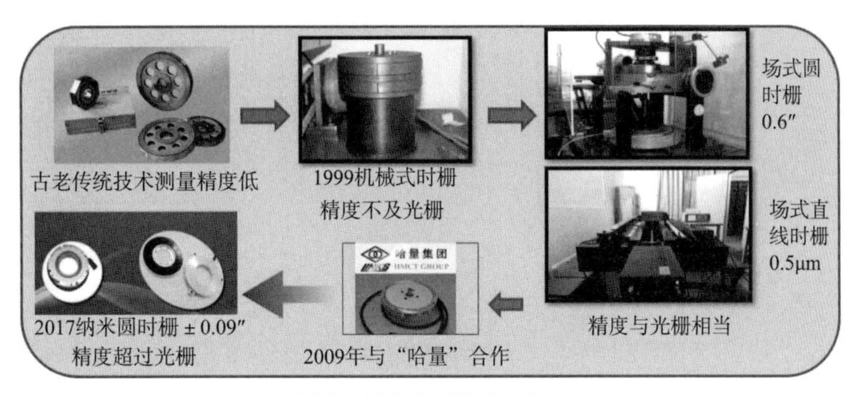

图 3　教学案例设计示意图

在重庆理工大学仪器学科带头人彭东林教授的带领下，"时栅传感理论与技术团队"从 1996 年至今，一直致力于原创性工作——时栅位移传感器的研制开发，以时间测量空间，将空间脉冲信号用时钟脉冲信号进行插补。以此解决进口光栅的制约问题，摆脱对进口产品的依赖。时栅传感器技术获中国专利金奖、国家技术发明二等奖，获批中国重大仪器专项项目，成为中国仪器之光的典型优秀案例。
但团队并没有满足于现状，以精益求精的科学精神，对时栅技术不断优化，寻求最佳设计方案。
1999 年团队研发了机械式时栅传感器，但测量精度不如光栅。在此基础上，团队改进设计方案，开发了场式圆时栅和场式直线时栅。2004 年，完成"时空坐标转换方法与时栅位移传感器"项目，经国家法定权威检测机构——中国测试技术研究院检定，精度达到 0. 8″，超过进口光栅的精度水平。从此，在国外科学家发明的光栅、磁栅、容栅、电栅、球栅等之外，有了一种由中国人发明并拥有完全知识产权的全新原理的栅式传感器——时栅。它彻底摒弃了国外各种传感器的精密刻划工艺，而改由时间脉冲构成测量基准。它与光栅精度相当，成本却只有后者的十分之一。
2009 年团队与哈尔滨量具刃具有限公司合作，在 3906 齿轮测量仪上用时栅传感器替代光栅，并且生产 TRA1460、TRI1420、TRI1460 等各种型号的传感器，广泛应用于电机、机器人、量具与量仪上面。
2017 年刘小康教授主持开发了纳米圆时栅，其精度达到 ± 0. 09″，超越了光栅的精度。这一研究成果，已经打破了国外超精密位移传感器对我国的封锁，并且团队正在向更高精度的方向迈进，"国际领先的仪器之光"已不再是遥不可及的梦想。
2021 年团队与中国通用技术集团合作成立通用技术集团国测时栅科技有限公司，将时栅产品向装备制造业进军，彻底解决国家卡脖子问题。
二十年如一日，几代时栅人以一种锲而不舍、精益求精的精神，一直致力于做中国人
</td></tr>
</table>

续表

本节课教学设计	自己的传感器，不断提高测量精度追求最佳方案，逐渐突破国外产品对我国的技术封锁，以实际行动推动科技成果服务社会。 通过对最佳测量方案设计原则的学习，推导确定最佳测量方案的方法。以案例教学方法，通过箱体零件轴心距设计引出最佳函数误差公式的确定方法。通过弓高弦长测量案例，引出误差传递系数等于零或为最小的确定方法。 $$\sigma_y = \sqrt{\left(\frac{\partial f}{\partial x_1}\right)^2 \sigma_{x1}^2 + \left(\frac{\partial f}{\partial x_2}\right)^2 \sigma_{x2}^2 + \cdots + \left(\frac{\partial f}{\partial x_n}\right)^2 \sigma_{xn}^2}$$ 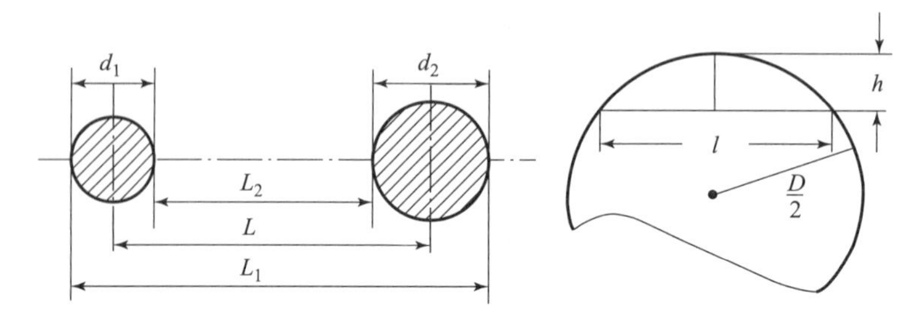 **图 4　独立作业优秀名单** 通过课堂实施、学生主题探讨，进一步加深了学生对建设中国仪器的伦理责任、精益求精的伦理规范的认识。     **图 5　教学过程学生活动示意图**
课程思政元素	科学严谨的专业志趣、专业务实的科学精神、精益求精的科学理想。

四、课程思政融入效果

本课程针对 2019 级测控专业学生实施课程思政，并对全体学生发放了调查问卷，结果显示：近 90% 的学生认为教师授课提到了有关社会主义核心价值观、家国情怀、文化自信、科学精神等相关内容；思政元素中严谨的科学精神、精益求精的科学精神、职业素养位列前三，与课程价值目标一致。对自身思想提高方面的评价，学习目标明确、专业兴趣提升、学习动力提升位列前三，说明课程思政的目标基本达成。通过课程思政实施前后对比，学生课堂氛围评价为优秀的占比提高到50.65%，学习达成评价变化不大。

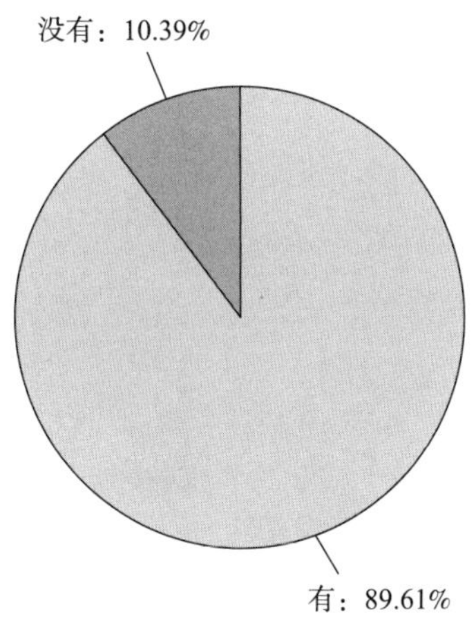

图6 授课是否涉及思政元素

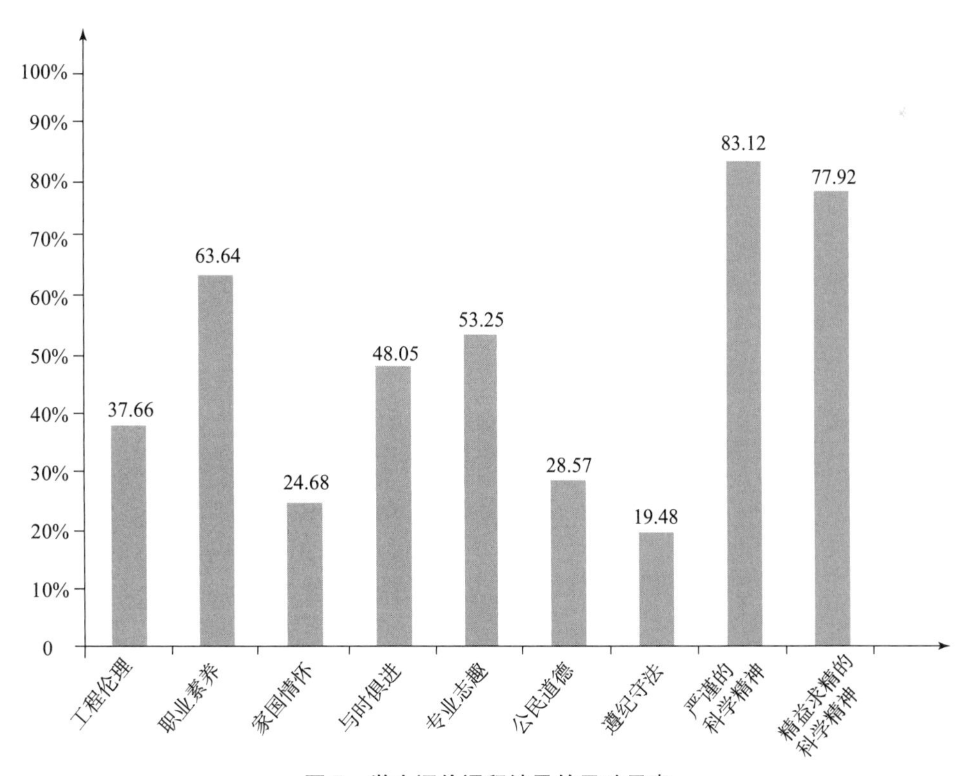

图7 学生评价课程涉及的思政元素

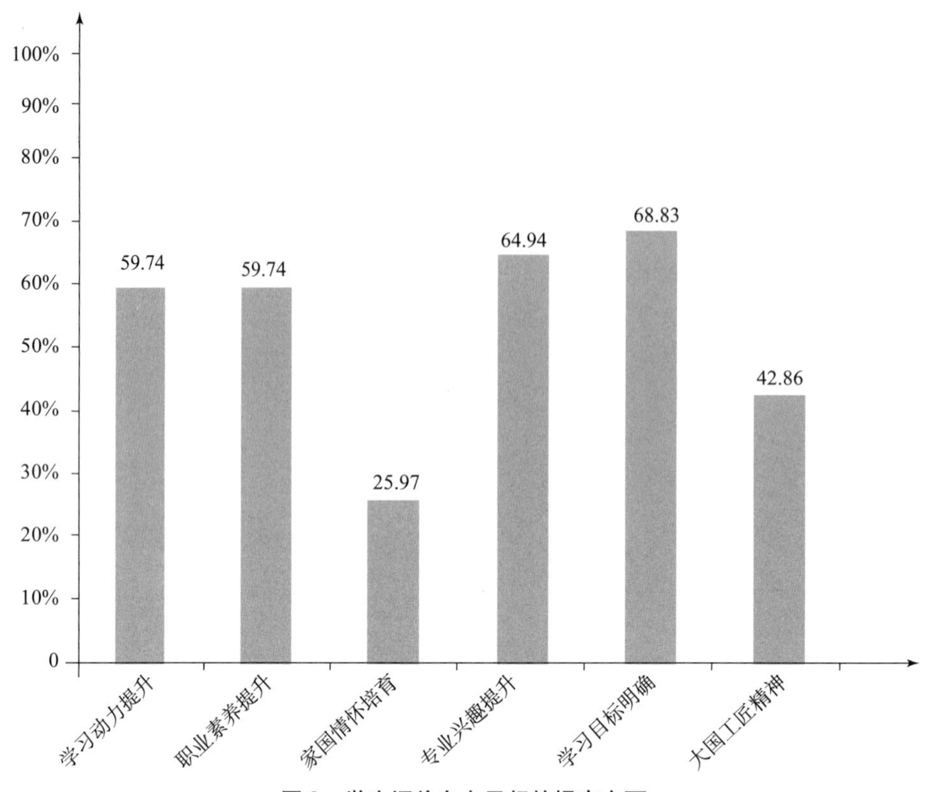

图 8　学生评价自身思想的提高方面

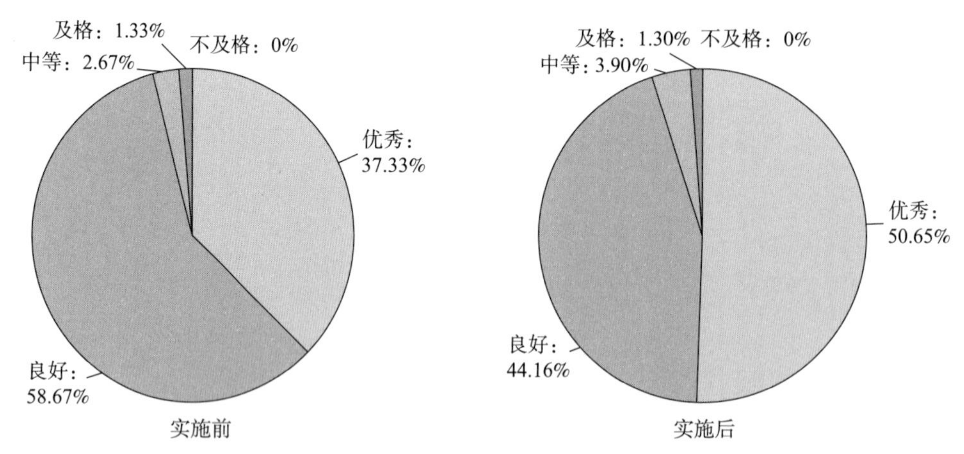

图 9　课程思政实施前后课堂氛围评价对比

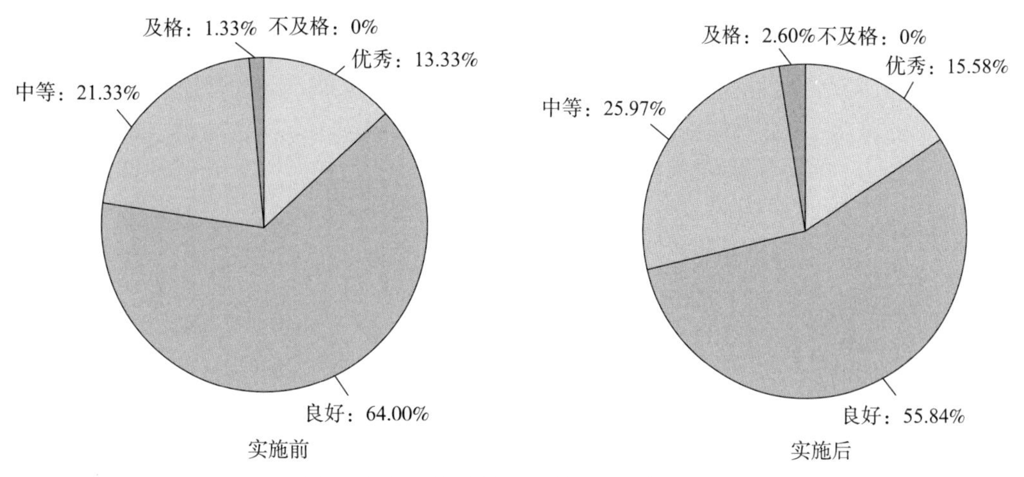

图 10　课程思政实施前后学习达成评价对比

五、教学反思

在对课程改革建议的评价中，有 22.08% 的学生期望课程思政改革，说明学生对课程思政的期待还很大，还需要授课教师在课程思政方面下功夫，对思政元素的引入做到“盐溶于水”。

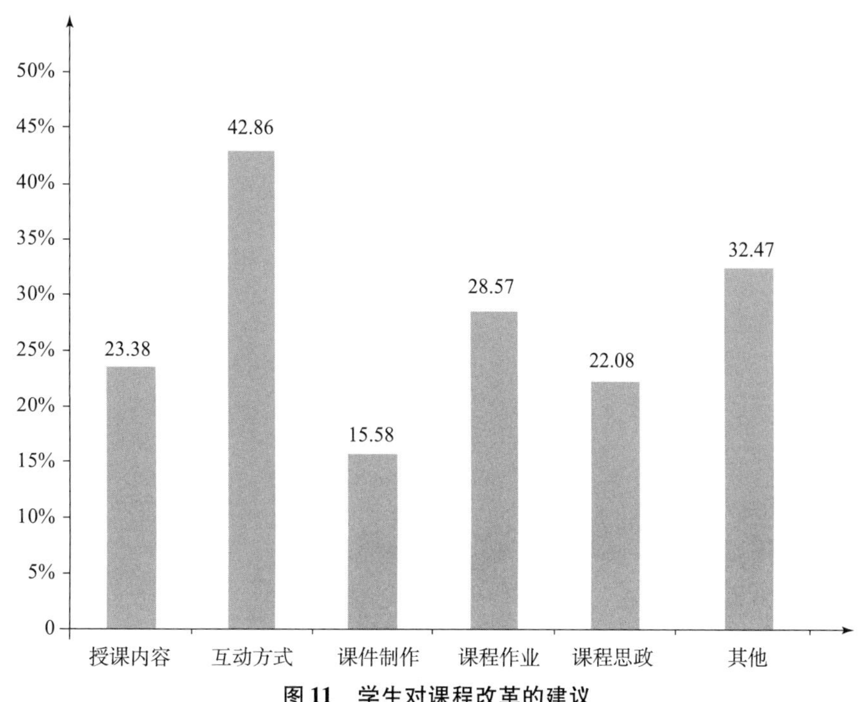

图 11　学生对课程改革的建议

育人的首要便是“春风化雨”“润物无声”，面对新时代大学生信息传播速度快、信息接收多元、多渠道的特点，如何在专业教学基础上实现课程思政、提高育人功能，将是教学法长期的研究内容。本课程思政教学虽然取得了较好效果，但教学内容与思政点的联系方面还不够精细，课程思政效果的考核方面还缺乏“润物无声”的考核方式。

数字电子技术课程思政教学案例

电气与电子工程学院　王玉菡

一、课程基本信息

<table>
<tr><td>课程名称</td><td colspan="3">数字电子技术</td></tr>
<tr><td>课程性质</td><td>专业必修课</td><td>学科门类</td><td>工学电子信息类</td></tr>
<tr><td>学分</td><td>4</td><td>授课对象</td><td>大二本科生</td></tr>
<tr><td>学时</td><td>64（理论）</td><td>授课方式</td><td>线下为主、线上为辅</td></tr>
<tr><td colspan="4">课程简介</td></tr>
<tr><td colspan="4">数字电子技术课程是面向电气类、电子类等专业的一门重要的专业必修课。当前，电子技术的应用无所不在，不管哪个领域、行业，为实现现代化、自动化、信息化，就必须配备电子系统。而这门课就是要帮助学生掌握现代数字电路的新技术，建立数字系统的概念，了解数字电子技术的发展趋势，为学生今后学习有关数字测量、数字传输与通信、数字控制等专业课，以及为解决工程实践中所遇到的数字系统分析与设计问题打下坚实的基础。
课程主要内容包括数字电路的基础知识、基本逻辑单元，组合逻辑电路分析与设计，触发器，时序逻辑电路分析与设计，脉冲波形的产生与变换。
本课程既复杂又前沿，具有较强的理论性，同时具有较强的实用性。要求学生掌握基础知识的同时还要有解决复杂工程问题的能力，即需要培养工程实践和创新能力。</td></tr>
</table>

二、教学目标

知识目标	使学生获得必要的数字电子技术的基本理论、基本方法和基本技能，掌握基本的数字电路分析、设计方法，培养其分析问题和解决问题的能力。
能力目标	使学生初步掌握现代数字电路的新技术，建立数字系统的概念，了解数字电子技术的发展趋势，为今后学习有关数字测量、数字传输与通信、数字控制等专业课，以及为解决工程实践中所遇到的数字系统分析与设计问题打下坚实的基础。
课程思政育人目标	培养学生专业与敬业精神、团队协作能力，助其养成严谨的科学态度，树立求实创新的科学精神和人生观，培养学生的爱国情怀，激励学生努力学习，挑起实现中华民族繁荣富强的重担。

三、教学设计

<table>
<tr><td>案例名称</td><td colspan="4">555 定时器的应用——多谐振荡电路</td></tr>
<tr><td>授课章节</td><td colspan="2">第 7 章第 5 节</td><td>学时</td><td>2</td></tr>
<tr><td>本节课
教学目标</td><td colspan="4">（一）知识目标
了解 555 定时器的结构、功能，掌握其工作原理；理解 555 定时器构成的多谐振荡电路的工作原理；掌握 555 定时器构成多谐振荡电路的参数计算；介绍多谐振荡电路设计与器件选择。
（二）能力目标
以具体实例为切入点，培养学生理论联系实际的能力；启发探究式思维模式，培养学生分析问题、解决问题、归纳总结的能力；启发学生创新能力的培养，注重学生自主学习能力的培养。
（三）课程思政育人目标
培养学生养成辩证思考、实事求是的科学态度，树立求实创新的科学精神和人生观，培养学生的家国情怀和专业热情。</td></tr>
<tr><td rowspan="2">本节课
教学设计</td><td>授课内容</td><td>思政融入点</td><td colspan="2">教学过程和教学方法</td></tr>
<tr><td>555 定时器的应用电路——多谐振荡电路</td><td>（1）辩证思维。
（2）爱国情怀。
（3）大国工匠。
（4）使命意识。</td><td colspan="2">（一）教学过程
（1）555 定时器的简介及功能。（知识学习）
（2）如何由 555 定时器构成多谐振荡电路产生脉冲波形？频率和周期如何计算？（知识积累与知识梳理）
（3）如何实现脉冲波形周期和频率的改变？（能力培养）
（4）如何产生可靠性更高的时钟脉冲？（价值塑造）
（二）教学方法
1. 课前复习——555 定时器的功能（知识梳理）
授课过程中不拘泥于课本，举例提出与课本功能表不同的结论，提高学生辩证分析问题的能力。（辩证思维）
2. 问题导入——激发兴趣，拓宽视野（知识积累）
兴趣是最好的老师。采用问题的方式导入：前面学习的时序电路中的时钟脉冲如何产生？日常生活中的防盗电路、救护车、简易钢琴电路该如何实现？
3. 引导启发法——学思结合，知行合一（能力培养）
启发式教学可以启发思维、发展智力，让学生养成勤于思考的好习惯，循循善诱让学生自己得出答案，学生会加深对知识点的掌握和记忆。</td></tr>
</table>

续表

	授课内容	思政融入点	教学过程和教学方法
本节课教学设计			在基础知识讲授的基础上，引导学生进行启发式学习，将理论知识与实际应用结合起来。以学习小组为单位，设置探索性研究课题，培养学生的创新意识和解决实际工程问题的能力。 555 定时器构成多谐振荡电路的工作原理，是本案例的难点之一。 （1）给出 555 定时器组成多谐振荡电路的连接方法，引导学生分析电路的工作原理，提出问题： ①电路刚连接，电容没有初始值，电路的输入是什么，输出是什么，电路将如何工作？ ②随着电容充电值达到多少时，输出会改变？ （2）引导学生分析电容充电回路和放电回路，计算充放电时间常数、充放电时间，输出波形高低电平持续时间、周期、频率和占空比。 （3）理论联系实际，采用 Multisim 软件仿真多谐振荡电路，观察图 1 所示输入输出波形，与理论分析对比。 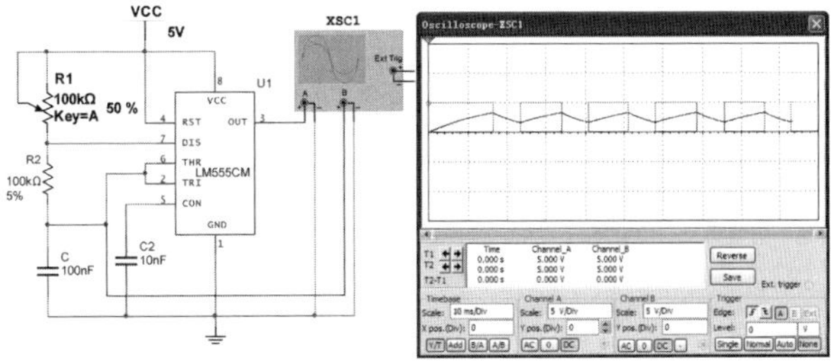 **图 1　555 定时器构成多谐振荡电路仿真** 4. 讨论法——深入思考，提升境界（能力培养与价值塑造） 讨论 1：图 2 所示电路，555 定时器 $V_{TH} > \frac{2}{3}V_{CC}$，$V_{TR'} < \frac{1}{3}V_{CC}$ 时芯片的输出结果是什么？（辩证思维） **图 2　555 定时器两种仿真软件输出结果不同** 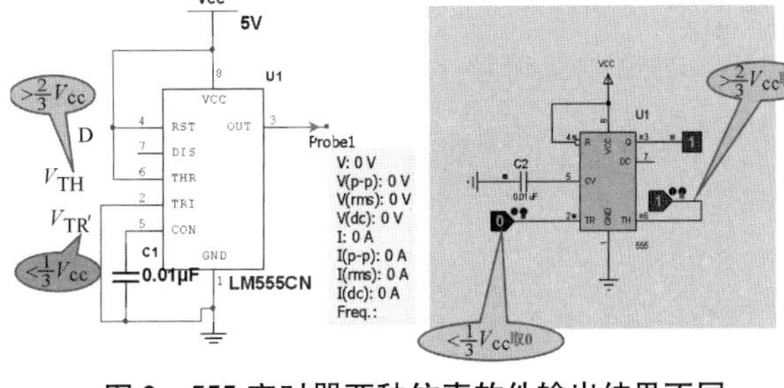 讨论 2：如何改变输出波形的占空比？（能力培养）

续表

<table>
<tr><td rowspan="2">本节课
教学设计</td><td>授课内容</td><td>思政融入点</td><td>教学过程和教学方法</td></tr>
<tr><td></td><td></td><td>讨论3：手表的时钟会用555定时器产生吗？——引出我国研究石英晶体压电效应第一人——严济慈。（价值塑造）
（1）通过讨论，加深学生对理论知识的理解，培养学生的辩证思维能力，提高学生的实践应用能力。
（2）通过讨论，培养学生的独立思考能力、设计电路的创新能力，增强学生的主体意识。
（3）通过讨论，引导学生将数字电路的学习与国家政治、经济发展问题结合起来，激发学生的学习兴趣和制造“中国芯”保家卫国的高昂斗志，提高他们的历史责任感和社会使命感。
5. 名人名言学习——爱国情怀、大国工匠、使命意识（价值塑造）
介绍我国研究石英晶体压电效应第一人——严济慈。他是中国现代物理学研究工作的创始人之一、中国光学研究和光学仪器研制工作的奠基人之一、中国研究水晶压电效应第一人、电科学发展过程中为数不多的中国科学家。正是因为他石英晶体才真正进入了实用。他在法国攻读硕士学位，硕士研究生毕业论文内容是研究如何将石英振荡器引入无线电波。巴黎广播电台首先用严济慈制作的石英振荡片实现了无线电播音中的稳频，随后各国相继采用，使无线广播振荡电磁回路稳频成为压电晶体的最重要应用之一。此外，严济慈对我国教育、科技事业也作出了不可磨灭的贡献，曾编著多种教科书，执教多所大学，培育出许多著名的科学家，如钱三强、杨承宗等著名学者都是他的学生。1958年，他参与创办了中国科学技术大学，并出任了第二任校长。
最后让学生课下查阅严济慈的相关资料，尤其了解严济慈的名句：“一个科学家成为杂志、报纸上的新闻人物并不难，但要成为一个书本人物，至少是几十年，书本上都要提到他的研究成果，这就很不容易。……正是从这个意义上，我认为做学问的人不能满足于做新闻人物，而要扎扎实实做研究工作，对科学的发展做出成绩来，争取做一个书本人物。”
通过严济慈的事迹与名言，教导学生要做一个对社会有用的人，培养学生的爱国情怀，激励学生努力学习，挑起实现中华民族繁荣富强的重担。</td></tr>
</table>

续表

课程思政元素	（1）理论与实践相结合，通过实例与仿真巩固理论知识，提高教学质量与效果。 实现方式：利用 Multisim、Proteus 仿真软件仿真验证芯片及电路功能，培养学生学习兴趣，提高教学质量与效果。 （2）大国工匠精神，用名人名言激励学生做一个对社会有用的人。 实现方式：介绍我国研究石英压电效应第一人——严济慈，学习他的名句。

四、课程思政融入效果

（1）在课堂上采用理论、仿真、实例结合的方式，引导学生更深刻理解设计的步骤与思想；通过理论与实验相比较的方法，可升华教材知识。与学生之间进行互动，学生能积极思考，课堂气氛活跃，学生主体效果明显。

（2）学生通过课前预习、课后归纳总结以及阅读课外相关材料，提高了自学能力，增强了终身学习的愿望、创新意识等，同时根植家国情怀，培养了民族自豪感和专业热情。

（3）在教学过程中将学生自己在实验室进行实验获得的结果与授课内容结合起来，能够引起学生更强的好奇心，激发学生的求知欲，能很好地鼓励学生参与科研实践活动。

五、教学反思

教学实践证明，引入思政教学后的课程内容更加饱满、生动、有趣，获得了学生的一致认可，达到了思想引领与知识传授相统一的课程目标。未来课程组会进一步优化课程思政元素与知识点的结合，改进融入方法与手段，如不断收集学生关注的重大社会事件作为案例分析教材，引导他们了解行业的风险和责任，帮助树立环保和可持续发展意识等。根据教学过程反馈，持续改进课程评价体系，提升课程思政教学效果。

足球课程思政教学案例

体育教学部　赵　普

一、课程基本信息

<table>
<tr><td>课程名称</td><td colspan="3">足球</td></tr>
<tr><td>课程性质</td><td>公共基础课</td><td>学科门类</td><td>体育学</td></tr>
<tr><td>学分</td><td>0.5</td><td>授课对象</td><td>大二本科生等</td></tr>
<tr><td>学时</td><td>32（实践）</td><td>授课方式</td><td>线下</td></tr>
<tr><td colspan="4">课程简介</td></tr>
<tr><td colspan="4">足球选项课作为大学体育的子课程，是学生学习技战术、参与比赛、体验足球这一经典集体对抗类项目的主要途径。本课程传比赛之道，授竞技之业，解胜负之惑，课程打破了传统班级教学的结构，所有足球选项班学生自由组队，每队16～20人，进行每周一次的单循环比赛（传统联赛赛制）。每周体育课固定时间和地点的形式变为比赛，课堂即赛场，学生自主选择角色（运动员或裁判员），参与到足球竞赛的各个环节中；教师充分考虑学生的学习需求，搭建比赛平台，优化教学环境，以提升球队或个体的比赛表现为目标，对队员（团队）技战术环节进行指导。本课程不仅是运动技能和知识的传递，更强调学生在比赛中是否真正掌握和运用这些技能与知识。
足球课程所采用的“竞赛教育模式”，实现了足球项目的完整学习、角色学习、深度学习。在真实的比赛场景中开展课程思政，既能够直观地了解学生的想法，轻松地参与学生的话题，也有利于教师在学生心情放松的状态下进行良好的沟通，有助于教师进行积极正向的思想引导，强化学生的规则意识、竞争意识、公平意识、勇于拼搏、团结协作的体育精神。</td></tr>
</table>

二、教学目标

身体健康目标	（1）发展学生的体能，形成健康的生活方式。 （2）自觉参与运动锻炼，保持良好的运动社交习惯，形成终身体育的观念和意识。
运动参与与技能目标	（1）发展学生的体能和足球基础技战术能力。 （2）熟悉足球比赛规则、相关礼仪和习俗。 （3）具有和队友共同制定比赛策略的能力。 （4）使学生具有欣赏、分析、评价比赛的能力。 （5）培养学生发现并解决在足球比赛中遇到的各种问题的能力。

续表

课程思政育人目标	（1）健康第一，爱国爱党爱集体，结合“女足精神”弘扬爱国主义精神。 （2）增强体质，践行使命，培养积极的精神状态，为祖国健康工作50年。 （3）培养团队精神，拼搏精神，克服困难的勇气和永不言弃的精神。 （4）建立规则敬畏，强化规则意识、法治意识、公平竞争意识，做合格公民。 （5）勇于担当，在承担工作任务时保持高度的责任感。

三、教学设计

案例名称	铿锵精神，驰而不息，足下育人，强身铸魂——基于普通大学生完整体验式学习足球项目课程思政的实践路径		
授课章节	比赛（第5～第18周）	学时	14
本节课教学目标	（1）身体健康目标：发展学生的体能，形成健康的生活方式。 （2）运动参与目标：规律、自发地参与足球运动，形成良好的运动社交习惯，培养终身体育的意识。 （3）运动技能目标：发展结构化的足球运动技能，有能力参与与自身水平相适应的足球比赛。 （4）价值塑造目标：具备差异化合作的能力与精神；正确处理竞争与合作的关系；具有规则意识，在担任足球运动中任一角色时能保持责任感和斗志。		
本节课教学设计	足球课程教学组织形式打破了传统意义的课程结构，由所有足球选项班学生自由组队，每队16～20人，进行每周一次的单循环比赛（传统联赛赛制）。传统体育课的固定时间、固定地点的形式变为比赛，课堂即赛场，学生自主选择角色（运动员或裁判员），参与到足球竞赛的各个环节中；教师对队员（团队）技战术环节进行指导，对比赛表现进行评价，为赛后总结提供思路，积极提升球队或个体的比赛表现。 通过足球比赛，特别是高质量的比赛，来实现竞赛精神文化的强化： • 不断挑战极限，为创造奇迹去奋战！ • 不断解放思想、艰苦奋斗去变不可能为现实！ • 不断磨炼自我，团结合作去赢得比赛的冠军！ 比赛的过程，不仅仅是教学，更是反复实践，并通过胜的愉悦和败的沮丧来激发学生不断地理解、强化这种文化，使之融化在血液里，成为一种积极、奋发、有为的思维模式和行为习惯。这种体育文化，之于个人、之于民族、之于国家，何其重要。这种体育文化价值对即将离开校园进入社会的大学生是一次独特的强身铸魂的历练。 足球课程思政的实践过程中，需要把握好两个关键路径：一是建立足球课程思政的分层育人目标。从宏观、中观、微观三个层面把握课程思政的育人策略，将教学目标、教学任务、学生特征与教学内容、方法、组织形式融会贯通，形成具有一定效率的特定教学实施方案。二是足球课程思政元素与比赛情景有效融入。教师实施教学的切入情景不仅能够针对学生对某一特定技战术的学习理解，还可以激发知识技能与思政元素之间的联系和迁		

续表

本节课教学设计

移。由于足球比赛的不可预知性，对手不同，即使同一支队伍，同样的首发，可能队员比赛表现大相径庭。这就要求教师洞悉不同的比赛情景，把握好教育时机，熟练运用各种课程思政元素嵌入对应的比赛场景中，进行有效的指导。

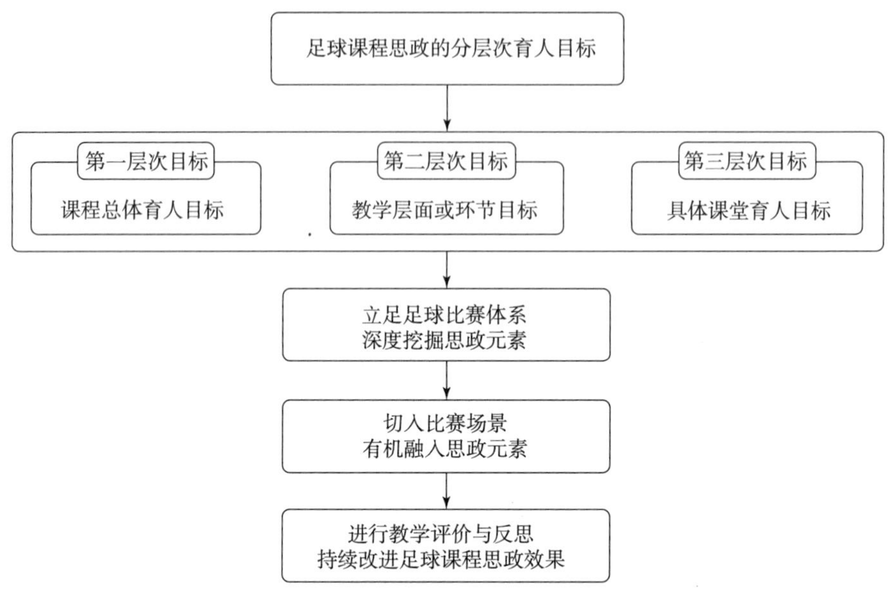

图 1　足球课程思政的分层次育人目标

课程思政教育融入足球课程，构建足球课程思政的实践路径，需要处理好两个关键问题。一是比赛情景的提炼：要特别重视各种比赛情景中的“思政问题”，比赛情景的提炼可以围绕与技战术学习相关的关键概念、目的与意义、策略进行架构。二是体育课程思政元素要与比赛情境相契合：从足球课程思政的个性特点来看，如果课程思政不根植于比赛特定情景中，那么学生在学习过程中没有积极调用现有的知识、能力、情感、态度、价值观等因素，容易造成思想认知与行为表现的脱节，使课程思政教育流于形式而缺少深刻性。

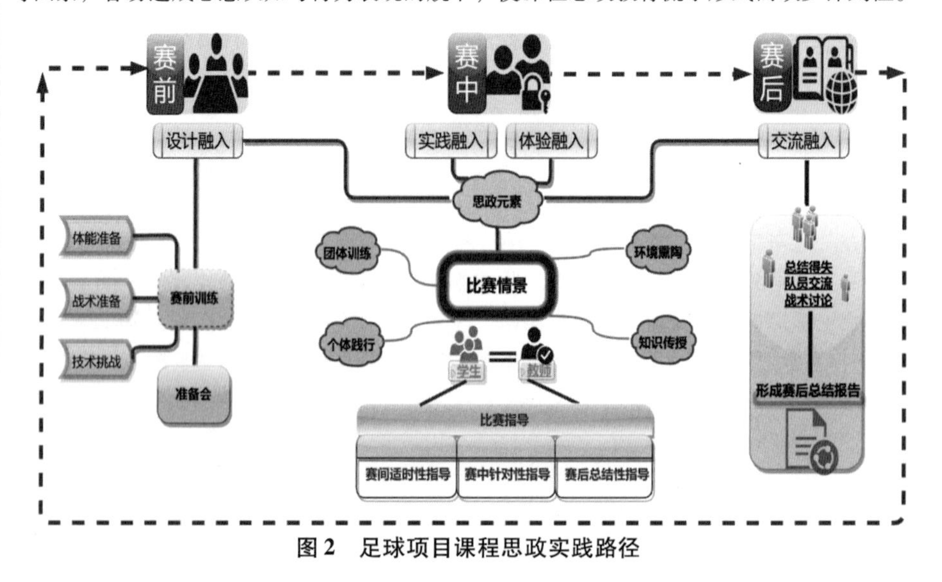

图 2　足球项目课程思政实践路径

续表

<table>
<tr><td>本节课教学设计</td><td>基于上述原因，我们构建了足球项目课程思政比赛情景实践框架，把我们一年来比赛中出现的典型情景和课程思政元素进行总结融合。</td></tr>
<tr><td>课程思政元素</td><td>
<table>
<tr><th>比赛情景分类</th><th>比赛情景描述</th><th>比赛情景中的教学内容</th><th>思政元素</th><th>融入方法</th></tr>
<tr><td>比赛过程分析</td><td>敌强我弱，最后取胜</td><td>胜负观</td><td>完美的结果，本身就是身心合一的最好教育。是团队的力量，还是智慧闪光；是思维的胜利，还是勇气的力量！汗水铸就胜利，无论前路坎坷，依旧斗志昂扬。</td><td>体验式融入分析与点赞</td></tr>
<tr><td>比赛过程分析</td><td>敌强我弱，最后告负</td><td>胜负观</td><td>顽强拼搏精神，比赛态度，敢于亮剑：勇于挑战校队院队的同学，无所畏惧，是否逼出最强自我，只要尽力了，就不是失败者。</td><td>体验式融入分析与鼓励</td></tr>
<tr><td>比赛过程分析</td><td>敌弱我强，最后翻车</td><td>胜负观</td><td>失败本身也是最好的思政教育。失败归因：轻视对手还是应变不及时，然后忘记失败，准备下一场比赛。</td><td>体验式融入分析与警示</td></tr>
<tr><td>比赛过程分析</td><td>敌弱我强，顺利拿下</td><td>胜负观</td><td>生活态度：自信而不轻敌，对对手最大的尊重就是多进球、击败他</td><td>体验式融入</td></tr>
<tr><td>比赛过程分析</td><td>实力相当，均努力争胜，对憾负一方球队的指导</td><td>胜负观</td><td>面对输球，对大家来说都是相当伤感的。可能输了比赛，但我们成长了。我们给予了对面那群高手 90 分钟的水深火热。比赛输球有其偶然性，我们要学会理解这种偶然性，接受这种付出了可能没有收获的可能性。这就是我们队的顽强精神。</td><td>体验式融入分析与总结</td></tr>
<tr><td>个人表现分析</td><td>队友失误</td><td>比赛态度</td><td>换位思考：安慰鼓励的效果远好于一味指责埋怨，学会包容</td><td>分析与总结</td></tr>
<tr><td>个人表现分析</td><td>替补队员</td><td>比赛态度</td><td>集体主义和勇敢拼搏的精神：召之即来，来之能战，无惧困难，拒绝躺平，不言放弃</td><td>分析与总结</td></tr>
<tr><td>个人表现分析</td><td>正常进球</td><td>比赛态度</td><td>团队精神升华：个人表现和集体创造相互成就，进球队员第一时间感谢助攻队员，击掌致意，场上队员对进球队员表示祝贺，进球队员享受高光时刻</td><td>体验式融入</td></tr>
<tr><td>个人表现分析</td><td>正常失球</td><td>比赛态度</td><td>保持冷静积极的心态，及时交流，不要指责，做出回应</td><td>体验式融入</td></tr>
<tr><td>个人表现分析</td><td>踢点球</td><td>比赛态度</td><td>勇敢与担当：对抗不确定性是一种认识自我，变得强大的过程。不要试图躲避或否认它；只有接受它，拥抱它，我们才会开始理解如何与它相处，这样它才不会击败我们。生活就是这样，有胜利，有失败，有未来，不管面对什么，不忧不惧。</td><td>体验式融入分析与总结</td></tr>
</table>
</td></tr>
</table>

续表

续表

	比赛情景分类	比赛情景描述	比赛情景中的教学内容	思政元素	融入方法
课程思政元素	突发事件	场上突发伤病	足球文化传承	人文关怀：有队员受伤时，得球权一方应主动把球踢出界外，让比赛暂停，及时处理伤病情况；比赛恢复时，获得球权一方的队员应主动归还球权，以示公平竞争。	体验式融入分析与总结
	突发事件	比赛冲突	应变能力	领导力和应变能力：敢于站出来维护队友，维护球队，注意方法。	体验式融入分析与总结
	个人表现分析	头顶球	空间、时机判断	勇敢和冒险精神。	专业知识讲解融入体验式融入
	个人表现分析	队长的担当	领导能力	领队能力绝非与生俱来或者单纯模仿就能掌握的，需要结合走过的路、遇见的人，以及自己开辟的新道路，反复经历挫折和失败才能掌握。	体验式融入分析与总结
	裁判员执法表现	裁判员的执法表现	执行规则	规则意识，自觉树立公平竞争的意识和观念。	专业知识讲解融入体验式融入

四、课程思政融入效果

（1）一年来的教学实践证明，足球比赛这一开放的竞争模式可能是课程思政融入教学的最佳方式：充满挑战的学习主题——赢得比赛；有意义的学习行为——展示能力；有选择的学习表现——选择角色；有价值的学习结果——胜利与荣誉；有激励的学习评价——本场最佳。这一系列学习场景自然地融入比赛之中，极大地提高了学生学习的投入度与持久性。学生在足球比赛中所获得的不仅仅是竞技成绩和名次，还有通过应对和解决足球比赛这种复杂的、不确定性的情景过程中所形成的整合性和迁移性的综合素养。

图 3 “铿锵”女足联赛之入场仪式

图 4 赛前加油

图 5 教师讲解技术挑战项目

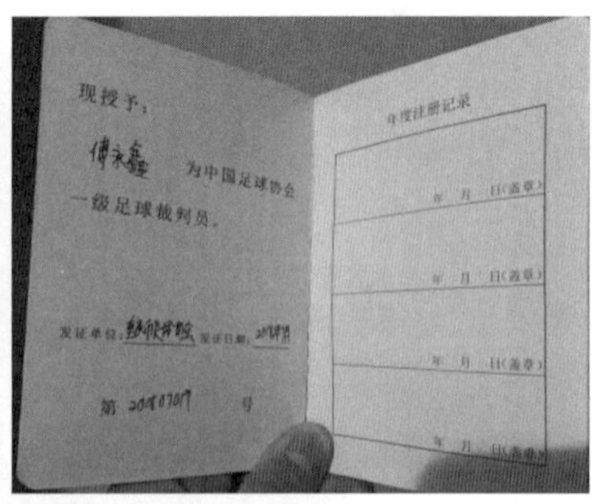

图 6　星火联赛培养的学生裁判，通过国家一级裁判，
现可执法重庆市青少年足球比赛

（2）每个学生在足球课程中都要经历来自足球比赛的不言之教，学生在比赛中所经历的知识传授、团队训练、个体磨炼、环境熏陶，对思政教育融入足球课程有巨大帮助。

图 7　中场指导

图 8　轻伤不下火线

五、教学反思

（1）关于足球课程思政的周期性：课程思政教育不可能一蹴而就，需要经历长期积累、内化、外显的过程。每一次参赛，学生应扎实完成一次“比赛—分析总结—计划训练—赛前部署—比赛”的闭环学习周期。

（2）关于交流与指导：青年学生需要的是真正的、真诚的对话与碰撞。教师要善于利用网络社交工具，学生不仅是信息的接收者，同时也是信息的发布者，和学生一起参与比赛问题讨论，表达情绪、态度和观点，有助于理解并帮助学生。足球比赛没有标准答案，教师给学生的指导是提供选择，留下思考空间，而不仅仅是给出答案。

计算机组成原理课程思政教学创新案例

计算机科学与工程学院　石美凤

一、课程基本信息

课程名称	计算机组成原理		
课程性质	专业必修课	学科门类	工学
学分	4	授课对象	大二本科生
学时	64（理论 48，实践 16）	授课方式	线下
课程简介			
计算机组成原理课程是计算机科学与技术、物联网工程和网络工程专业，以及计算机拔尖人才计划教改班的专业必修课。本课程紧密契合国家高等教育强国建设的重大战略、重庆市大数据智能化引领的创新驱动发展战略，对接重庆以“电子信息产业”为支柱产业的人才需求，结合学校人才培养定位，确立课程的人才培养和思想政治教育教学目标为：培养专业知识过硬，爱国进取、明德思辨，具有强烈社会责任感、扎实理论基础、较强实践能力和创新意识，社会适应性强，能够将自然科学、工程技术基础知识、系统的计算机专业知识综合运用于计算机前沿问题探索和研究的高素质学术型人才，尤其在“自主工业硬件、嵌入式开发、计算机体系结构等领域的研发型人才培养”方面形成鲜明特色和显著优势，满足行业对拔尖创新人才的需求。			

二、教学目标

知识目标	工程教育是我国高等教育的重要组成部分，在高等教育体系中“三分天下有其一”。工程教育在国家工业化进程中，对门类齐全、独立完整的工业体系的形成与发展，发挥了不可替代的作用。本课程的知识目标为：在工程教育专业认证指导下，引入“以赛促学”机制，以培养目标和毕业出口要求为导向，将大部分学生培养成硬件研发类人才，其中优秀者能够达到行业认可的既定质量标准要求。为实现专业目标培养，本课程立足于“以学生为中心”和“立德树人”，充分考虑课堂教学与实践应用相结合的需求，实践理论与实践并重、教学与自学相长的教学理念，构建如图 1 所示的创新教学模式。

知识目标	教师 学生 教师 学生 教师为中心（第一阶段） · 以教师为中心的讲解式教学：知识点讲解，穿插思政教育 学生为中心（第二阶段） · 以学生为中心的互动式教学：通过问答、抢答、实物展示等手段强化重难点巩固，穿插翻转课堂 教师为中心（第三阶段） · 以教师为中心的课堂总结：知识点总结，布置课后思考题（用于下节课讨论）和作业 学生为中心（第四阶段） · 以学生为中心的课后自学：通过课程视频和在线课程进行知识点巩固，完成思考题（下节课积极参与讨论）和作业 **图 1　创新教学模式**
能力目标	秉持“以学生为中心”的教学理念，依据联合国教科文组织对大学生教育提出的“4H”目标，本课程的能力目标为：通过理论教学、实践教学和竞赛，力求使学生提高自己的操作能力、学习能力、合作意识和实现正向的人格塑造。图 2 给出了本课程的“4H”能力目标框架。 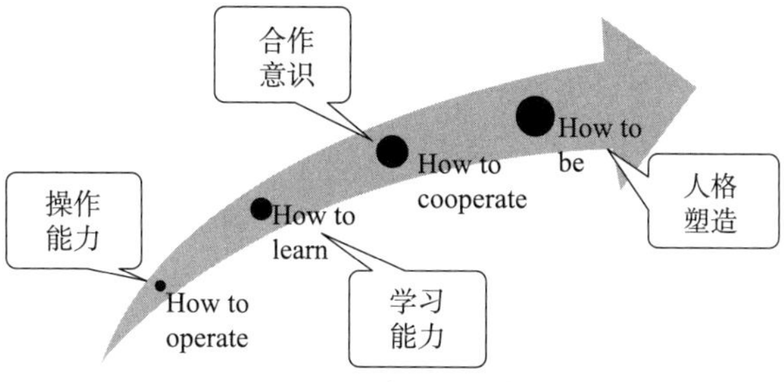 合作意识 操作能力 How to operate How to learn 学习能力 How to cooperate How to be 人格塑造 **图 2　课程能力目标框架**
课程思政育人目标	依据教育部提出的课程思政要求，即课程思政应该做到让学生入眼、入耳、入脑、入心，本课程的课程思政育人目标为：培养专业知识过硬，爱国进取、明德思辨，具有强烈社会责任感、扎实理论基础、较强实践能力和创新意识，社会适应性强，能够将自然科学、工程技术基础知识、系统的计算机专业知识综合运用于计算机前沿问题探索和研究的高素质学术型人才。 为实现该目标，课程首先从学生必须要接触的课件入手，在课件模板上融入思政元素（如图 3 所示），以达到引导学生的目的。

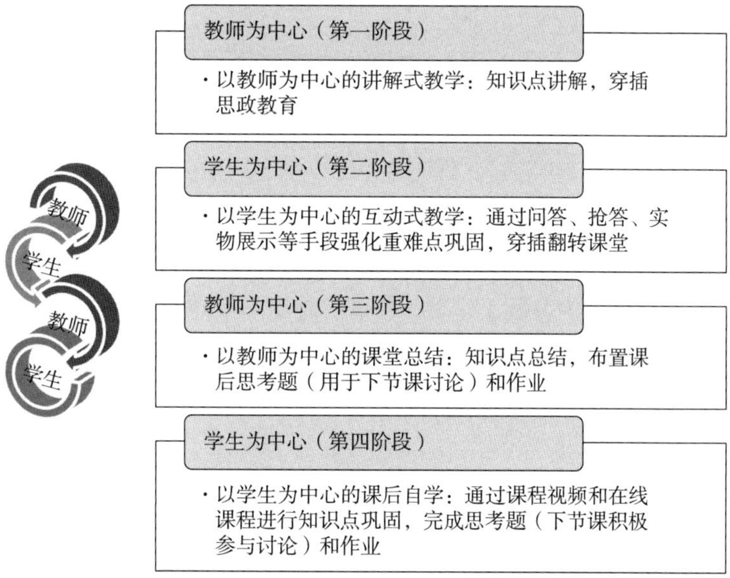

续表

课程思政育人目标

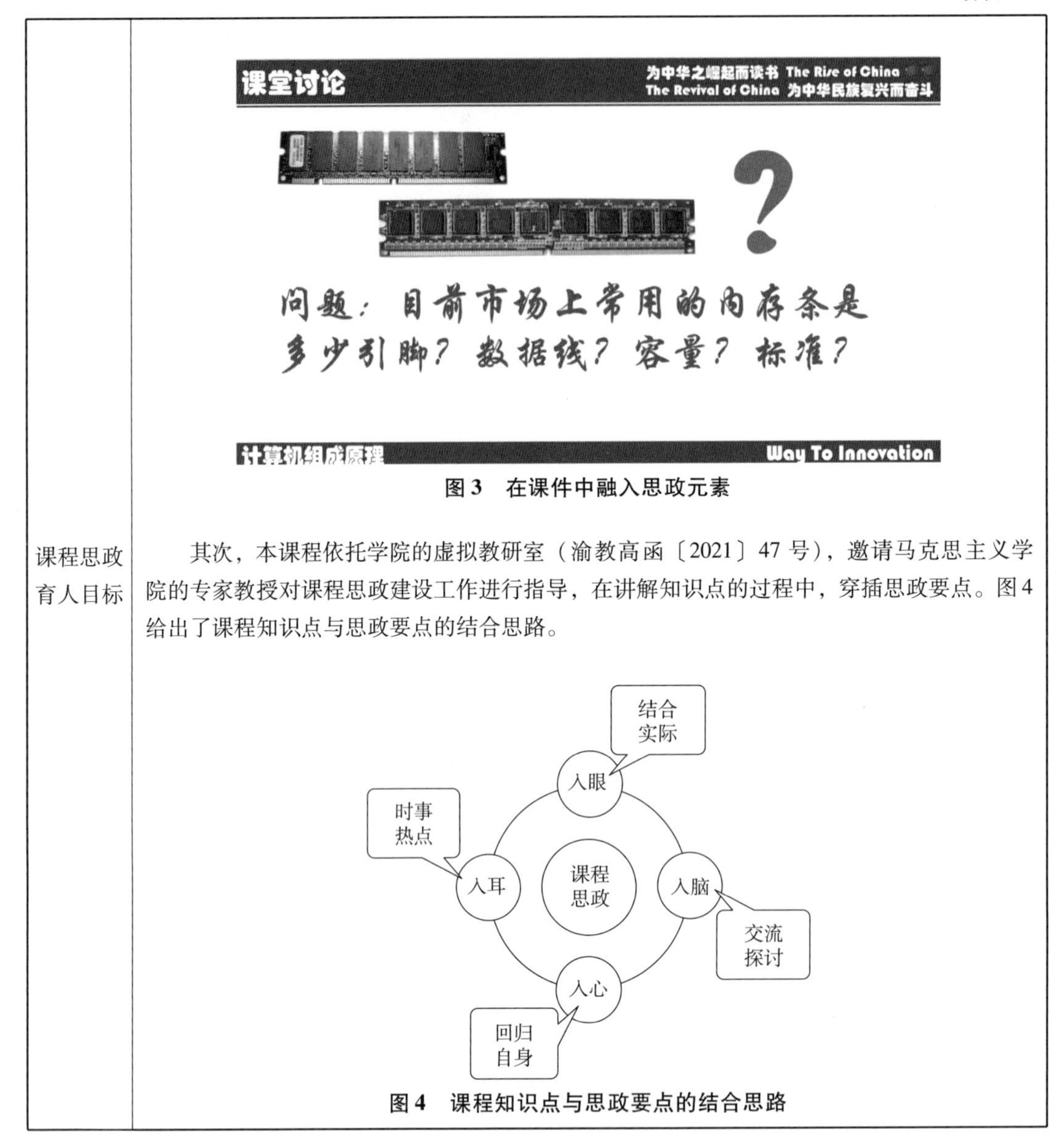

图 3　在课件中融入思政元素

其次，本课程依托学院的虚拟教研室（渝教高函〔2021〕47 号），邀请马克思主义学院的专家教授对课程思政建设工作进行指导，在讲解知识点的过程中，穿插思政要点。图 4 给出了课程知识点与思政要点的结合思路。

图 4　课程知识点与思政要点的结合思路

三、教学设计

案例名称	存储器容量的扩充		
授课章节	第 3 章　多层次的存储器 第 3 节　DRAM 存储器	学时	1

续表

本节课教学目标	**（一）知识目标** 了解存储器芯片容量扩展的原因，掌握存储器芯片容量扩充的三种方式，并能利用不同的存储芯片设计需求的存储器，并熟练掌握存储器与CPU的逻辑连接。 **（二）能力目标** 以具体工程为切入点，培养学生理论联系实际的能力。通过理论教学、实践教学和竞赛，力求使学生提高自己的操作能力、学习能力、合作意识和实现正向的人格塑造。 **（三）价值目标** 培养专业知识过硬，爱国进取、明德思辨，具有强烈社会责任感、扎实理论基础、较强实践能力和创新意识，社会适应性强，能够将自然科学、工程技术基础知识、系统的计算机专业知识综合运用于计算机前沿问题探索和研究的高素质学术型人才。
本节课教学设计	**（一）课堂设计思路** 以理论知识讲解为主，课堂讨论为辅，侧重案例演示，让学生巩固知识点，通过实物展示、案例讲解与师生互动将理论与实践联系起来。引入科学史话和工程案例，首先从学生必须要接触的课件入手，在课件模板上融入思政元素，然后在讲解知识点的过程中，穿插思政要点，让学生入眼、入耳、入脑、入心。 **（二）教学重点** 存储器芯片容量的扩充。 **（三）教学难点** 存储器芯片容量字位同时扩充、存储器与CPU的连接。 **（四）对重点、难点的处理** 在讲解存储器芯片地址分配时，用动画演示，让学生更加直观地看到每一个芯片的地址是如何被确定的，在动画讲解过程中，引导学生沉浸式学习；通过对字扩充、位扩充和字位同时扩充三道例题的渐进式案例讲解，让学生逐步加深对存储器容量扩充的理解；再通过对一道字位同时扩充例题的互动式讲解，进行课堂互动，穿插思政要点，并通过讨论进一步加深学生对存储器容量扩充的理解与实践。
课程思政元素	通过讲解存储器芯片容量的扩充，引导学生思考如何集中力量办大事，如何团结一切可以团结的力量，理解“任何困难都打不到英雄的中国人民”！我们每个人、每个团体、每个组织的力量是有限的，但中华民族团结一心就可以凝聚成一股磅礴的力量，带领“中国号”这艘巨轮劈波斩浪，昂扬向前！进一步引导学生注重历史、马克思主义哲学、毛泽东思想和中国特色社会主义理论体系概论、思想道德修养与法律基础等课程的学习，不要被颜色革命所腐蚀，特别是计算机专业的学生，更要时刻牢记自己作为当代大学生的使命，为中华民族的伟大复兴而奋斗。

四、课程思政融入效果

本门课程通过有效融入思政元素，做到让学生课程思政入眼、入耳、入脑、入心。

（1）入眼：面对新的发展形势和时代要求，计算机及相关技术作为高新技术发展的桥头堡，是当前我国智能制造发展被“卡脖子”严重的行业。课程通过结合实际，将风云变换的国际、国内形势穿插在知识点讲解中，让学生直观感受到本课程所学知识对于实现民族伟大复兴的重要性，从而实现课程思政要素“入眼”。

（2）入耳：互联网时代，海量信息充斥，为了避免“过目即忘”，本课程在讲解理论知识点的过程中，将具体理论知识点与具体的时事热点进行深度结合，把时事热点渗透到理论讲解中，做到“声声入耳”，让学生了解到具体知识点在具体实践中的应用，从而引起学生的学习兴趣。

（3）入脑：在互动式教学中，发起对重难点的课堂讨论，在交流讨论中，穿插相关的思政要素，让学生通过交流探讨、头脑风暴，在掌握理论知识点的同时，得出相关思政要素的正确结论。经过个人思考与集体探讨得出的思政要素结论，才能解释学生关于相关思政理论的困惑，真正做到“入脑”。

（4）入心：课程思政的真正目的是要将学生培养成有理想、有担当，能在第二个百年目标奋斗的征程中贡献力量的新一代。本课程通过给学生布置课后任务，让学生在完成任务时，回顾课堂相关理论知识点和思政结论，最终回归自身，解决自己对时代和社会的困惑，并自发形成思政要素的传播者。

五、教学反思

在教学过程中发现有少部分学生的学习表现出以下情况：

（1）随波逐流型：被动学习，无任何学习计划，盲目地学习。此类学生没有明确的学习目的，虽能坚持听课，完成教师规定的硬性学习任务，但是缺乏学习热情，没有自主学习的动机和能力，只是为了能通过课程考试，所学知识得不到拓展和应用。

（2）功利型：这类学生以能通过课程考试为主要目标，他们会严格按照学院和教师规定的硬性作业指标来完成任务，并不会学以致用，不考虑所学知识的具体实现和应用，学习只是为了应付眼前的课程考试。

（3）放纵型：此类学生不会主动完成教师规定的硬性学习任务，课堂表现懒散，对于课程考试表现出敷衍的态度，只追求低分通过。究其原因，首先，由于本课程具有高度的抽象性和理论性等特点，学习上有很大难度；其次，课程实验采用 FPGA 平台实现，需要用到硬件编程语言进行设计，而前期课程未涉及相关内容，所以需要大量阅读课外资料和自主进行课外实践。

因此，通过对教学对象的分析上得到了如下启发：每个学生都是不同的个体，他们有不同的学习能力、知识水平、社会需求、学习目标和学习动力等，在教学过程中不应只考虑学生的共性而忽略其作为个体的差异性。在后续的教学活动中，课程组应该面向不同的学生，采取不同的教学思路，因材施教。在引入课程思政要点时，可以更生动、更贴合学生的学习、生活实际，才能更好地引起学生的共鸣，实现课程思政入眼、入耳、入脑、入心。在新学期备学时，要充分了解学生的构成，从多方面了解他们的知识量、课程需求和期望的教学方式；再结合学生需求，灵活调整自己的教学计划，把教材知识点进行有针对性的融合与重组，将知识点更好地教授给学生，用课程思政要点更好地启迪学生。

高级财务会计教学方案设计

会计学院　刘会芹

一、课程基本信息

<table>
<tr><td>课程名称</td><td colspan="3">高级财务会计</td></tr>
<tr><td>课程性质</td><td>专业必修课</td><td>学科门类</td><td>管理学</td></tr>
<tr><td>学分</td><td>3.5</td><td>授课对象</td><td>大二本科生</td></tr>
<tr><td>学时</td><td>56（理论 48，实践 8）</td><td>授课方式</td><td>线下</td></tr>
<tr><td colspan="4">课程简介</td></tr>
<tr><td colspan="4">高级财务会计是会计学、财务管理以及审计学专业的专业必修课。在中级财务会计基础上进一步提高学生会计理论水平和应用能力，主要以企业所发生的各项特殊业务的处理为主要内容。本课程的任务是让学生在学习了中级财务会计之后，在熟练掌握会计基本理论和基本方法的基础上，掌握企业特殊业务的会计处理方法，能熟练运用所学专业知识解决企业特殊业务的核算问题。对原有的财务会计内容进行补充、延伸、开拓，即利用财务会计的固有方法，对现有财务会计未包括的业务，以及随着客观经济环境变化而产生的一些特殊业务以新的会计观念进行反映和监督。</td></tr>
</table>

二、教学目标

<table>
<tr><td>知识目标</td><td>（1）掌握前期差错的内容。
（2）掌握前期差错更正的会计处理方法。</td></tr>
<tr><td>能力目标</td><td>（1）在了解我国前期差错现状的基础上，掌握前期差错形成的原因、内容以及会计处理方法。
（2）能够更深入地理解会计职业道德要求中“坚持准则”和“提高技能”的重要性。
（3）能够意识到会计人员的职业素养要求，以及会计人员在资本市场和经济发展中的重要作用。</td></tr>
<tr><td>课程思政育人目标</td><td>（1）通过前期差错知识点的学习以及案例拓展，意识到会计职业道德中“坚持准则”“提高技能”的重要性。
（2）引申社会主义核心价值观中“敬业”“诚信”在会计职业生涯发展中的重要性。
（3）借助前期差错产生的不良后果，培养和激发学生作为会计人员在资本市场发展中的责任担当和社会责任感。</td></tr>
</table>

三、教学设计

<table>
<tr><td>案例名称</td><td colspan="3">会计差错更正思政案例</td></tr>
<tr><td>授课章节</td><td>第七章第三节　会计差错更正</td><td>学时</td><td>1</td></tr>
<tr><td>本节课
教学目标</td><td colspan="3">（一）知识目标
（1）了解前期差错形成的原因。
主要是由于没有运用或错误运用下列两种信息，而对前期财务报表造成省略或错报：
①编报前期财务报表时预期能够取得并加以考虑的可靠信息。
②前期财务报告批准报出时能够取得的可靠信息。
前期差错通常包括计算错误、应用会计政策错误、疏忽或曲解事实以及舞弊产生的影响，以及存货、固定资产盘盈等。
（2）了解我国前期差错的现状。
（3）结合最新前期差错案例更深入地理解会计差错对资本市场造成的影响。
（二）课程思政育人目标
（1）通过案例分析以及任务驱动式课堂讨论辩论，从课程思政的角度对学生进行职业道德素养、社会主义核心价值观以及社会责任担当的思想政治教育。
（2）通过展示目前我国前期差错的现状并结合真实案例引入，探究前期差错形成的原因，引导学生深入思考和讨论会计职业道德和会计人员社会责任担当。</td></tr>
<tr><td>本节课
教学设计</td><td colspan="3">（一）知识要点
前期差错概述、前期差错更正的会计处理、前期差错更正的披露、前期差错更正中所得税的会计处理。
</td></tr>
</table>

续表

本节课教学设计

（二）目前我国上市公司前期差错更正的现状

（1）通过巨潮咨询网站查找目前我国上市公司前期差错更正的现状，以 2022 年 4 月 1 日至 2022 年 4 月 26 日为例，26 天公发布了 255 次前期差错更正的公告。

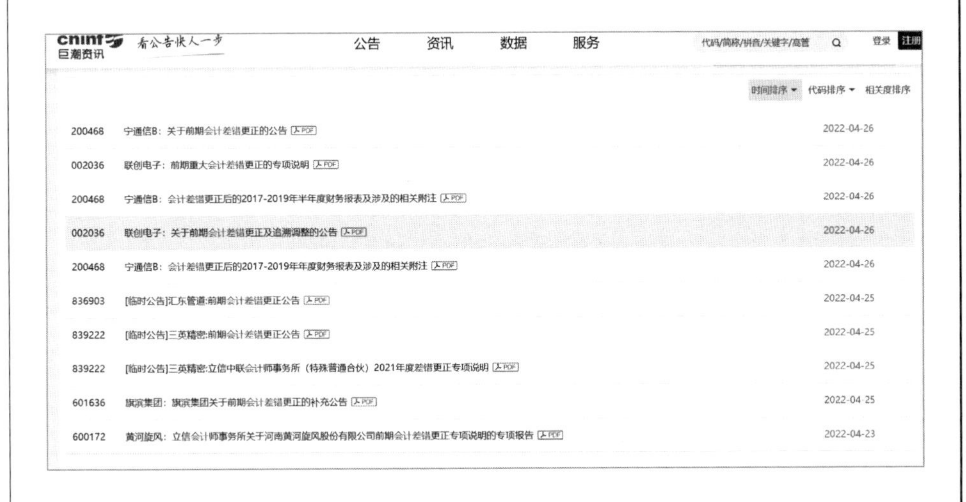

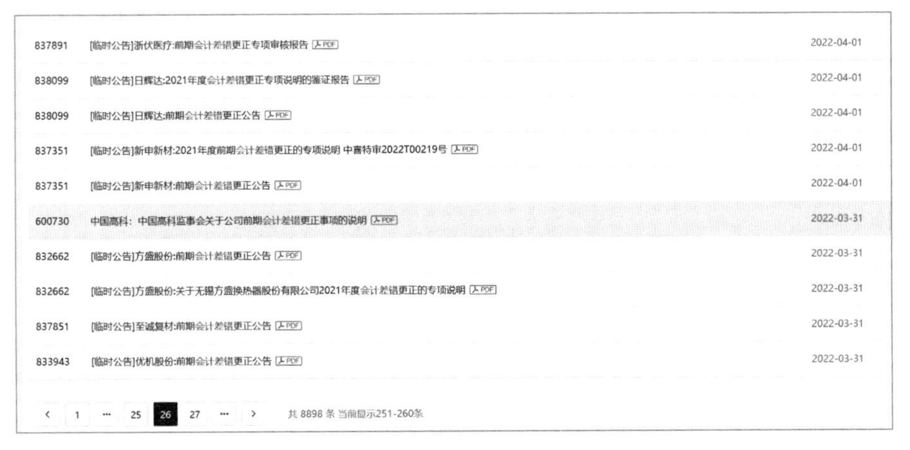

（2）前期差错具体案例分析。主要分析会计差错产生的原因及其对公司的影响。以“小信立则大信成”的反面为例，探讨前期差错对资本市场和经济发展可能产生的影响。

续表

<table>
<tr>
<td>本节课
教学设计</td>
<td>

证券代码：002036　　证券简称：联创电子　　公告编号：2022—055

债券代码：128101　　债券简称：联创转债

联创电子科技股份有限公司

关于前期会计差错更正及追溯调整的公告

本公司及董事会全体成员保证信息披露的内容真实、准确和完整，没有虚假记载、误导性陈述或者重大遗漏。

一、概述

联创电子科技股份有限公司（以下简称“公司”）于2022年4月22日召开的第八届董事会第六次会议和第八届监事会第四次会议，，审议通过了《关于前期会计差错更正及追溯调整的议案》，公司根据《企业会计准则第28号——会计政策、会计估计变更和差错更正》、《公开发行证券的公司信息披露编报规则第19号——财务信息的更正及相关披露》等有关规定，将上述前期会计差错进行更正，并对公司2019、2020年度财务报表数据进行追溯调整。

二、会计差错更正具体情况及更正原因

江西联创宏声电子股份有限公司（以下简称“联创宏声”）是公司全资子公司江西联创电子有限公司的参股公司。联创宏声聘请了外部审计机构对其进行2021年年报审计，该审计机构追溯调整了联创宏声以前年度的存货减值计提、补少结转营业成本等，为此公司对联创宏声的股权投资相应做了追溯调整。

三、会计差错更正对公司的影响

根据相关规定，公司对上述会计差错采用追溯重述法进行更正。追溯调整后，不会导致公司已披露的相关年度报表出现盈亏性质的改变。上述会计差错更正对

（三）课程思政元素引导

（1）专业技能引导。讨论并分享如何通过大学四年的专业学习提升专业技能，避免将来职业生涯中由于专业技能欠缺导致会计差错。

</td>
</tr>
</table>

续表

本节课教学设计	（2）会计职业道德引导。讨论并分享前期差错更正违反了哪些会计职业道德，会计人员应该具备的基本会计职业道德有哪些。  （3）社会主义核心价值观以及社会责任担当引导。讨论并分享社会主义核心价值中“诚信”和“敬业”对会计职业有什么指导作用，如何做一名合格的会计人员，会计职业在资本市场和经济发展中的重要作用有哪些。 

续表

本节课教学设计	
课程思政元素	社会责任、法治意识、社会主义核心价值观。

四、课程思政融入效果

（1）提升学生课堂参与度，激发学生深度思考。利用实务案例导入的方式，将思政育人和教学内容有机地结合起来，不但可以提升学生的积极性，而且激发学生对会计差错背后原因的深度思考。

（2）基于 OBE 理念，以学生为中心优化了教学方式和内容。在实现课堂教学目标的过程中，以案例为实际情景，以“学生为中心”进行讨论，引导学生探究式主动学习，不但内化了专业知识，而且能够更深刻地领悟专业技能在实际工作中的价值，提升学生的职业价值感和使命感。

（3）通过专业知识与思政内容相融合的方式，不但可以拓展学生的知识视野，而且有助于培养具有专业素养、家国情怀、责任担当的新时代爱国青年。

五、教学反思

1. 教学体会

（1）课堂氛围更加活跃，学生积极讨论并参与分享。

（2）对专业技能的学习有了更坚定的信念。在分享中，学生谈到专业技能是将来从事会计职业的工具，也是保护自己的盔甲，只有具备扎实的专业知识，才尽量避免出现会计差错。

（3）对会计职业道德有了更加深刻的理解。不少学生在分享时均提到，需要提高自身道德修养、抵制诱惑，才能更有利于职业生涯的发展。

（4）对社会主义核心价值观中“诚信”和“敬业”的精髓有了更深入的理解。在讨论和分享中，不少学生意识到社会主义核心价值观是指导将来职业生涯重要的价值体系，一定会将社会主义核心价值观贯彻到会计职业生涯中去。

（5）对会计职业在资本市场以及经济发展中的重要作用有了一定程度的认识。学生更加认可自己将来可能从事的会计职业，并理解了会计职业在资本市场和经济发展中的重要作用，培养和激发了学生的社会责任担当和社会责任感。

2. 教学启示

（1）本课程在基础会计学和中级会计实务的基础上开设，从专业技能的角度主要学习企业特殊业务的会计处理，从培养目标的角度主要培养学生的高层次专业胜任能力以及开创性、创建性思维，从培养层次的角度主要培养企业高端会计人才。可以看出，无论从哪个角度来看，在高级财务会计课程中加入课程思政都是十分必要的，因为该门课程对学生的职业素养、法律意识、核心价值等思想品德具有更高的要求。

（2）从会计学专业的角度谈课程思政。该专业要求培养求真务实、坚持原则的会计从业人员，时刻谨记会计职业道德，遵守相关法律法规。所以职业道德教育应该贯穿会计专业的全课程，以培养学生健全、高尚的人格以及道德情操。

（3）从工商管理学科的角度谈课程思政。工商管理学科研究营利性组织经营活动规律以及企业管理的理论、方法与技术。工商管理类专业课程蕴含丰富的思政元素，在新时代新商科发展背景下，做好工商管理类课程思政建设具有重要战略意义，可以为社会培养更多的高质量商科人才。

物流管理课程思政教学案例

管理学院　李海燕

一、课程基本信息

课程名称	物流管理		
课程性质	专业基础课	学科门类	管理学
学分	3	授课对象	大二本科生
学时	48（理论）	授课方式	线下
课程简介			
本课程是物流管理专业的专业基础课，在物流管理专业处于先导地位，对学生专业核心能力的培养起着支撑作用。本课程紧密结合当前物流领域的理论与实践，概述性讲授物流运营活动整个体系框架，主要涉及物流管理概述、供应链管理、物流系统、采购管理、运输管理、仓储管理、装卸搬运管理、包装与流通加工、配送管理、物流信息管理等内容。通过对本课程的学习，学生对现代物流管理的基本理论及主要功能有一个总体认识和掌握，为后期进一步深入学习相关专业课程打下基础。			

二、教学目标

知识目标	掌握物流及物流管理的概念、物流七大功能要素以及物流标准，熟悉第三方物流、企业物流、国际物流的基本内容，了解现代物流技术、现代物流管理前沿及发展趋势。
能力目标	能够从事物流策划、设计业务操作，具有一定的仓储管理、企业物流管理能力，能够将物流管理基本理论应用于实践，并具备一定的解决物流活动过程基本问题的能力。
课程思政育人目标	具有正确的世界观、人生观和价值观，良好的职业操守和道德品质，拥有爱国情怀与社会责任感，具备合作精神、创新精神以及学科基本素养。

三、教学设计

案例名称	中国共产党杰出的物流智慧		
授课章节	第一章　物流概述 第一节　课程导言	学时	2

续表

<table>
<tr><td>本节课
教学目标</td><td>本节课为该门课程的导言课，承担着提高学生对物流基本知识和基本技能的认识水平，培养学生职业兴趣和职业认同的任务。通过本节课程的教学，拟促使达成以下三个方面的目标：
（一）专业目标
激发学生对物流管理专业的好奇心和兴趣，加深学生对物流管理基本概念和内涵的理解，培养学生的职业认同。
（二）能力目标
了解物流伴随战争和经济发展的历史，掌握物流的概念和内涵，理解物流系统优化的思想；对物流在经济生活中的重要性及意义有一定的认识，具备一定的物流管理系统思维，能够对现实中的物流现象做出一定的识别和评价。
（三）课程思政育人目标
引导学生树立正确的职业理想，勇于承担社会责任；发扬传统美德，培养家国情怀和使命意识，增强政治认同和制度自信。</td></tr>
<tr><td>本节课
教学设计</td><td>（一）知识要点
（1）物流的概念、内涵。
（2）物流主要设施设备和管理手段的发展。
（3）物流系统。
（二）教学内容
1. 物流概念的产生和发展（重要时间点和相对应的物流概念的表述）
物流深深地扎根于战争和经济发展历史中。物流概念的发展主要经历了 Physical Distribution（分销物流）→Logistics（军事后勤），需要向学生讲授清楚从 Physical Distribution 到 Logistics，物流概念的内涵和外延发生了什么本质上的变化。
2. 物流设施设备和管理手段的发展
（1）物流设备：人扛马拖→手推车、木牛流马→卡车、货轮、火车、管道→高铁、无人机。
（2）物流信息技术：条形码、RFID、EDI、MRP、ERP、Internet、物联网、大数据、区块链。
（3）物流运营模式：第一方物流→第二方物流→第三方物流→第四方物流。
（4）物流阶段特征：人工物流→设备物流→智慧物流（数字物流）。
3. 物流系统
物流系统是指在一定的时间和空间里，由所需输送的物料和包括有关设备、输送工具、仓储设备、人员以及通信联系等若干相互制约的动态要素构成的具有特定功能的有机整体。物流系统的成功要素是使物流系统整体优化以及合理化，并服从或改善社会大系统的环境。
（三）教学方法
（1）类比带入法：通过诸葛亮妻子发明的物流设备“木牛流马”，将学生引入后勤供应的教学主题。
（2）问答法：围绕授课主题，设置引导性和思考性问题让学生回答，增强学生的参与感，帮助学生更好地理解知识点，激发学生学习兴趣。</td></tr>
</table>

续表

<table>
<tr><td>本节课教学设计</td><td>
（3）启发法：通过启发式引导，让学生学会自主地去归纳和总结，培养学生的创造性学习能力。
（4）开放式小组讨论法：通过小组讨论，激发学生进行系统性思考，同时培养学生的领导力、批判性思维以及团队合作精神。
（5）多媒体和数字化教学手段：利用多媒体进行形象直观的图片、过程展示，便于学生更好地理解；利用雨课堂进行实时动态课堂管理。
（四）课程思政融入内容及方式
融入课程知识：物流系统优化（物流设施规划与布局），凸显物流系统要素，时间、空间、设施、设备、人员、通信；物流系统功能，整体优化以及合理化。
思政素材设计：从新民主主义时期“红军长征”、改革开放时期“经济特区”，到社会主义现代化时期“一带一路”，三个时代背景下共产党人的“物流设施规划与布局”，彰显古代→近代→现代中国共产党人的物流智慧和新时代恢宏的物流画卷，以及不同的时代精神。
思政教学目标：通过上述思政素材的融入，进一步强化学生对物流系统及物流设施的布局和优化的理解和认识，同时让学生认识到物流对一个国家经济社会发展的重要意义，从而在达成知识能力目标的同时，培养学生的职业兴趣，增强学生的民族自豪感、社会责任感、政治认同和制度自信。
1. 思政融入一
（1）思政素材：新民主主义革命时期——红军长征。
长征的路线布局和规划是摆在共产党人面前的首要问题，关系到红军的生死存亡。如何发挥红军优势、整合资源，使得在缺粮、少装备的条件下以最短的时间、最少的牺牲，来躲避国民党的围追堵截，同时有力打击国民党军队，并最终实现成功会师？
（2）融入方式。
①故事性讲述。
②引导性分析和启发式讨论。
围绕上述素材引导性分析涉及的物流系统要素：时间约束？空间约束？
装备：马驮人扛、手推车。
通信技术：红色电波传万里、四渡赤水有奇兵——长征中的无线电通信。
结合上述素材通过提问和讨论，进一步引导学生思考物流系统相关问题：红军长征物流系统需要达成什么样的目标？物流的设施、设备及物流路线的选择需要考虑哪些约束条件？其中体现了哪些精神？
</td></tr>
</table>

续表

<table>
<tr><td>本节课
教学设计</td><td>
图 1 教师引导学生分享观点
2. 思政融入二
（1）思政素材：改革开放时期——首批经济特区的成立（1979 年，邓小平在中国的南海边画了“一个圈”）。
（2）融入方式：
①故事性讲述。
②引导性分析和启发式提问：为什么党和国家领导人要画这样一个“圈”？选择深圳作为物流枢纽有怎样的意义？对我国的经济带来怎样的影响？
3. 思政融入三
（1）思政素材：社会主义现代化建设时期——“一带一路”倡议（2013 年，习近平总书记在世界的版图上画了“一个圈”）。
2013 年 9 月和 10 月习近平总书记分别提出建设“新丝绸之路经济带”和“21 世纪海上丝绸之路”的合作倡议。
（2）融入方式：
①故事性讲述。
②引导性分析：“一带一路”倡议对我国经济发展的物流战略意义。“新丝绸之路经济带”和“21 世纪海上丝绸之路”，打通从中国到欧洲的物流大通道。
4. 课堂讨论
围绕新冠疫情讨论并分享新时代的物流人和物流故事，谈谈你想做一个什么样的物流人。</td></tr>
</table>

续表

本节课教学设计	 图 2　学习小组在积极讨论
课程思政元素	职业认同、家国情怀、社会责任、制度自信、政治认同。

四、课程思政融入效果

（1）学生内在学习动力被激发，课堂生动精彩，学生专注而充满激情。

（2）思政对课程教学具有较好的促进作用，为课程提供了鲜活的应用场景，从而帮助学生更好地理解和掌握相关知识点。

（3）达到了润物细无声的思政效果。

五、教学反思

（1）凸显“以学生为中心”理念，教学过程具有同理心（理解、换位思考、真诚、尊重）。

（2）为学生提供精心设计和策划的学习舞台。

（3）多采用一般疑问句，给学生更多思考与展示的机会。

（4）注重采用数字化教学手段，实时动态管理课堂。

金融学课程思政教学案例

经济金融学院　姜　松

一、课程基本信息

<table>
<tr><td>课程名称</td><td colspan="3">金融学</td></tr>
<tr><td>课程性质</td><td>专业必修课</td><td>学科门类</td><td>经济学</td></tr>
<tr><td>学分</td><td>3</td><td>授课对象</td><td>大二本科生等</td></tr>
<tr><td>学时</td><td>48</td><td>授课方式</td><td>线上线下混合</td></tr>
<tr><td colspan="4">课程简介</td></tr>
<tr><td colspan="4">金融是现代经济的核心。习近平总书记指出：“金融活，经济活；金融稳，经济稳。经济兴，金融兴；经济强，金融强。经济是肌体，金融是血脉，两者共生共荣。”金融学课程就是在这样的大环境下孕育而生并演化发展的。重庆理工大学金融学课程开设于 1997 年，原名为货币银行学，2022 年被认定为重庆市课程思政示范课程、教学名师和团队，重庆市“一流课程”，助力金融学专业晋升国家一流专业。作为经济学类专业的基础课程、工商管理类专业的重要选修课程，它涉及货币制度、信用、利息与利率、外汇与汇率、金融市场、金融中介、货币供给与需求、货币政策以及通货膨胀等方面的金融知识和理论范畴。通过学习本课程，学生不仅能达到掌握金融基本逻辑、内在关系、运行规律的知识目标，而且还能深刻领悟经济金融彼此强化、共生共荣的基本原理，运用金融理论回溯历史、解析现实和展望未来，全面提高发现问题、分析问题和解决问题的能力。</td></tr>
</table>

二、教学目标

<table>
<tr><td>知识目标</td><td>（1）以案例故事引入和知识点讲解，让学生能够熟练掌握现值的经济学内涵、实践运用范畴。
（2）熟练掌握现值计算中的关键指标——预期收益率的经济学内涵，能够比较到期收益率与利率、回报率之间的区别和联系。
（3）能够熟练计算普通贷款、固定支付贷款、息票债券、贴现发行债券等几种典型性金融工具的现值计算方法，明确金融产品定价的基本原理以及金融机构盈利的内在逻辑。</td></tr>
<tr><td>能力目标</td><td>（1）架构逻辑联系机制，提升知识融合能力，形成金融学知识同古典文化的“双向链接”，打造全新知识图谱。
（2）夯实底层思维，提升学生思维逻辑和行动实践逻辑的匹配衔接能力，全面提升学生的市场适应力以及职场竞争力。</td></tr>
</table>

续表

能力目标	（3）注入红色基因，鉴往而知来，体悟新一代共产党人的先进思想、领导智慧和治国理念，提升进行“伟大斗争”、解决实际问题的能力，培养社会主义合格建设者和接班人。重塑理工标识和兵工精神，增强学生自豪感、荣誉感、使命感，明德笃行、自强日新，融入学校发展历程。
课程思政育人目标	以 OBE 理念为指导，从“中国古典文化—经济学思维—总书记新思想—理工大学精神”四方面，凝练思政内容衔接点，架构思政教学体系。具体预期目标有以下四点： （1）通过嵌入“中国古典文化”，让学生体悟古典之美、意象之美，丰盈学生精神世界，以“小我”融入“大我”，涵育家国情怀。 （2）通过淬炼“经济学思维”，让学生体悟智慧之美、“成人”之美，锻造学生处世准则和行为规范，在履职尽责中强化“经邦济世”使命担当。 （3）通过铭记“总书记青年寄语”，让学生体悟红色之美、传承之美，重塑学生红色基因，为红色文化传承注入青年力量。 （4）通过重温“理工大学精神”，让学生体悟兵工之美、初心之美，铸魂理工标识，在重温历史中感悟育人温度。

三、教学设计

案例名称	盛年不重来　一日难再晨——现值与人生“时间价值”提升		
授课章节	第三章　利息与利率 第二节　利率及其种类	学时	4
本节课教学目标	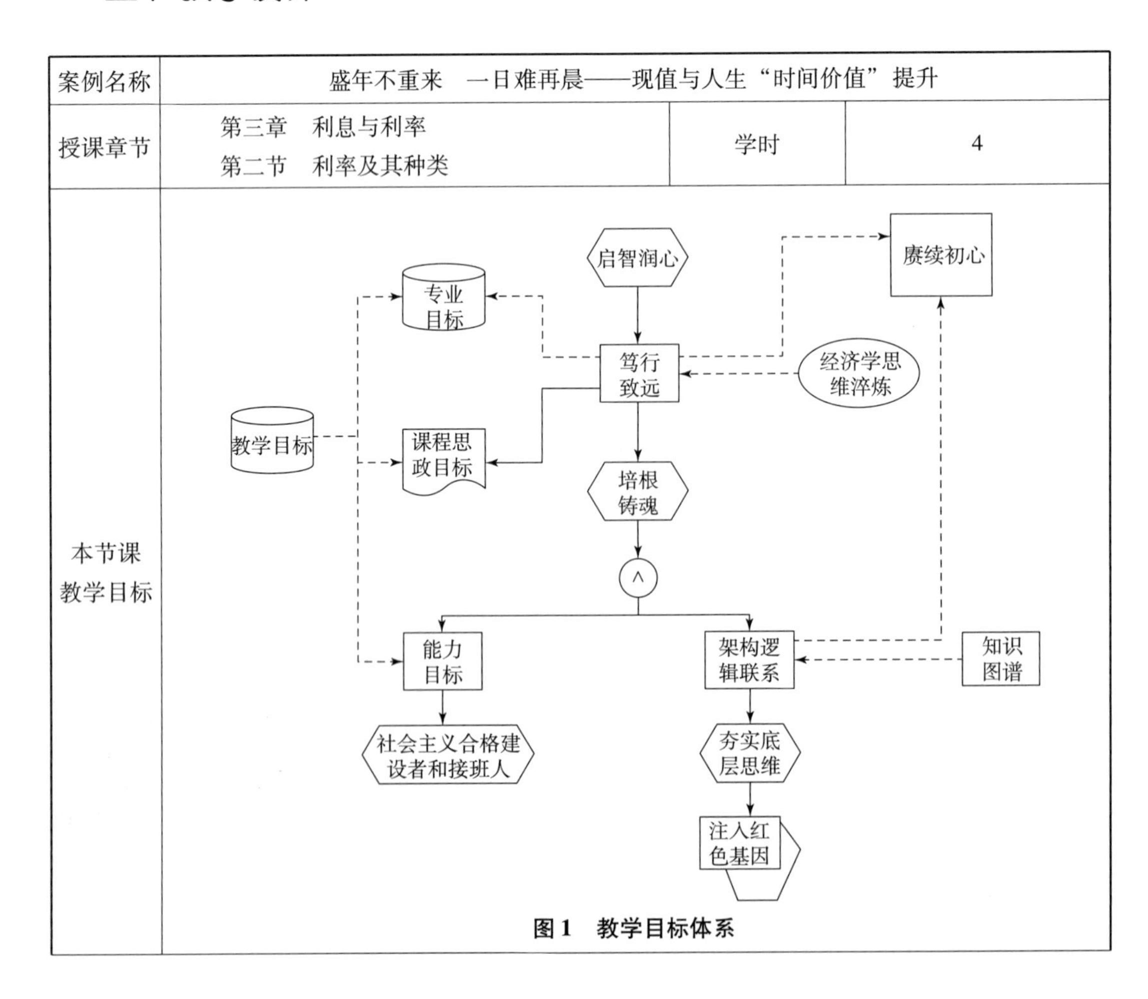		

图 1　教学目标体系

续表

本节课教学设计	**（一）专业理论知识** 1. 资金的时间价值 同学们，在上课之前，我们先来思考一下下面这个问题： 如果让你在今天得到100美元，和明天得到110美元，你如何选择？相信，大部分同学都会选择——今天就得到100美元。 为什么呢？ 这里就涉及资金的时间价值问题。所谓资金时间价值是同样数额的资金，在不同的时点上具有不同的价值。既然不同时点的资金价值不同，也就无法直接比较。必须将不同时点上的资金价值换算到相同时点之上。因此，从资金运动顺序角度，很容易定义现值和终值。 现值是指未来的资本折算到现在时点的价值，或者是，现在时点的本金；终值是指现在资本折算到未来的本金和利息之和。 2. 主要金融工具的现值计算 （1）普通贷款。 $$PV=\frac{FV}{(1+i)^n}$$ 式中：i——到期收益率。 （2）固定支付贷款。 $$PV=\frac{FP}{1+i}+\frac{FP}{(1+i)^2}+\frac{FP}{(1+i)^3}+\frac{FP}{(1+i)^n}$$ 式中：FP——每年固定的偿付额。 （3）息票债券。 $$P=\frac{C}{1+i}+\frac{C}{(1+i)^2}+\frac{C}{(1+i)^3}+\frac{C+F}{(1+i)^n}$$ 式中：F——息票债券的面值。 （4）零息债券。 $$PV=\frac{FV}{(1+i)^n}$$ （5）永续债券。 $$PV=\frac{C}{(1+r)^1}+\frac{C}{(1+r)^2}+\frac{C}{(1+r)^3}+\cdots\cdots+\frac{C}{(1+r)^n}=\frac{C}{r}\left[1-\frac{C}{(1+r)^n}\right]$$ 3. 比较到期收益率和回报率 （1）计算利率的途径有若干种，其中最重要的就是到期收益率。这也是衡量利率最精确的指标。由几种主要金融工具现值计算公式可知：现值与到期收益率成反向变动关系。也就是说，到期收益率越高，现值越低，资金的资金时间价值也就越低。 （2）到期收益率，就是使债务工具所有未来回报的终值等于现值的利率。 （3）需要注意的是，债券的回报率并不一定等于债券的到期收益率。 **（二）融入课程思政教学方法或形式** 基于“理念—思维—行为”方法框架，构建“中国古典文化—经济学思维—总书记新思想—理工大学精神”四位一体嵌入式课程思政教学框架，将四大“思政点”重构形成新

续表

本节课教学设计	的知识图谱。通过一体化、集成式设计，打破“知识孤岛”，形成“思政线”“知识面”，达到“启智润心—笃行致远—培根铸魂—赓续初心”的四维教学目标，真正实现课程思政“润物细无声”的预期效果。

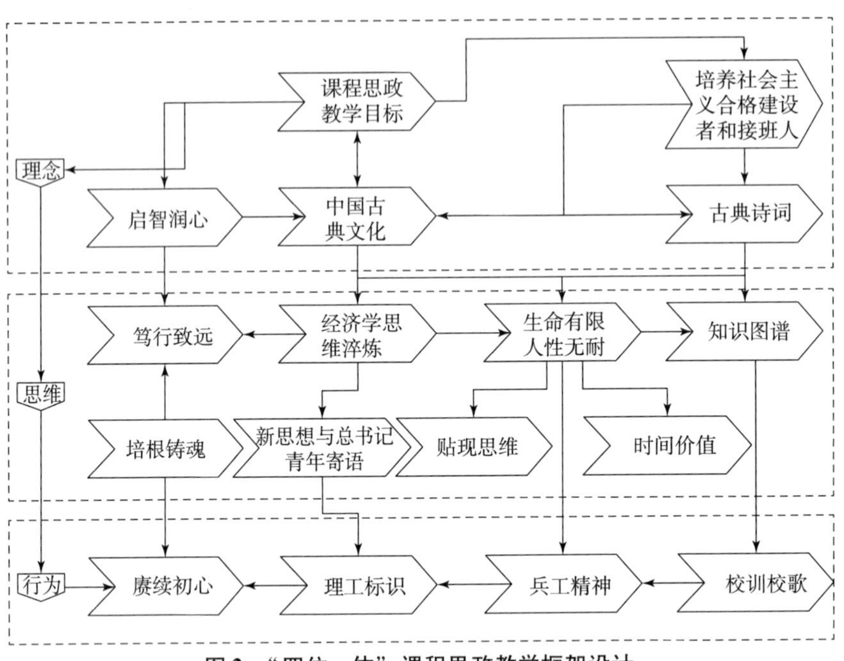

图 2 “四位一体”课程思政教学框架设计

1. 启智润心：中国古典文化嵌入

陶渊明——《杂诗十二首·其一》

人生无根蒂，飘如陌上尘。

分散逐风转，此已非常身。

落地为兄弟，何必骨肉亲！

得欢当作乐，斗酒聚比邻。

盛年不重来，一日难再晨。

及时当勉励，岁月不待人。

基于资金时间价值理论认知，同学们会发现：人生也是有时间价值的。我们每个人都希望自己人生的时间价值能够达到最大化，希望成为理想中的自己。相信大家都还清晰记得，小时候家长和老师问你长大后以后的梦想时，大家异口同声的“科学家梦”吧。

然而，“人生无根蒂，漂如陌上尘，分散逐风转，此已非常身。”理想很丰满，现实很骨感。有的人成了“看涨资产”，有的人成了“看跌资产”，大家驶向了不同远方，走上了不同人生道路，形成了不同行为选择。追忆往事，大家也时常发出“盛年不重来，一日难再晨”的感慨，感叹岁月易逝去，时光不再。

面对易逝的光阴，我们难道就束手无策吗？

当然不是，陶渊明事实上已经给出了明确答案——及时当勉励，岁月不待人。光阴流逝，应当趁年富力强之时，勉励自己努力奋斗，不断提升人生的“时间价值”。

续表

<table>
<tr><td>本节课
教学设计</td><td>2. 笃行致远：经济学思维淬炼
人生没有时光机，人生选择具有不可逆性，但努力和变革的时点是我们可以选择的。如何从现在开始，珍惜时光、砥砺前行、重塑自我，是提升人生时间价值的关键。这就需要我们运用专业知识，从经济学维度解“人生最优解”。经济学除了是一门资源配置的科学，更是一门选择的科学。经济学中的“生命有限”和“人性无耐”假设，与陶渊明诗歌中描述的“盛年不重来，一日难再晨”“岁月不待人”的约束限制异曲同工、如出一辙。
在这样现实约束下，如何实现“及时当勉励”，就需要我们淬炼经济学思维，寻求新的解答。
由现值计算公式可知，现值与贴现率之间是反向关联。也就是说，贴现率越高，现值越小。贴现率越低，现值越大。因此，要现值最大化，就需要降低贴现率。换言之，要实现人生“时间价值”最大化，就需要我们降低贴现率。
如何降低贴现率呢？
就需弄清影响贴现率的主要因素。一般而言，贴现率可以分为名义贴现率和实际贴现率。实际贴现率 = 名义贴现率 + 折旧率。因此，我们要降低资产实际贴现率，就是要降低资本折旧率。那么，什么样的资本具有较低的折旧率呢？
在理论层面，资本可以划分为物质资本、金融资本、人力资本、社会资本等四种典型类型。如果从折旧率角度来看，物质资本折旧率是最大的。金融资本和社会资本虽然折旧率也很低，但这两类资本的外部确定性、代际传承性十分突出。普通人在短期内很难发生质性变化。
通过筛选可知，在资本结构中人力资本折旧率是最低的。因此，降低贴现率、提升人生的关键，就是要提升人力资本。人力资本是知识技能、健康状况、经验经历以及组织管理水平的总和，主要通过教育投资等手段实现增长和劳动力市场定价。讲到这里，同学们是否已经明白，老师苦口婆心，让大家努力学习的重要性了吧。通过学习，大家可以构建完善自己的知识系统和知识图谱，实现人力资本积累以获取长期收益。
一言以蔽之，提高人力资本水平，不仅能提高大家在劳动力市场上的就业表现、职业发展，更能够让大家在较长生命周期内，保持较低资产“折旧率”，面临的实际贴现率也就越低。我们就会越有耐心，将未来看得更远、规划得更远，人生的“时间价值”也就会越高。
不过，需要注意的是，贴现率并不是一个恒定的常数，它是时间的函数。因此，在动态层面，要保持降低的贴现率，还必须保持较高的增长率。在金融学框架下，个体的生命周期，可以看成是资产动态演化过程。也就是说，我们个人面临的贴现率也不是固定的，它也是时间的函数。任何提高自身价格和人生价值的预期，都必须“持续奔跑”，保持持续学习、高增长态势。因为只有这样，才能够持续性地降低贴现率，达到长期升值目的。这也是确保人生的时间价值持续性提升的必由之路。
3. 培根铸魂：新思想引领新发展
无论是陶渊明发出的“盛年不重来，一日难再晨”的青春流逝的感慨，还是经济学思维中蕴含的“贴现思维”，最终传递的价值都是，珍惜有限青春时光，努力前行，奋发有为，不负时光、不负韶华、不负时代的精神内核。这也是习近平总书记对青年学子成长的殷殷嘱托。</td></tr>
</table>

续表

本节课教学设计	青年是整个社会力量中最积极、最有生气的力量。国家的希望在青年，民族的未来在青年，青年兴则国家兴，青年强则国家强。当代中国青年，应用脚步丈量祖国大地，用眼睛发现中国精神，用耳朵倾听人民呼声，用内心感应时代脉搏，勤奋学习。 让读书成为“最大爱好”。 在攀登知识高峰中追求卓越，在真刀真枪的实干中成就一番事业，让理想信念在创业奋斗中升华，让青春在创新创造中闪光。 同学们，虽然时间是生命的长度，但视野才是生命的高度，知识才是生命的厚度，奋斗才是生命的重度。这也是人生价值持续性提升的关键。 4. 赓续初心：理工标识与兵工精神传承 虽然“盛年不重来，一日难再晨”，但青春因奋斗而永葆活力，因坚持而蝶变重生。这一精神品格，也与我们理工大学的办学理念和精神内核一脉相承。 重庆理工大学发扬兵工精神，延续着红色军工血脉，传承忠诚坚韧、实干担当的精神品格。无论是首任校长李承干先生提出的“值得吾人尽力而为者，唯有教育”的办学理念，还是郭沫若先生作词的校歌“工以建国，技以利工”的殷切期冀，其中都蕴含着贴现思维下，提升人力资本、降低折旧率以提升人生时间价值的深刻哲理。“学欲其专，技求其新”，才是青年学子对抗“生命贴现”、降低人生贴现率、提升整个生命周期“时间价值”的正确打开方式和行为选择。古人学问无遗力，少壮功夫老始成。 同学们！猛进！猛进！
课程思政元素	家国情怀、科学思维、社会责任社会主义核心价值观、追求真理的科学观。

四、课程思政融入效果

（1）利用金融学在线开放课程、微宣讲、微课视频，实现课堂翻转，调动学生主动参与课程思政教学的热情与积极性；通过事前的时事背景的讨论，让学生对新思想、人生价值、专业发展等形成初步认知，夯实思维深化的前提基础。这些举措，能够有效解决线上和线下资源割裂、教师和学生互动匮乏的问题。

（2）案例设计过程中坚持宏观叙事和微观嵌入相结合的方式，将个人与集体、小我与大我有效结合，让学生在宏大叙事中找到人生坐标定位和人生价值，弘扬正能量，厚植学生爱国主义教育，化解课程思政教学形式与内容“两张皮”的问题。

（3）创新课程考核方式，增设学生自我批评与反思环节。从“需求侧”学生的角度，进行课程学习的反思与实践，提升自我认知能力、自我发展能力，增强综合素质，解决学习过程与考核结果偏差的问题。

五、教学反思

（1）本次课程思政教学主要从内容设计和方法上进行创新突破，构建“中国古典文化—经济学思维—总书记新思想—理工大学精神”四位一体嵌入式框架，将四大“思政点”进行一体化设计、融会贯通，让之前的“思政点”绘连成“思政线”“知识面”，形成一体化、系统化的思政教学案例。相比“点式”思政点的植入，本思政教学案例“链式化”尝试的特色性、创新性十分明显，能够从文化、专业和新思想等多重维度，对学生形成系统性启发，受到学生好评和欢迎，教学效果较好。

（2）在后续的课程思政教学中，将继续依托金融学课程思政建设项目，将教学大纲中预设的“思政点”进行优化重组，形成“逻辑链”。不过，相比“点式”的思政教学模式，这种“链式”思政教学模式对教师的文化底蕴、专业素养和政策感知的“多维集成”能力要求较高，需要通过教学教改研究、思政团队建设等予以重点突破。

社会保障调查课程思政教学案例

管理学院　罗　静

一、课程基本信息

课程名称	社会保障调查		
课程性质	专业基础实践课	学科门类	管理学
学分	3	授课对象	大二本科生
学时	48	授课方式	线上线下混合
课程简介			
本课程是劳动与社会保障专业学生必修的专业基础实践课。本课程运用社会保障调查相关的原理、方法和技术完成社会调查；用文字、图、表等方法记录、描述和分析调查数据；用熟练的表达、沟通技巧与受访对象进行沟通和交流；形成完整的社会调查报告、案例分析报告，参加专业领域竞赛；通过竞赛、社会服务、发表论文、申报科研项目等转化社会调查成果。课程目标：培养熟练使用问卷调查法、深度访谈法采集调查数据，运用 SPSS 等分析工具分析数据，梳理问题，提出解决方案，形成完整调查报告和案例分析报告；强化学生文字撰写能力；培养对调查数据进行记录、分析的能力；培养资料搜集、阅读及整理的能力；培养良好的沟通、交流、表达和团队分享能力。 本课程为学生走入社会、接触了解社会提供一个窗口和平台，强化学生的事业心和责任感，巩固专业思想；学生有正确的社会保障调查价值观，能够掌握调查方案的设计，能运用所学知识进行文献搜集、实地观察、样本抽取、问卷设计、访谈调查、问卷调查、资料整理、撰写调查报告，具备团体协作能力等社会调查所需要的各种技能。			

二、教学目标

知识目标	（1）掌握社区居家养老服务、机构养老的概念、服务内容、运作方式。 （2）认识我国最后一公里养老服务递送主体、递送模式和责任分配机制。 （3）比较社区居家养老服务、机构养老服务的异同，以及在现实运行中的关联。 （4）了解老年人的养老服务需求、当前社会养老服务供给，以及供需之间的存在的矛盾。 （5）思考目前养老服务最后一公里递送的困难和破解之道。

续表

能力目标	（1）分析影响养老服务递送的关键要素。 （2）思考当代大学生应该在养老服务最后一公里中承担哪些责任。 （3）思考我国养老服务最后一公里问题是不是钱的问题，为什么？
课程思政育人目标	（1）在养老服务需求调查教学中，完成德育目标，培养学生尊老、敬老、爱老的社会文化观念。 （2）在养老服务最后一公里递送中完成劳育目标，要求学生为老人做一件力所能及的事。

三、教学设计

案例名称	养老服务的最后一公里——养老服务理论与实践		
授课章节	第三章第二节　养老服务的供给主体访谈与调查	学时	6
本节课教学目标	**（一）专业目标** （1）掌握问卷调查、深入访谈的方法与技巧。 （2）现场开展问卷调查和访谈，得到原始调查数据和访谈录音。 （3）得出养老服务供给主体的特点、服务供给种类、供给方存在的问题。 **（二）能力目标** （1）与人沟通的能力。进入实践教学基地后，需要与基地工作人员建立良好沟通关系，获得对方的信任，让对方愿意配合你的调查活动。 （2）思考不同类型养老服务供给主体在养老服务最后一公里中分别承担哪些责任。 （3）思考对于养老服务供给主体而言，在最后一公里递送养老服务最大的问题是不是钱的问题，为什么？ **（三）课程思政育人目标** （1）在养老服务供给访谈调查教学中，学会小组合作，培养团队精神。 （2）完成德育目标，培养学生尊老、敬老、爱老的社会文化观念。 （3）在调查结束后完成劳育目标，要求学生为老人或者基层养老服务供给者做一件力所能及的事。		
本节课教学设计	**（一）教学内容** （1）养老服务概念、性质、内容和分类，机构养老、社区居家养老的区别与关联，养老服务的责任主体。 （2）养老服务的需求、养老服务供给、养老服务的供需问题。 （3）养老服务最后一公里递送，责任主体、递送模式、运作方式。 **（二）教学过程** 1. 什么是养老服务 养老服务的概念、性质、内容和分类，机构养老、社区居家养老的区别与关联，养老		

续表

<table>
<tr>
<td>本节课
教学设计</td>
<td>服务的责任主体。
从传统文化角度解读养老服务的文化基础。用提问的方式，让学生回忆中国传统文化中关于养老的名言名句，启发学生思考我国养老服务的理念和社会基础。让学生主动学习和传承中国的尊老敬老的文化传统。
师：尊老爱幼，是中华民族的传统美德。同学们，你们都记得哪些关于养老名言名句的呢？
如孔子《礼记》中提出大同的情况是“使老有所终，壮有所用，幼有所长，矜寡、孤独、废疾者皆有所养”，《孟子·梁惠王上》中“老吾老，以及人之老，幼吾幼，以及人之幼，天下可运于掌”。

从政策角度解读养老服务的运行制度。用提问的方式，让学生回忆自己熟悉的人和事，说出哪些人享受了哪些养老服务，养老服务的供给主体都有哪些。让学生主动思考养老服务的递送主体和责任分配，从专业视角认知我国养老政策的发展变迁，感受养老成就，增加社会认同。
师：同学们，你们来说一说，自己身边的人享受了哪些养老服务？都是谁提供的养老服务？
从理论上讲解养老服务的概念、性质、内容、分类和供给主体。
2. 养老服务供需分析
从职业规划角度解析本专业的职业发展优势，进行专业引导。紧接着前面学生提及的养老服务供给、养老服务需求方面存在的问题，引入养老服务最后一公里话题。给学生明确指出，在养老服务领域我们的职业定位是服务供给者，大部分就业需求在最后一公里过程中。给学生讲解当前的就业情况、专业优势，增加学生的专业认同感和职业使命感。用横渠四句“为天地立心，为生民立命，为往圣继绝学，为万世开太平”激励学生。</td>
</tr>
</table>

续表

<table>
<tr>
<td>本节课
教学设计</td>
<td>

师：同学们也提到很多老人需要养老服务，但又不能获得服务。大家从供需角度想一想，我们的养老服务还存在哪些问题？

从老龄人口数量、身体状况、收入状况、家庭结构等方面梳理养老服务宏观需求，从养老机构数量、社区居家养老服务设施数量梳理养老服务宏观供给，对比养老服务供需情况，指出供需之间存在的问题。

3. 养老服务最后一公里递送

到养老服务最后一公里递送现场，进行现场教学，要求学生完成劳育教育目标。完成两类劳育目标：一类是为老人做一件力所能及的事；另一类是运用专业知识的创新性劳动，帮助养老服务机构、社区居家养老服务中心理顺养老服务档案、管理文件，运用专业知识为中心与机构策划服务递送方案等。

</td>
</tr>
</table>

续表

本节课教学设计

现场教学环节，参观社区养老服务中心和养老服务机构，请中心和机构负责人向学生分别介绍社区养老服务中心、养老服务机构的功能、定位、递送方式、责任边界和经营理念。通过直播的形式，实现线上线下教学同步，向没有到现场的学生同步展示养老服务最后一公里递送的现实场景。教学翻转，通过学生提问，现场回答的形式，解决学生的疑问，加深理论知识的应用。

（三）融进课程思政教学方法或形式

1. 移动教室，现场教学：理论联系实际

结合理论课程内容，通过移动教室方式，将理论中的部分内容在现场教学中实现。首先，要选出理论教学中适合进行现场教学的内容。如养老服务理论教学中的老年人刚性需求、社区与机构养老服务供给等内容能够在现实生活中看到，通过现场教学效果更好。老年人需求除了总人数、年龄结构等宏观数据，绝大部分需求受老年人经济状况、老年人身体健康状况和个体偏好决定，深入到老年人群体中去，才能够真实了解老人的需求。其次，要请实业专家授课，详细介绍社区养老服务中心、养老服务机构等组织提供的服务内容、运行模式、目标定位等，明确供给力量和供给现状。

序号	实践基地名称	建立时间
1	重庆市第一福利院	2020. 9—2021. 9
2	花溪街道养老服务中心	2018. 9—2022. 9
3	巴南区民政局	2019. 7—2021. 7
4	巴南区医保局	2018. 7—2021. 9
5	巴南区人社局	2020. 9—2023. 9
6	南岸区人社局	2020. 9—2023. 9
7	江北区人社局	2020. 3—2022. 9
8	巴南区中医院	2020. 3—2023. 3
9	李家沱社区养老服务中心	2022. 4—2023. 9
10	九龙坡区石坪桥社区	2022. 5—2023. 5
11	南川区大有镇	2022. 7—2023. 7

续表

本节课 教学设计	2. 第一课堂第二课堂相结合：德育劳育并举 学生第一课堂和第二课堂联动注入思政内容。一人双岗，坚持专业教师任职第二课堂指导教师，让理论学习向学生第二课堂延伸。设置竞赛类专业教师和社会实践专业教师两类指导教师，分别指导学生科研竞赛和学生社会实践，确保理论课堂知识能够得到贯彻。在本课堂中： （1）第一课堂现场教学中，穿插老年志愿服务内容，如为老年人做件好事儿，陪老人说说话，跟老人一起娱乐，并记入学生志愿服务时长。   管理学院党委领导、师生党员、志愿者同老人们一起包饺子。新华网发（重庆理工大学供图） 志愿者们还带来了歌舞表演，经典歌曲《外婆的澎湖湾》勾起老人的记忆，也跟着旋律唱起来。现场，还向老年人发放了问卷，进行社会调查；学校教师党员、劳动与社会保障系的罗静博士，结合老年人权益保障政策进行了宣传，现场解答困惑，并和社区工作人员进行交流，为推动社区、社会组织和社工协同发力的“三社联动”模式创新，提升城乡社区社会治理水平，推动社区治理创新，提供了有效的建议。 据管理学院青年志愿者协会会长、“点心灯”服务队负责人陈芳介绍，他们服务的对象大多为失独老人、高龄老人和空巢老人等特殊群体，通过志愿活动，扮演“子女”的角色，给老人们带去更多的关怀和心理上的陪伴。 近年来，重庆理工大学管理学院党委积极发挥党组织在志愿服务中的引领作用，坚持以党建带团建，充分发挥党员的先锋模范作用，于2016年10月牵头成立了以党员为主体、青年团员广泛参与的“点心灯”志愿服务队，以“燃志愿之火，点老人心灯”为口号，以“情系志愿、服务老人”为宗旨，组织策划和参与各类志愿服务活动。2019年9月，服务队荣获国家级大学生志愿服务社区示范项目。

续表

<table>
<tr><td>本节课
教学设计</td><td>（2）制定专项老年人志愿服务活动，开展专业服务内容和服务项目，定期活动，提高专业学生的德育教育和劳育教育。学院“点心灯”关爱特殊老人志愿服务项目荣获 2019 年大学生志愿服务社区示范项目。
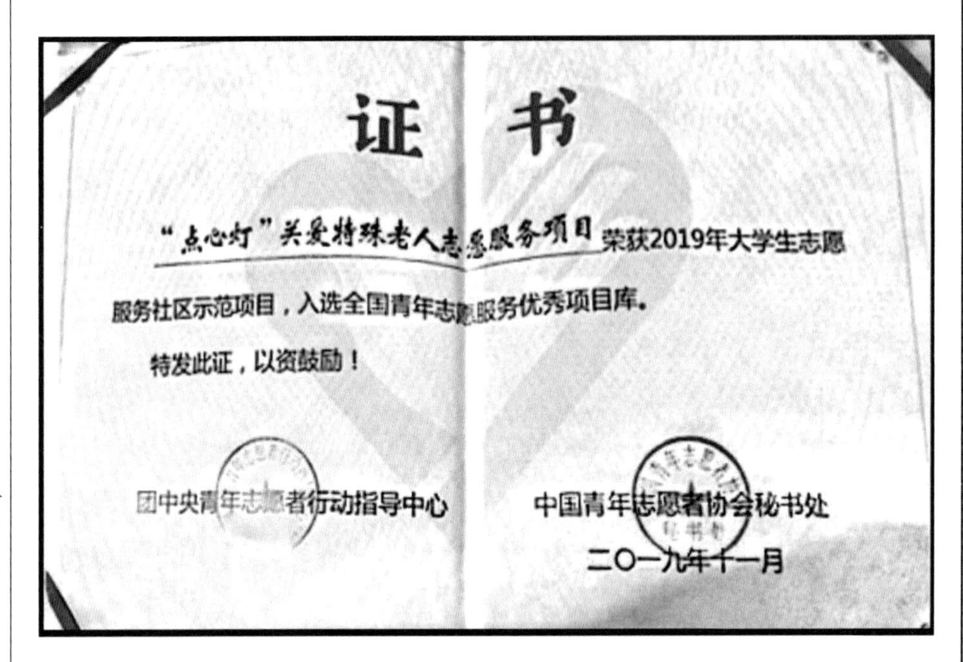
证 书
“点心灯”关爱特殊老人志愿服务项目荣获2019年大学生志愿服务社区示范项目，入选全国青年志愿服务优秀项目库。
特发此证，以资鼓励！
团中央青年志愿者行动指导中心 中国青年志愿者协会秘书处
二〇一九年十一月
（3）引导学生参与养老服务机构和社区养老服务中心运用管理，为社区和机构策划养老服务活动，用专业知识指导劳动活动。
3. 基层党组织品牌建设联动
全方位育人依托学校基层党建品牌活动，促成教师基层党支部与学生基层党支部联动。“新青年在基层”品牌活动是管理学院教工第五党支部与学生第四党支部联动建设，共同推进的。“新青年在基层”是围绕社会民生问题开展的大学生深入基层、认识基层、服务基层和成就在基层的系列活动，主要通过现场调查、基层走访、慰问活动、科学研究等方式，让学生了解基层、认识基层，引导学生将自己的职业规划与基层建设关联，培育学生热爱劳动、踏实服务的精神。</td></tr>
<tr><td>课程思政
元素</td><td>家国情怀、社会责任、社会主义核心价值观。</td></tr>
</table>

四、课程思政融入效果

1. “三育”并举效果好

智育、德育和劳育“三育”并举，思政教育目标和专业教育目标同时达成，受师生欢迎。专项服务活动与专业教育穿插进行，在学习完课堂理论后，直接开展劳育教育和德育教育，连贯性好，学生评价好。学生在课前对专项劳育活动期待值高，课后能够更加准确地回答专业教育的问题。专业教育、劳育教育和德育教育一体化的教学效果好，极大地提升了学生专业认可度和选题积极性。近年形成 9 篇与基层治理和养老服务关联的优秀本科毕业论文；鸿鹄英才计划选择社会保障相关类课题人数累计达到 40 人左右，获得学生科研项目立项 4 项。

管理学院学生党员服务队赴市内养老机构

日期：2019-04-04　来源：管理学院　作者：易蕙玲

3月初，管理学院以“树敬老之风，促社会文明”为主题的养老机构评估调研工作顺利展开。本次活动受重庆市养老服务协会委托，对巴南区与大渡口区两个城区的养老机构进行为期一个月的评估调研。评估调研的工作人员主要来自劳动与社会保障专业的学生党员组成的“鸿鹄”党员服务队，由党员教师罗静、易蕙玲、李聪带队，调查了近80家养老机构。本次评估调研工作主要涉及三个方面：一是考察养老机构相关设备设施是否完善，膳食住宿条件是否良好，安全卫生是否达标，护理人员的配备是否齐全等指标；二是了解养老机构里老人们的日常生活；三是开展慰问和送温暖活动。

“鸿鹄”党员服务队在完成评估调研工作之余，还将关爱与温暖带给了老人，积极主动地替老人们整理房间、打扫清洁，陪伴他们打球、下棋等，慰问之际还唠起了家常。老人们的欢喜之情溢于言表，拉着学生们的手嘘寒问暖，还不忘问问他们的各方面情况。党员服务队浓浓的情意，让老人们感受到了亲人般的温暖。

重庆市巴南区麻柳嘴镇敬老院的一位老人跟学生党员们说道，“我们都是无依无靠的，没有老伴，也没有什么亲人了，是政府修建了敬老院，才让我们有了这个家啊。”敬老院的护理人员也讲道：“我们接收的老人基本上是孤寡老人、五保户、特困老人，有很多生活难以自理的患病老人、失能老人、失智老人，在这里他们能够一起安度晚年，也是社会的进步和责任。”学生党员们在服务的过程中，深刻体会到了社会保障的重要性，正是这样的基本公共服务让老人们有了安度晚年的场所。劳动与社会保障专业2015级党员何娆感慨道：“老人，他们是社会的弱者，可曾经他们也是社会的创造者，这次能亲身到养老机构了解他们，看到在政府的帮助下，他们能够健康开心地生活，真切体会到了国家对老年人实实在在的保障。作为一名大学生党员，我也感受到了自己身上的责任和使命，以及自己所学专业的价值和意义。”

2. 模式可操作、可复制

第一课堂和第二课堂相结合、专业教师任第二课堂指导教师的方式是可以复制推广的。多数高校都开设了学生第二课堂，要将第二课堂的重点从单纯的文体娱乐项目转变为专业创造性项目，着手实践，带动思政元素融入。师生共建基层党组织品牌可复制推广。要将育人目标贯穿于教师基层支部活动始终，要将德育、劳育、美育和体育等思政元素融入学生基层支部活动，联合师生基层支部，以智育为基础，德育、劳育、体育和美育综合培养为目标，规划基层支部建设活动。每个基层党支部还可以根据自身专业特性，选择更加贴近学生、贴近社会需求的项目进行推进。

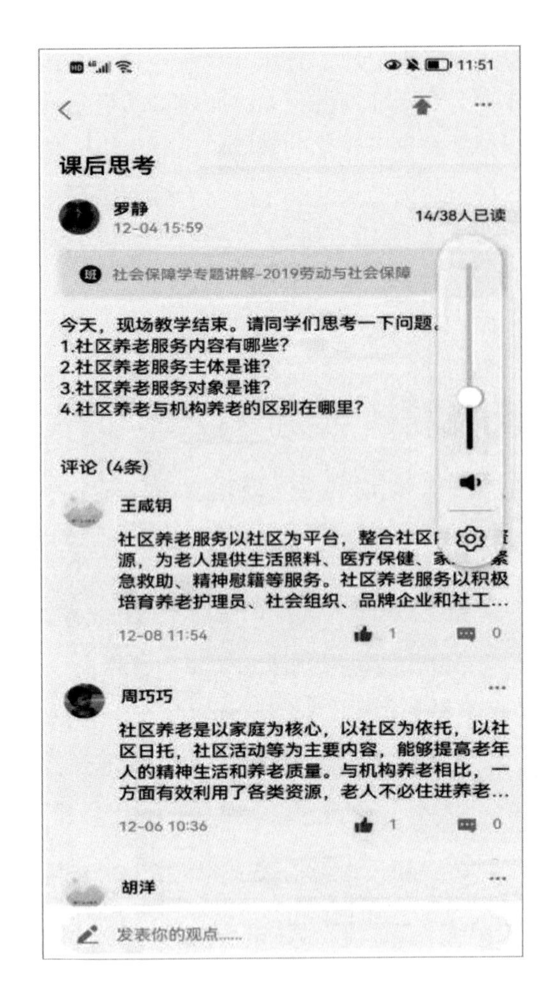

3. 基层支部党建认可度高

第五教职工支部先后获批市级先进基层党组织、校级先进基层党组织称号。师生共建基层品牌建设项目——新青年在基层，课程组教师和学生党员分别获得校级优秀党务工作者、校优秀共产党员称号。

4. 建立稳定的实习实践基地

与社会互动关系良好，为学生建立了稳定的立体化的实践教学体系。拥有 10 个实习实践基地，涵盖政府行政部门到经办服务部门、政府到养老服务机构、区县到社区完整的实践教学基地。

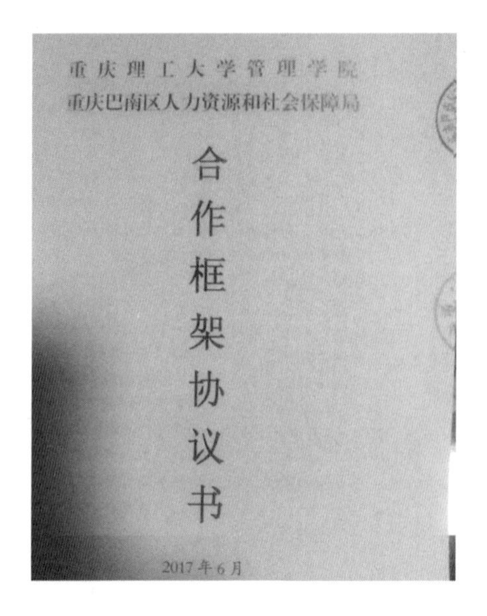
重庆理工大学管理学院
重庆巴南区人力资源和社会保障局

合作框架协议书

2017年6月

五、教学反思

（1）持续融入劳育价值引导，培养学生成为合格的劳动者，为高校专业劳动教育提供参考。

（2）强化课前设计，完善课程资源建设。强化雨课堂、学习通和抖音等平台的利用，促进学生创新性、批判性思维能力的培养。

（3）推进基层教学团队建设，以课程为中心，持续开展团队式的科研、教研建设活动。组建或参与课程教学联盟，加强校地合作。

中国对外经贸概论课程思政教学案例

经济金融学院　王全意

一、课程基本信息

<table>
<tr><td>课程名称</td><td colspan="3">中国对外经贸概论</td></tr>
<tr><td>课程性质</td><td>专业必修课</td><td>学科门类</td><td>经济学</td></tr>
<tr><td>学分</td><td>2. 5</td><td>授课对象</td><td>本科二年级学生</td></tr>
<tr><td>学时</td><td>40</td><td>授课方式</td><td>线下</td></tr>
<tr><td colspan="4">课程简介</td></tr>
<tr><td colspan="4">本课程作为国际经济与贸易专业的专业必修课，教学目标是使学生能对中国对外贸易发展的相关理论、对外贸易发展实践、对外贸易制度和对外贸易政策有一个全面的了解，并加强学生在实际工作中理解和运用这些制度和政策的能力。主要内容及知识结构：中国对外开放贸易与对外贸易的发展、中国发展对外贸易的理论依据、对外贸易与中国的经济发展、中国对外贸易的宏观管理体制改革、中国对外贸易的立法管理、中国对外贸易的经济调控、中国对外贸易的行政管理、对外贸易与国际直接投资、中国的对外贸易关系。在对这些内容与专业知识的传授过程中，通过思想政治教育元素，潜移默化地让学生从中国的对外开放战略中增强“四个自信”，从全球和中国对外贸易的实践中厚植爱国主义情怀，从全球价值链分工体系中理解人类命运共同体理念，进而培育学生爱岗敬业、真才实学服务人民和学业报国的专业素养。</td></tr>
</table>

二、教学目标

知识目标	（1）中国的对外开放政策：对外开放政策的确立；对外开放政策的基本含义；对外开放政策的主要内容。 （2）中国的对外开放格局：1992 年以前重点开放沿海地区，逐步向内地开放；1992—2000 年对外开放全方位开放格局基本形成；2001 年加入 WTO，中国对外开放进入历史新阶段；十八大以来，中国的对外开放格局取得新进展。
能力目标	培养学生将西方经济课程中学习的实证分析和规范分析方法应用于中国对外经济与贸易领域的能力，培养学生独立分析问题和进行价值判断的能力。

续表

课程思政育人目标	（1）通过对中国对外开放政策和对外开放格局形成的学习，学生理解坚持中国共产党的领导、坚持四个自信（道路自信、理论自信、制度自信、文化自信）在对外开放中的必要性，理解中国由点→线→面渐进式的全方位、多层次、宽领域的对外开放格局的形成是符合中国处于社会主义初级阶段基本国情的现实选择，是中国特色社会主义道路的重要组成部分，彰显了中国经验、中国智慧和中国方案。 （2）从中国对外开放政策与对外开放格局的形成实践中厚植学生的爱国主义情怀。

三、教学设计

案例名称	RCEP 生效首季持续释放红利		
授课章节	第一章　中国对外贸易发展概述 第一节　对外开放政策与对外开放格局	学时	1
本节课教学目标	**（一）专业目标** 掌握中国对外开放政策的确立、基本含义和主要内容，以及改革开放以来中国对外开放格局的形成。 **（二）能力目标** 通过讲解对外开放政策的确立和对外开放格局的形成是基于中国处于社会主义初级阶段的现实国情作出的正确选择，培养学生理论联系实际、独立分析问题进行价值判断的能力。 **（三）课程思政育人目标** 中国对外开放政策的确立和对外开放格局的形成，彰显了促进对外贸易发展的中国经验、中国智慧和中国方案，从而激励学生的爱国情怀和道路自信。		
本节课教学设计	**（一）通过图示方式融入课程思政** （1）通过图示方式说明由点→线→面渐进式的全方位、多层次、宽领域的对外开放格局的形成是符合中国作为世界上最大发展中国家、处于社会主义初级阶段基本国情的现实选择，是中国特色社会主义道路的重要组成部分，彰显了中国经验、中国智慧和中国方案。 （2）要重视国家对对外开放政策和对外开放战略层面的“顶层设计”。国家主导制定对外开放发展战略规划，监督落实具体措施，这是我国促进对外开放和开放型经济发展的特色手段。 （3）要与时俱进。不同时期的经济发展有着不同的时代特征，我们党在制定对外开放发展战略时，基于基本国情，密切结合时代的实际情况。		

续表

本节课教学设计	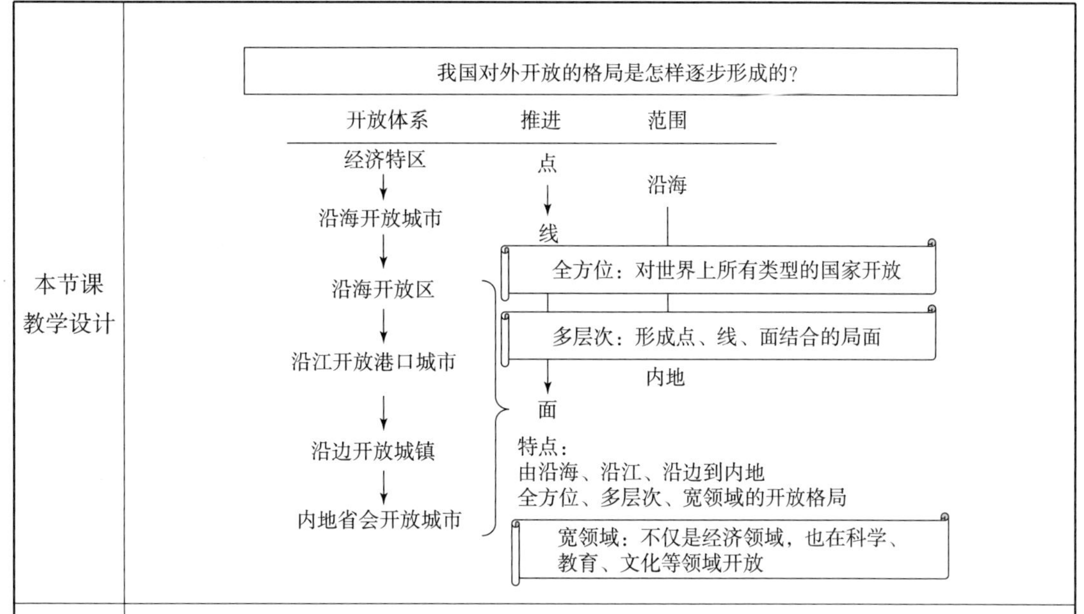
课程思政元素	（1）《区域全面经济伙伴关系协定》（RCEP）是对习近平推动形成全面开放新格局、建设开放型世界经济、改革全球经济治理体系和构建人类命运共同体等关于对外开放重要论述的成功实践。RCEP 涵盖当前世界上人口最多、经贸规模最大、最具发展潜力的自由贸易区，被称为中国对外开放的里程碑，是构建新发展格局的有力支撑，也是中国全面贯彻新发展理念的成功实践。 （2）RCEP 的形成，使学生增强“四个自信”。RCEP 将有利于中国应对当前“需求收缩，供给冲击，预期转弱”三重压力。疫情的冲击，使我国外部环境变得不确定。RCEP 的形成，将对外发出“反对单边主义和贸易保护主义，支持自由贸易和维护对外贸易体制”的强信号，进一步提振包括中国在内的成员国，增强其携手实现疫后经济复苏的信心和决心。 （3）RCEP 的形成，说明发展对外贸易关系既要立足民族，弘扬爱国主义精神；又要面向世界，尊重各国的历史特点、文化传统，尊重各国人民选择的发展道路，善于从不同文明中寻求智慧、汲取营养，才能增强中华文明和中国经济生机活力。从 RCEP 成员国的组成结构看：这些成员国地理差异极大，既有东南亚国家和东亚国家，也有大洋洲国家；这些成员国制度差异极大，既有资本主义国家，也有社会主义国家；这些成员国经济发展差异极大，既有日本、澳大利亚、新西兰等发达国家，也有泰国、越南、柬埔寨等发展中国家；这些成员国文化差异极大，既有受儒家文化影响的国家，也有伊斯兰教国家和基督教国家。但是所有国家都有共同的最大贸易伙伴——中国。中国对 RCEP 的形成起到了核心推动作用。中国既是世界上最大的发展中国家，也是世界第二大贸易国。中国推动的 RCEP 方案，一方面能够反映国际经贸变革的诉求，达到高水平的自贸协定；另一方面又能兼顾发展中国家的现实，考虑到各国的发展现状。 （4）作为对外开放的新高地，RCEP 的落地将有力促进中国的“双循环”新发展格局。RCEP 生效后，意味着各国货物贸易自由化将伴随着原产地规则、海关程序、检验检疫、技术标准等货物规则落地实施，关税消减和非关税壁垒消减等都将促进各成员国间的贸易关系；RCEP 将大幅优化中国企业营商环境，降低制度性成本，扩大贸易，创造效益。RCEP

续表

课程思政元素	将拉动中国企业在区域内的贸易和投资，带来同步商机、规模经济效益和大市场效益；RCEP 的落地有利于中国与世界上发展最快、经济最活跃的亚太市场的进一步融合，夯实亚太产业链，也有利于增强中国国内市场的整体竞争力，推动中国市场优胜劣汰、产业转型升级。因而，RCEP 的落地将有力促进中国的“双循环”新发展格局。

四、课程思政融入效果

（1）通过《RCEP 生效首季持续释放红利》案例的引入以及思政元素的深入挖掘，激发学生的爱国情怀，增强学生的民族自信心和自豪感。

（2）在讲授中国对外开放政策和对外开放格局的形成过程中，通过课程思政案例的引入，彰显中国经验、中国智慧和中国方案的成功。

（3）通过课程思政案例的引入，提升学生理论联系实际、独立分析问题并进行价值判断的能力。

五、教学反思

（1）专业课程思政要与专业知识与理论完美结合，必须选择适当的切入点，专业知识与专业理论传授同步进行，潜移默化、润物细无声，方可取得良好效果。

（2）融入课程思政的教学方法或形式可以多种多样，灵活多变，可以采用图片展示、案例讨论和微视频等多种方式。

（3）案例教学可以提升学生对专业知识的学习兴趣，提高学生的课堂参与，是进行专业课程思政教学的有效方式。

会计学基础课程思政教学案例

会计学院　程　果

一、课程基本信息

<table>
<tr><td>会计学基础</td><td colspan="3">会计学基础</td></tr>
<tr><td>课程性质</td><td>专业必修课</td><td>学科门类</td><td>会计学</td></tr>
<tr><td>学分</td><td>3</td><td>授课对象</td><td>大一本科生</td></tr>
<tr><td>学时</td><td>48</td><td>授课方式</td><td>线上线下混合</td></tr>
<tr><td colspan="4">课程简介</td></tr>
<tr><td colspan="4">教育部要求，管理学专业课程须在教学中坚持以马克思主义为指导，要帮助学生了解相关专业和行业领域的国家战略、法律法规和相关政策，培育学生经世济民、诚信服务、德法兼修的职业素养。
本课程是会计学专业、财务管理专业、审计专业和会计信息化专业本科生的一门专业必修课，全面阐述了制造型企业经济业务账务处理的基本理论和方法，与中级财务会计、高级财务会计等课程一起，构成了财务会计的完整内容。本课程要求学生掌握会计的基本理论、基本方法和基本操作技术，并将会计理论和经济实践结合，使学生能够从会计视角对企业的实际经济问题进行独立思考和分析，并且铭记国务院原总理朱镕基“不做假账”的谆谆教诲，牢记可靠性的会计信息质量特征，守住诚实守信的会计职业道德底线。</td></tr>
</table>

二、教学目标

知识目标	理解原始凭证的基本分类；掌握原始凭证的基本要素，理解原始凭证的填制要求和审核要点。
能力目标	掌握原始凭证的填制要求和审核要点。
课程思政育人目标	教育学生理解账实相符的基本规定，掌握记录真实、内容完整、手续完备、书写清楚等原始凭证填制要求，谨记“不做假账”，牢记可靠性的会计信息质量特征，守住诚实守信的会计职业道德底线。

三、教学设计

<table>
<tr><td>案例名称</td><td colspan="3">原始凭证与上市公司造假</td></tr>
<tr><td>授课章节</td><td>第六章</td><td>学时</td><td>1</td></tr>
<tr><td>本节课
教学目标</td><td colspan="3">（一）专业目标
了解会计凭证的作用、种类和传递程序，熟悉原始凭证填制、审核及会计凭证保管的一般要求。
（二）能力目标
能够掌握各种专用记账凭证的填制方法。
（三）课程思政育人目标
将会计凭证取得、填制、审核、传递保管与法治意识、专业胜任能力和工匠精神融合，树立“公正、法治”的意识；引导学生理解账户设置要遵循企业会计准则的要求，加深对法治意识的理解。</td></tr>
<tr><td>本节课
教学设计</td><td colspan="3">（一）课前环节
通过班级 QQ 群、雨课堂向学生提供课前预习资料，以方便学生学习和查阅与原始凭证相关的课件，了解原始凭证的实物形状和生活中的原始凭证实物；同时，将三个财务造假案例提前发给学生，让学生直观认识原始凭证的造假手段和危害，提前学习原始凭证的基本分类、填制要求和审核要求，让学生带着兴趣和疑问上课。
（二）课中环节——案例导入（10 分钟）
案例一：根据证监会 2021 年 9 月 6 日发布的行政处罚书，索菱股份财务人员在金蝶财务管理系统中使用超级管理员账户直接制作虚假销售出库单，并依据虚假销售出库单确认销售收入；此外，公司通过提供虚假网银流水、虚假对账单，隐瞒了平安银行账户 3 亿元借款及大额资金往来问题。
案例二：根据证监会 2022 年 1 月 4 日发布的行政处罚书，金正大公司在 2015 年至 2018 年之间，通过虚构合同、空转资金，开展无实物流转的虚构贸易，分别虚增营业收入、营业成本和利润总额 230.07 亿元、210.84 亿元和 19.90 亿元；此外，通过领用虚假暂估入库的原材料和实际已盘亏的存货、虚构电费和人工费等方式，虚构产成品 25.44 亿元。
案例三：根据证监会 2022 年 4 月 2 日发布的市场禁入处罚书，柏堡龙公司通过伪造入账单、资金进出不入账等方式，在 2012 年至 2019 年之间虚增银行存款，其中，公司仅在 2019 年就虚增银行存款 10.98 亿元，占公司总资产的 34.93%。
案例解析：在上述三个财务造假案中，原始凭证是怎样配合财务造假的？其原始凭证是否达到填制要求？财务主管应该从哪些方面审核公司的原始凭证？</td></tr>
<tr><td>课程思政
元素</td><td colspan="3">在财务造假过程中，自制原始凭证和专用原始凭证通常比外来原始凭证和通用原始凭证更容易造假，因为这两种凭证可以在企业内部完成；外来原始凭证需要第三方配合，通用原始凭证造假则存在被识破的风险，其造假行为时常有业务活动配合。在上述三个案例中，案例一虚构销售出库单属于典型的自制原始凭证造假；案例三伪造银行入账单则属于</td></tr>
</table>

续表

课程思政元素	通用凭证造假；案例二在虚构合同、开展无实物流转的虚构贸易时，可能既虚构了自制原始凭证和外来原始凭证，也存在通用原始凭证和专用原始凭证造假。故而，会计人员在编制原始凭证并处理会计账目时，要做到实事求是、真实记录企业的经济业务。 根据原始凭证的填制要求，原始凭证应该满足记录真实、内容完整、手续完备等要求，但上述三个案例显然未按规定执行，如原始凭证要求所填列的经济业务内容和数字必须真实可靠，不得弄虚作假和涂改、挖补，上述三个案例显然不满足该要求，甚至许多原始凭证纯属胡编乱造。因此，会计人员必须具备良好的职业操守，严格遵守会计职业道德要求，否则，等待我们的就可能是法律的严惩。 在上述三个案例中，原始凭证的真实性、合法性和合理性都存在严重问题，案例一开出的虚假销售单无任何业务背景，提供的虚假银行对账单、虚假银行流水都不具备真实性和合法性；案例二虚构合同、空转资金，开展无实物流转的虚构贸易，不符合合理性要求；案例三伪造入账单、资金进出不入账，虚增银行存款，不符合真实性和合法性要求。作为会计审核人员，我们必须严格把握会计审核权，从源头上杜绝会计造假，如实反映企业财务状况，向利益相关方提供真实可靠的会计信息。

四、课程思政融入效果

1. 增加知识教育的趣味性

在会计学基础教学中，原始凭证课程的知识比较枯燥，大都是概念、要求等文字性内容，学生听课不容易集中注意力。本课题通过三个典型的会计造假案例，引发了学生对会计凭证造假的思考，激发了学生的学习兴趣，从而更有利于该部分教学工作的开展，让学生在学习中思考、在思考中学习。

2. 提高学生的思考能力

通过三个典型案例，让学生对原始凭证的真实性、合法性和合理性问题展开思考，思考三个案例的哪些具体行为违反了原始凭证的真实性、合法性和合理性要求，厘清原始凭证的审核要点，讨论如何规避原始凭证造假，让学生学会严格把握会计审核权，从源头上杜绝会计造假。

3. 在专业教育的同时进行思政教育

会计专业教育能教会学生会计专业知识，但专业知识也可能被利用来损害社会利益。通过案例教学，将会计专业知识与思政教育结合，树立学生的底线意识、规则意识和法治意识，让其在思想上更加意识到财务造假的危害，使其在未来的工作中能够拒绝财务造假，对国家和人民负责。

五、教学反思

1. 思政教育要紧跟时代发展

上市公司必须向社会公众披露公司财报，说明上市公司每年的经营业绩情况。出于各种动机，每年资本市场上都有许多上市公司进行财务造假，其造假方式千差万别，甚至很多会计师事务所也牵涉其中，引发了社会的广泛关注。会计思政教育必须与时俱进，紧跟时代发展，要将最新的、社会关注度最高的、引发广泛争议的上市公司造假案例呈现给学生，让学生在学习与反思中潜移默化地接受思政教育。

2. 思政教育要从学生抓起

大部分学生都没有太多工作经验，犹如一张白纸，天性单纯，如果学生在课堂上没有受过思政教育、未能对社会上的种种恶习形成免疫，那么这些学生日后在工作中就很容易被社会不良风气所污染，陷入罪恶的深渊。在本思政案例中，不管是上市公司管理层，还是会计师事务所的签字会计师，他们都是从学生时代一步步走向社会的，而且在步入社会后策划了一起起惊人的资本市场造假案，严重扰乱了证券市场秩序、损害了许多投资者利益。试想，如果在这些人的学生时代就进行严格思政教育，那么他们的犯罪行为是否会收敛？因此，加强学生时代的思政教育，对于净化社会环境、维护大多数人的利益有着重大意义。

宪法学课程思政教学案例

重庆知识产权学院　范小渝

一、课程基本信息

<table>
<tr><td>课程名称</td><td colspan="3">宪法学</td></tr>
<tr><td>课程性质</td><td>专业必修课</td><td>学科门类</td><td>法学</td></tr>
<tr><td>学分</td><td>2</td><td>授课对象</td><td>大一本科生</td></tr>
<tr><td>学时</td><td>32（理论）</td><td>授课方式</td><td>线下</td></tr>
<tr><td colspan="4">课程简介</td></tr>
<tr><td colspan="4">宪法学是我国高等教育法学专业必修的专业基础课。宪法学是学习研究宪法的本质及其基本理论、公民的基本权利和义务、国家机构以及宪法所规定的国家根本制度、基本制度、基本国策的法学分支学科。本课程的主要内容：宪法的基础理论；宪法的历史发展；宪法的指导思想和基本原则；国家性质和国家形式；国家基本制度；公民的基本权利和义务；国家机构；“一国两制”与特别行政区制度；宪法实施和监督。学习本课程，有助于增强宪法观念，树立尊崇宪法、遵守宪法、维护宪法和运用宪法的自觉意识；有助于科学分析各种宪法现象，正确认识和评价各种宪法理论；有助于正确把握宪法学同其他部门法学的关系，切实学好法学专业其他学科；有助于推进社会主义法治国家建设的理论和实践发展。</td></tr>
</table>

二、教学目标

<table>
<tr><td>知识目标</td><td>（1）掌握宪法学的基本理论知识。
（2）了解宪法的发展历史，理解宪法在依法治国中的重要地位。</td></tr>
<tr><td>能力目标</td><td>（1）能够运用宪法知识解释各种具体的宪法事例。
（2）能够运用宪法知识维护宪法权利。</td></tr>
<tr><td>课程思政育人目标</td><td>（1）立德树人、德法兼修，树立尊重宪法、遵守宪法、维护宪法、运用宪法的法治意识。
（2）通过对宪法学知识的学习，树立对中国特色社会主义的道路自信、理论自信、制度自信和文化自信。
（3）增强民族自豪感，培养爱国主义精神。
（4）培养大学生的荣誉感、责任感和使命感。</td></tr>
</table>

三、教学设计

<table>
<tr><td>案例名称</td><td colspan="3">基本政治制度——全过程人民民主的制度保障</td></tr>
<tr><td>授课章节</td><td>第五章第二节</td><td>学时</td><td>2</td></tr>
<tr><td>本节课
教学目标</td><td colspan="3">（一）知识目标
（1）掌握人民代表大会制度的概念、历史发展、实质和优越性，掌握选举制度的概念、原则、组织和程序；理解为什么人民代表大会制度是全过程人民民主的最高形式。
（2）掌握中国共产党领导的多党合作和政治协商制度的概念、特征和重要作用；理解选举民主与协商民主的关系。
（3）掌握民族区域自治制度的概念、必然性；民族区域自治地方的建立原则与类型；理解民族区域自治制度对于实现全过程人民民主所起的作用。
（4）掌握基层群众自治制度的概念、特点和内容；理解基层群众自治制度对全过程人民民主所发挥的作用。
（二）能力目标
（1）能够组织模拟基层人大代表选举活动，能够模拟人大代表提案。
（2）学会撰写政协的社情民意，能够模拟政协委员提案。
（3）能够利用所学知识与极端民族分裂主义势力做斗争，维护国家统一和领土完整。
（4）积极参与所属基层群众自治组织的活动；充分发挥专业优势，在所属基层群众自治组织进行宪法知识的宣传活动。
（三）课程思政育人目标
（1）让学生理解我国全过程民主的最高表现形式，增强道路自信、理论自信、制度自信和文化自信。
（2）培养学生树立权利意识和主人翁意识，增强国家认同感。</td></tr>
<tr><td>本节课
教学设计</td><td colspan="3">（一）多媒体教学导入
通过播放关于全过程人民民主的讲话视频和全国“两会”等相关新闻报道视频，提高学生学习兴趣，让学生感受基本政治制度和全过程人民民主的重要性，进而理解基本政治制度与全过程人民民主的关系，从而增强道路自信、理论自信、制度自信和文化自信。
（二）案例教学
1. 充分利用重庆地域特色的红色资源作为案例材料
重庆是中国民主党派的重要诞生地，八个民主党派有四个在重庆成立，中国共产党领导的多党合作和政治协商制度与重庆有着直接渊源，这是全国少有的红色资源。同时，位于重庆的中国民主党派历史陈列馆，是全国唯一以中国民主党派历史为主题、全面展示中国共产党领导的多党合作和政治协商制度的国家一级博物馆、中国统一战线传统教育基地、全国爱国主义教育示范基地。这些丰富的特有地域红色教学资源，有利于培养学生爱国主义精神、民族自豪感与自信心。</td></tr>
</table>

续表

<table>
<tr><td>本节课
教学设计</td><td>2. 身边榜样的力量
知识产权专业2018级学生张牟昊和2019级学生李知彦分别于2020年和2021年代表学校参加重庆市宪法知识大赛，均获得高校组个人亚军和团体一等奖的好成绩，这是本专业学生学好宪法学课程的榜样，可以激发学生学习动力，进而提升个人能力，同时培养学生的荣誉感、责任感和使命感。
（三）互动式教学
通过提问、分组讨论和课堂展示等方式进行教师和学生的互动交流，掌握学生对于我国基本政治制度内容学习效果的同时，调动学生情绪，让学生参与到课堂中，锻炼学生的语言表达能力、思维能力等，进一步提升其综合素质。
（四）嵌入式教学
为了增强学习效果，邀请人大代表、政协委员到课堂，介绍人民代表大会制度和政治协商制度的实际实施情况；适时带领学生参观本地人大和政协机关，亲身感受政治制度的运行情况，了解全过程人民民主的实践情况，从而培养民主意识和权利意识。
（五）情景模拟教学
组织学生进行地方人大代表选举、人大代表提案、基层自治组织宪法宣传活动等角色扮演活动，通过这些活动不仅可以让学生熟悉相关宪法学知识，而且可以培养学生的语言表达能力、文字写作能力、组织协调能力、团队意识、集体荣誉感和法治意识。</td></tr>
<tr><td>课程思政
元素</td><td>（1）全国“两会”等相关新闻报道视频，彰显制度自信、理论自信和文化自信。
（2）中国民主党派历史陈列馆等重庆红色资源，培养学生的家国情怀。
（3）组织学生进行人大代表选举、政协提案、基层自治组织宪法宣传活动等角色扮演活动，培养学生权利意识、主人翁精神和社会责任感。
（4）通过学习民族区域自治制度，培养学生维护民族团结、国家统一的意识。
（5）通过对基本政治制度内容的全面详细讲解，增强学生法治意识。</td></tr>
</table>

四、课程思政融入效果

（1）通过对人民代表大会制度内容和人民代表的选举过程的学习，理解我国一切权利属于人民的内涵，提升学生的权利意识。

（2）通过模拟人大代表选举和政协提案等角色扮演活动，学生的权利意识、主人翁意识和社会责任感得到有效提升。

（3）通过对民族区域自治制度的学习，有效提升学生维护民族团结、国家统一和领土完整的意识。

（4）通过对政治制度内容的全面了解，学生理解了全过程人民民主的内涵，增强了道路自信、理论自信、制度自信和文化自信。

五、教学反思

（1）课程思政不是简单的知识灌输，课程思政元素的融入也不能过于生硬、刻意，更不能毫不相关，而是要与知识点恰到好处地衔接，通过讲道理的方式让学生理解、接受和践行。

（2）课程思政不是教师的独角戏，需要师生共同参与，教学互动，发挥学生的学习能动性，让学生在掌声、讨论声中掌握相应的知识点。

（3）课程思政的教学手段应该多元化，教学内容应该前沿化，教学资源要丰富化，同时尽量挖掘本地特色资源和身边典型人物榜样，从而更好地激发学生的学习动力。

生物化学与分子生物学课程思政教学案例

药学与生物工程学院　张云茹

一、课程基本信息

课程名称	生物化学与分子生物学		
课程性质	专业基础课	学科门类	生物学
学分	2 ~ 4	授课对象	生物制药、制药工程、药学专业大二学生
学时	32 ~ 64	授课方式	线下
课程简介			
生物化学与分子生物学主要是运用化学、物理、生物等学科的原理和实验手段从分子水平上研究生命现象的化学本质和内在运动规律，是生物制药、制药工程、药学、生物医学工程四个专业的专业基础课，课程影响力较广较大。课程与众多学科有着广泛的联系和交叉，紧扣生命科学领域前沿热点。其发展史凝集了众多科学家毕生的劳动与创造成果，在近 50 年的蓬勃发展中也产生了众多诺贝尔奖获得者，而且课程内容与日常生活和生命健康联系紧密，蕴含着丰富生动的思政教育资源。在生物化学与分子生物学课程中融入思想政治教育，在传播知识的同时培养学生严谨求实的科学精神、耐心专注的工匠精神、探索创新意识，提升学生的学习兴趣，增强专业自信和自豪感，提升职业素养和荣誉感，增强社会责任感，把“立德树人”落在实处。 学好这门课将为学生学习药物的作用机理、构效关系、代谢内容打好基础。学生毕业后能够分析、判断生物产品生产加工过程相关问题，能够科学设计参数、将生成工艺应用到实践中。同时通过学习贯穿课程的科学思维、科学精神，学生树立终身学习的意识，具备服务社会的专业本领。			

二、教学目标

知识目标	理解、掌握蛋白质的一级结构与空间构象的关系。
能力目标	培养科学猜想和推理能力，自学能力。
课程思政育人目标	通过案例 Anfinsen 牛核糖核酸酶 A 实验，得出蛋白质的一级结构是空间构象的基础的结论。讲案例过程中启发学生思考可能出现的结构，将已有的知识理论思考延伸猜测可能的结果，通过此过程训练学生的科学猜想、科学思维能力。

续表

课程思政育人目标	播放“我是科学家”——王志珍院士在《开讲啦》节目中的演讲视频《人工合成胰岛素中，一个少为人知的科学故事》，让学生体会我国在基础条件非常差的情况下完成人工合成胰岛素这项工作的艰难，体会没有成形的理论之前，实践中会受很大的影响，体会重大的理论发现对人类发展的贡献。现在我们的科研条件好了很多，从事科研工作非常便利。只要有兴趣和过硬的专业技能，同学们也可以做很有意义的事情。人工合成有生物活性的牛胰岛素结晶在国际上是一个创举，这是我们值得自豪的一件事。

三、教学设计

<table>
<tr><td>案例名称</td><td colspan="3">Anfinsen 牛核糖核酸酶 A 实验，我国人工合成牛胰岛素的科学故事</td></tr>
<tr><td>授课章节</td><td>第二章　蛋白质的结构与功能
第三节　蛋白质结构与功能的关系</td><td>学时</td><td>1</td></tr>
<tr><td>本节课教学目标</td><td colspan="3">（一）知识目标
理解、掌握蛋白质的一级结构与空间构象的关系——蛋白质的一级结构是其空间构象和功能的基础。
（二）能力目标
培养科学猜想、推理能力、自学能力。
（三）课程思政育人目标
学习科学思维、科学精神，培养民族自信心。</td></tr>
<tr><td>本节课教学设计</td><td colspan="3">（一）承上启下开场，复习旧知识引出新知识
上次课我们学了蛋白质的结构，知道了蛋白质的结构可以分为一级、二级、三级甚至有些蛋白还有四级结构。那么学者为什么要对蛋白质的结构进行分级？生物体内蛋白质执行功能是几级结构的形式？带着这个问题我们来学习今天的内容：蛋白质的一级结构与功能的关系。
（二）提出问题
蛋白质的一级结构和空间构象之间有没有必然的联系？通过著名的 Anfinsen（安芬森）实验进行分析总结。
蛋白质的一级结构指多肽链的氨基酸的排列顺序，有二硫键的还包括二硫键的位置。而蛋白质中所有原子的三维空间排布位置构成了蛋白质的三级结构，也就是蛋白质的空间构象。那么蛋白质的一级结构和空间构象之间有没有必然的联系？我们通过一个实验分析一下。
1. 案例一：Anfinsen 牛核糖核酸酶 A 实验
20 世纪 60 年代美国的生化学家 Anfinsen 做了一个著名的实验，实验对象是牛核糖核酸酶 A（见图 1），这个酶是一条肽链，有 124 个氨基酸残基，链内有 4 个二硫键，实验用高浓度的尿素（4 ~ 8 mol/L）和 β - 巯基乙醇（6 mol/L）处理该酶液，破坏二硫键和次级</td></tr>
</table>

续表

<table>
<tr>
<td>本节课
教学设计</td>
<td>

键，结果该蛋白空间结构坍塌破坏。如果去除尿素和β-巯基乙醇，牛核糖核酸酶A会重新折叠吗？折叠成什么样子？二硫键会在什么地方连接？看看实验结果跟你的猜想是否一致呢？当他用透析的方法去除尿素和β-巯基乙醇后，发现这个酶的活性恢复了原来的水平。Anfinsen的研究对阐明蛋白质的结构与功能之间的关系具有十分重要的意义，并为测定和阐明其他各种酶奠定了基础，为此，他获得了1972年诺贝尔化学奖。

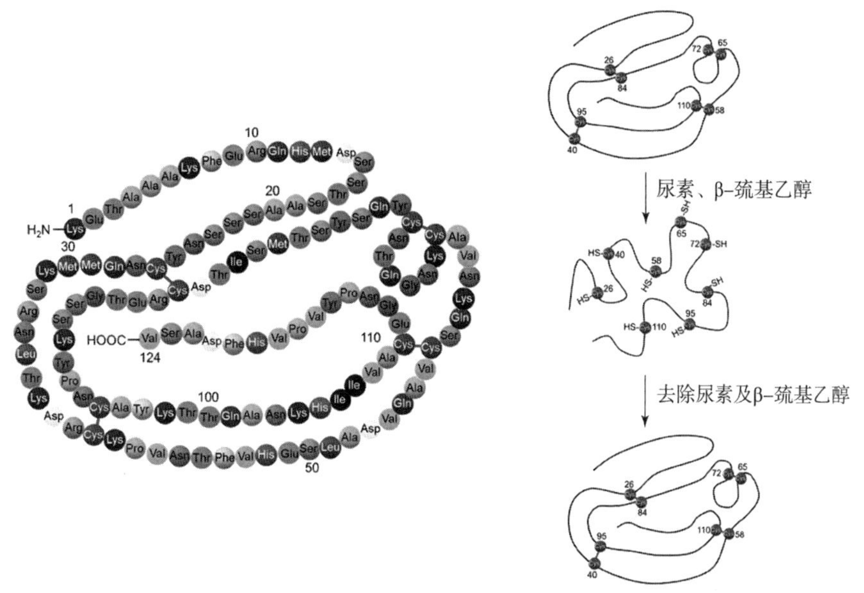

图1　牛核糖核酸酶A一级结构与空间结构的关系

设计思路：得出结论的过程体现从个体现象到共性特征的归纳思维。以诺贝尔奖的故事鼓励学生，如果自己的设想与实验结果一致，说明具备了一定的科学思维，诺贝尔奖离我们并不遥远。

2. 案例二：我国人工合成牛胰岛素科学故事

在没有明确的结论前很多生化研究工作都在迷途中摸索。众所周知，我国在1965年首次成功合成结晶牛胰岛素（介绍胰岛素结构，见图2）。这项工作本来是打算给国庆10周年献礼的，但从计划直到成功用了7年的时间，可见工作之艰难。我国当时只能生产3种氨基酸，其余靠进口，只能边建厂生产原料，边设计启动工作。

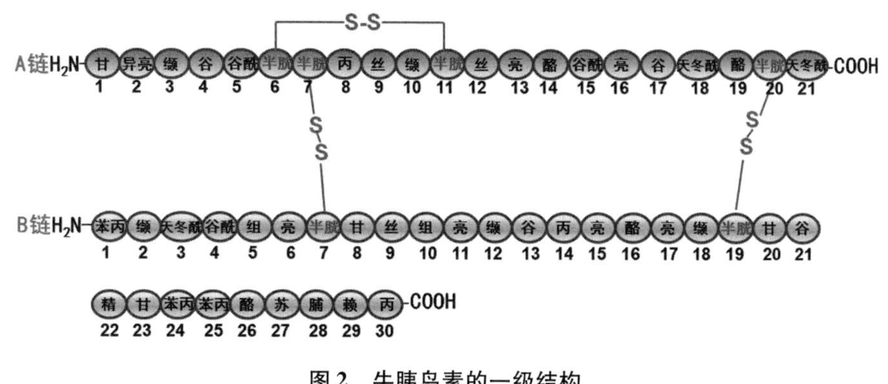

图2　牛胰岛素的一级结构

</td>
</tr>
</table>

续表

<table>
<tr><td>本节课
教学设计</td><td>当时的分工是：北京大学有机教研室负责胰岛素 A 链的合成；中国科学院生化所负责胰岛素 B 链合成以及 A、B 链的拆合。有机所多次试验最终将胰岛素完全拆开，得到稳定的 S－磺酸型 A 链及 B 链。二硫键拆开之后，A、B 两链能否重新组合成为胰岛素？在过去 30 年中，不少人多次进行过重新组合实验，结果都是否定的。在这样的背景下我国的科学家在黑暗中摸索，究竟是先合成两个各通过一个胱氨酸残基结合的“工”字形肽，然后再延长、连接它们，还是先分别合成胰岛素的 A、B 两条链，然后再结合二硫键呢？最终 1959 年 3 月 19 日，他们发现拆开后的胰岛素 A、B 链混合物在重新氧化后能表现出天然胰岛素 0.7%~1% 的活力。这个发现让他们看到了曙光，他们继续摸索，终于在 1959 年国庆前摸索出了不使用氧化剂，而使氧化反应在较温和的低温、较强碱性的水溶液中由空气缓慢完成的方法，使天然胰岛素拆开后再重合的活力稳定地恢复到原活力的 5% ~10%，该方法以为我国作出重要贡献的两名科学家杜宇苍和邹承鲁的姓氏命名为杜－鲁法。
1959 年年底，我国科学家得到了和天然胰岛素晶型一致的重合成胰岛素的结晶。由两条变性的肽链可以得到高产率、有生物活力的重合成胰岛素的结晶，这就从实践上进一步证明：天然胰岛素结构是 A、B 多肽链所能形成的所有异构体中最稳定的；推广一点说，也即蛋白质的空间结构信息包含在其一级结构之中。这个结果解决了令人望而生畏的“折叠”问题——根本就不需要另加人力去做，A、B 两链能够按天然结构自动折叠成胰岛素，具有非常重大的理论意义。
现在我们也知道一级结构相似的蛋白质其高级结构和功能也相似。比如来自不同哺乳动物体内的胰岛素，在少量氨基酸残基上区别，它们的功能都是在血糖高的时候降糖。大量的实验证明，蛋白质的一级结构是其高级结构的基础，氨基酸的顺序确定，哪些地方疏水，哪些地方能形成氢键、盐键等以固有的方式折叠的概率大这些因素就确定了。蛋白质的一级结构与功能之间的关系，我们将在后面继续学习。
设计思路：科学的设计是前提，需要更多的理论支持，我国合成结晶牛胰岛素的设计思想及实践进一步证实蛋白质的一级结构决定其高级结构，是一个非常完整的科学思维训练素材。同时我国首次在艰难的环境下人工合成牛胰岛素让学生从不同角度了解一个重大发现背后的故事，让科学精神和科学情怀逐渐深入人心，让学生体会科学家攻坚克难的工匠精神和创新精神。Anfinsen 的研究结果是 1961 年 5 月发表的，我国的相似研究成果由于要求保密，于 1961 年 8 月发表在《生物化学与分子生物学》上。当时我国的研究是国际领先的，以此增强学生的民族自信心，让其感受科学精神。同时在线上设置了讨论话题，让学生课下进行充分的讨论。</td></tr>
<tr><td>课程思政
元素</td><td>家国情怀、科学思维、工匠精神、创新精神、追求真理的科学观。</td></tr>
</table>

四、课程思政融入效果

（1）《开讲啦》节目以“中国青年心中的榜样”作为开讲人，通过前沿的新知分享，以平实的角度和润物无声的方式传递主流价值观，能引起共情，更有力量，视频形式更生动形象。生动贴切的视频材料让学生从不同角度了解一个重大发现背后的故事，让科学精神和科学情怀逐渐深入人心。

（2）我国科学家首次合成结晶牛胰岛素的过程令学生感到震惊，陷入深深的思考。他们在讨论时纷纷感叹“世上无难事，只怕有心人”“不忘初心，砥砺前行”“要拥有对科学的执着信念与坚强意志，以及自力更生的精神、爱国精神”“要向他们学习、致敬”等。当看到这些时我感觉到一颗颗科学的种子已经播种于学生的心田，至于它们什么时候开花，在于今后老师们及时地浇水、施肥、精细管理。

五、教学反思

（1）本次课通过课堂案例与视频、讨论的方式融入思政教育元素，对学生的触动很深。大家公认我国的科技水平在好多方面不如西方发达国家，但是案例 2 充分说明人的主观能动性可以克服客观不利因素。

（2）课程思政要尊重教学规律，在讲解知识的过程中以学生喜闻乐见的榜样人物和形式春风化雨般地融入，长期的效果则要求老师有精湛的教学设计、讲课艺术和人格魅力。

大学物理学Ⅱ（1）课程思政教学案例

理学院　胡　南

一、课程基本信息

<table>
<tr><td>课程名称</td><td colspan="3">大学物理学Ⅱ（1）</td></tr>
<tr><td>课程性质</td><td>公共基础课</td><td>学科门类</td><td>理学</td></tr>
<tr><td>学分</td><td>3</td><td>授课对象</td><td>大学一年级</td></tr>
<tr><td>学时</td><td>48</td><td>授课方式</td><td>线上线下混合式教学</td></tr>
<tr><td colspan="4">课程简介</td></tr>
<tr><td colspan="4">大学物理学Ⅱ是学校机械、电子、计算机、人工智能专业的重要的公共基础课。课程建设经历了“分层分类教学改革”“应用型人才培养目标改革”“互联网＋教学改革”及“线上线下混合式教学改革”，2019 年开始实践线上线下混合式教学。团队重视课程学情分析，直面课程教学痛点；对标一流课程建设目标，基于公共基础课树品德、打基础、习方法、培能力的课程定位；结合后续新工科跨学科、重融合、数字化的人才培养目标，革新形成了“德育在前、学生为本、问题导向、夯基础促拔尖”的教学理念，创新构建了“基于 PBL（Problem－based Learning）核心设计的混合教学模式”。2021 年课程被认定为市级一流课程，2022 年课程被认定为市级课程思政示范课，同期被评为市级一流本科课程示范案例；2023 年被认定为第二批国家级混合式教学一流课程。</td></tr>
</table>

二、教学目标

知识目标	系统掌握力学、电磁学、波动光学及近代物理学知识，为后续专业课打下坚实的基础；了解知识与专业的跨学科应用，了解物理学前沿。
能力目标	通过线上教学，学生具有独立获取知识、科学质疑的能力；通过线下教学，学生具有争辩求真、实践创新的能力；线上线下有机融合，使学生具备解决较复杂的物理和相关工程技术问题的能力；注重教学过程的数字化、智能技术的应用，专业问题的融合，使学生具备“新工科”人才学科交叉应用、实践创新的能力。
课程思政育人目标	开展课程思政，了解物理学中的辩证唯物观；使学生具有勇于探索的科学精神、优雅的审美情趣；具备走向社会的基本素养，具有甘担重任、务实创新的职业品质。

三、教学设计

案例名称	国球乒乓之小球改大球，弊大于利？——刚体的转动		
授课章节	第3章第2节　力矩刚体定轴转动的转动定律	学时	2

本节课教学目标

（一）知识目标

掌握力矩、转动惯量的概念，熟悉转动定律及其应用。

（二）能力目标

数值分析能力，知识应用能力，资料收集概括能力。

（三）课程思政育人目标

严谨治学的科学精神，自强不息的体育精神，一分为二的辩证法理论，大局观、发展观，民族自豪感，爱国情怀。

本节课教学设计

（一）线上学习教学设计

教学任务：

（1）超星学习通：根据课前思考学习本节刚体、转动、力矩、转动惯量的基本概念，学习转动定律的内容。

（2）布置思考题：2000年国际乒联将直径38 mm的乒乓球改为40 mm的乒乓球，对中国队是有利还是有弊？结合所学内容思考，并在课堂上交流回答。

（二）线下课堂教学设计

1. 课程导入——知识点："转动""定轴转动"

2022年年初，在中国举行的冬奥会上，出了两个热门人物，一个是以"1620"双板滑雪大跳台取得冠军的谷爱凌，一个是以"1880"单板滑雪大跳台取得冠军的苏翊鸣。那么你们知道"1620""1800"是什么意思吗？

人体的三个轴

平转和偏 b 轴转动

【知识点】定轴转动——刚体沿着某个轴转动。

【应用点】谷爱凌的"Double Cork 1620"中，"Double"指沿 c 轴空翻两圈，"Cork"指偏 b 轴转体两圈半，即为"双周偏轴转体1620"，计算式为：4.5圈 $\times 360° = 1620°$。

续表

<table>
<tr>
<td>本节课
教学设计</td>
<td>
苏翊鸣则为 5 圈 × 360° = 1800°。
【知识点】复杂运动——可分解为平动和转动的叠加（案例：大跳台过程）。学好每一个基础运动是分析复杂运动的前提。

【课程思政】运动员努力实现难度动作需要刻苦练习，这也是他们能成功“出圈”的原因。
【承上启下】质疑：引出转动定律的复习。
为什么男子的旋转圈数普遍比女子多？旋转驱动的原因是什么？

苏翊鸣：1880（5 圈）

谷爱凌：1620（4.5 圈）
2. 问题导向式课程教学（PBL）
以“如何打出高速旋转的乒乓球”为主题，以问题链为驱动，层层剖析，将知识与实践相结合。
（1）驱动逻辑线的问题链。
A：“乒乓球受力就会旋转吗？”——力矩
B：转轴与乒乓球受力有什么特点？——叉乘的平面垂直关系
C：球拍与乒乓球的接触点怎么影响球的旋转？——转动平面的确立
D：提拉上旋是如何给乒乓球力的？——冲击力与摩擦力的合力
E：为什么合力中只有摩擦力有力矩？——力矩的相对性
F：自由刚体的旋转轴如何确定？——高阶性、挑战度，推荐高阶学习
G：如何打出更旋转的球？——复习运动学知识导入转动定律
H：影响乒乓球角速度的因素有哪些呢？——多因素问题，导入转动惯量
I：球壳相对过球心的轴其转动惯量如何呢？——高阶性，三维数值分析
J：乒乓球的转动惯量是多少呢？——具体案例
</td>
</tr>
</table>

续表

本节课教学设计

K：2000 年，国际乒联为什么把 38 mm 的小球换成了 40 mm 的大球？

L：比较了 38 mm 和 40 mm 球的参数后，你发现了什么结果吗？——数据说话

贯穿于整个主题的课程思政设计。

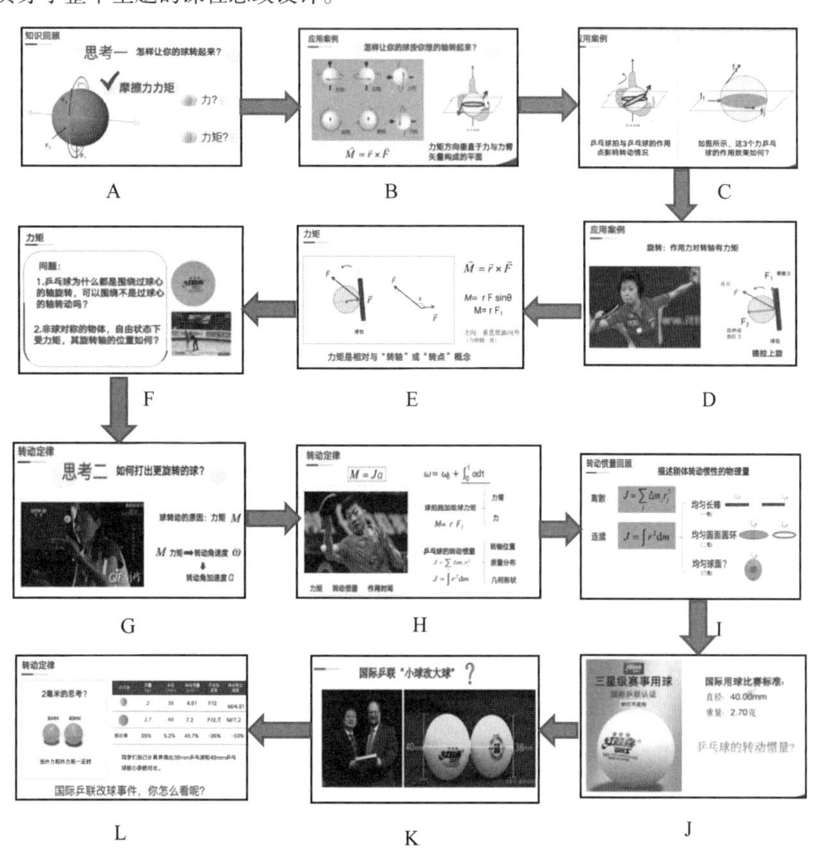

（2）线上学习后就预先留的专题讨论：2 mm 的思考。

①试证明质量为 m，半径为 r 的球壳绕直径旋转的转动惯量。

②2000 年前，国际乒乓球赛比赛用球直径是 38 mm，质量为 2 g；2000 年 10 月 1 日后，乒乓球由国际乒联通过改成了直径是 40 mm，质量是 2.7 g，试分别计算改球前后乒乓球旋转的转动惯量。

续表

本节课教学设计	③对于相同的拍面作用力，改球前后平动加速度的增长百分比是增加还是减少？对于相同的旋转力矩，改球前后转动角加速度的增长百分比是增加还是减少？这两个百分比你觉得大吗？ ④中国乒乓球队的特点之一是快攻，即速度，根据改球后对球平动速度和转动速度的影响，有人说2000年国际乒联改球是有目的地针对当时在乒乓球赛事中独占鳌头的中国队，你怎么看呢？请查阅资料，2000年后到现在中国乒乓球赛绩是否因为换球受到影响？你怎么看乒乓球改球？ ⑤请查阅资料了解国际乒联主席徐寅生，谈谈你对他和他支持的“改球”方案的理解。 （3）线下课堂讲解并分组讨论交流。 ①学生自主基于转动惯量定义式运用微积分求解“球壳的转动惯量”。 ②学生自主计算38 mm乒乓球和40 mm乒乓球的转动惯量。 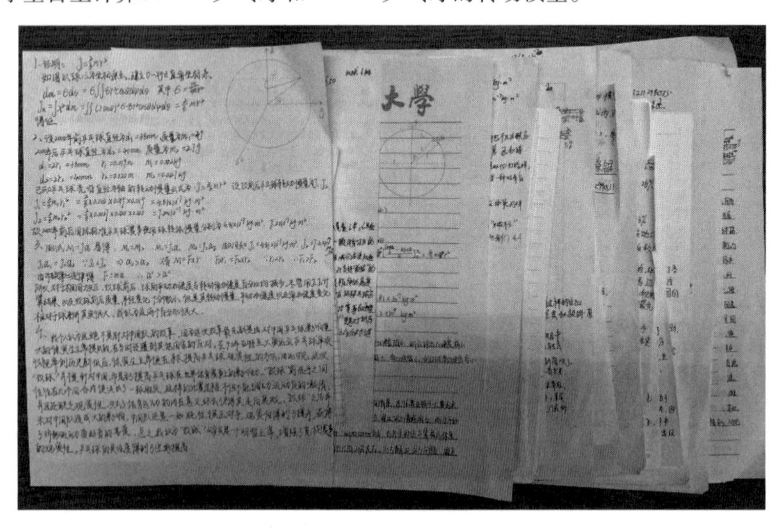 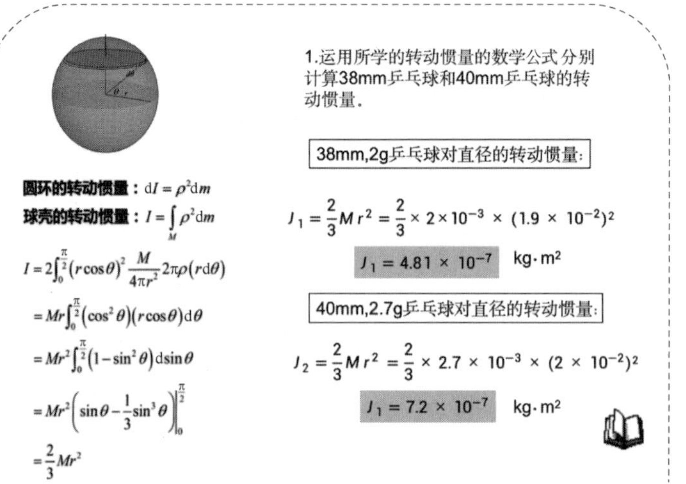

续表

本节课教学设计

③学生计算并得出 38 mm 乒乓球和 40 mm 乒乓球的核心参数对比。

乒乓球	质量/g	半径/mm	转动惯量/（$\times10^{-7}$kg·m^2）	平动加速度	转动角加速度
	2	38	4.81	$F/2$	$M/4.81$
	2.7	40	7.2	$F/2.7$	$M/7.2$
增长率	35%	5.2%	49.7%	-25.9%	-33.2%

对比数据的结论：改球后平动球速和转动球速明显下降。

④如何看待乒乓球“小球”改“大球”？

小球改大球的影响，是否“打压中国队”？

- 一组数据，38mm的小球时代，王励勤和马琳的弧圈球最高转速超过了**100转/秒**，而在大球以后，球的转速明显下降；向来发球最转的刘国梁，他的下旋球也只有**75转/秒**。
- 38mm到40mm的变化，让瓦尔德内尔、罗斯科夫、盖亭、刘国梁等人成绩出现比较明显的下降。
- 2000年10月15日，在江苏扬州举行的世界杯上，第一次正式使用大球比赛。当时落选了奥运会的马琳3比0横扫金泽洙，拿下了改大球后的第一个世界冠军。

客观认识：改球后中国队王励勤、刘国梁等优秀运动员确实受到影响，但是，影响不限于中国运动员。

⑤乒协主席徐寅生和他主张的“改球”。

续表

本节课教学设计

徐寅生与“小球改大球”？

徐寅生在1995—1999年担任国际乒联主席，他在任期内最大的改革措施是推行“小球改大球”。他当时曾说过：“我当运动员时，一心只想赢球；当了乒联官员后，满脑子考虑的是如何让这项运动更好看，参与者更多。”徐寅生在2007年接受新华社记者采访时表示：“乒乓球需要改革，因为它面临其他项目的竞争。乒乓球速度太快，旋转太强，一两板就没了，或者直接吃发球，回合少了就会失去观众，电视转播没了，赞助商没了。如果没有观众，乒乓球在奥运会的地位就保不住了。”

客观认识：改球的初衷是发展乒乓球运动，提高参与者的全球数量，提升乒乓球赛事的观赏性，立保“国球”在奥运会的地位。

⑥改球前后中国乒乓球队在奥运会上的成绩对比。

中国乒乓球队奥运会金牌统计表

项目	1988年 第24届 汉城	1992年 第25届 巴塞罗那	1996年 第26届 亚特兰大	2000年 第27届 悉尼	2004年 第28届 雅典	2008年 第29届 北京	2012年 第30届 伦敦	2016年 第31届 里约
男单			刘国梁	孔令辉		马琳	张继科	马龙
女单	陈静	邓亚萍	邓亚萍	王楠	张怡宁	张怡宁	李晓霞	丁宁
男团						马琳/王皓/王励勤	张继科/王皓/马龙	马龙/张继科/许昕/
女团						张怡宁/王楠/郭跃	李晓霞/郭跃/丁宁	李晓霞/丁宁/刘诗雯
男双	陈龙灿/韦晴光	吕林/王涛	孔令辉/刘国梁	王励勤/阎森	马琳/陈玘			
女双		邓亚萍/乔红	邓亚萍/乔红	王楠/李菊	王楠/张怡宁			
合计	2	3	4	4	3	4	4	4

2000年悉尼奥运会：4金3银
2004年雅典奥运会：3金1银1铜
2008年北京奥运会：4金2银2铜
2012年伦敦奥运会：4金2银
2016年里约奥运会：4金3银
2021年东京奥运会：4金3银

结论：改球后，中国队在奥运会的成绩依然卓越。

续表

课程思政元素	科学思维方法，科学精神（用科学数据来分析问题和作出评价，而不能停留在事物的表面）；独立思想，不随波逐流。辩证法，一分为二看问题，大局观、发展观；体育精神，爱国情怀，民族自豪感。

四、课程思政融入效果

基于“如何打出自己满意的旋转乒乓球”的主题，将物理知识的刚体转动和课程思政非常恰当地融合，做到入言入水。针对乒乓球改球“2 毫米意义”的问卷作业共收集了295 份，通过高频词提取以及课堂讨论，学生能透过现象看到本质，深深体会到了乒联主席徐寅生的大局观和发展观，体会到看待事物的辩证的唯物主义思想，同时感动中国健儿的拼搏竞赛。

1. 对国球乒乓的自豪感

学生表述：“中国乒乓球队的实力，不管你如何针对，但依旧无法限制中国乒乓球队”“2000 年后到现在，中国乒乓球赛绩并未因此受到影响”“中国队的实力过硬，一个球改大而已，并不会影响中国队的发挥”“中国乒乓队面对困难都是越挫越勇，越变越强”“中国队激发了斗志和积极性”……

2. 大局观、远见

学生表述：“站在世界的角度认识乒乓球的改革”“这件事体现了徐寅生中国大国格局的形象”“徐寅生顾大局、有格局，彰显了中国人的气度，并不完全以本位主义考虑，让乒乓球运动更全面更健康发展”“徐寅生继承了体育精神”“徐寅生提出的改球，是一个非常顾大局，有远见的改动”“中国乒乓，世界共享”……

3. “改球”事件的认识

学生表述：“我认为改球并不能认定是针对中国队”“当时是有意针对中国队”“是国际乒联针对中国队，专门针对速度灵活度”“目的不全是针对中国队”“改球有针对中国队的方面”“并不是有目的地针对中国队”“不是针对中国队”……

4. 客观评价“改球”

学生表述：“改球提高观赏性，推广电视转播”“改球后能体现乒乓球的国际地位”“体现公平，让乒乓球成了一项全民运动”“改球方案不仅是运动员素质的考核，也使乒乓球在奥运比赛中吸引更多的人”“徐寅生对自己有信心，对中国乒乓有信心”“改球方案具有两面性”“符合中国乒乓球的长远利益”……

五、教学反思

（1）学生愿意在课堂中引入更多的知识与生活结合的具体案例，包括引申的思政内容。

（2）学生能在相互交流中表达自己对知识、知识应用、课程思政内容的观点，并有所收获。

（3）通过思考题目、课堂设计的小组讨论，增进了师生、生生的交流；交流的过程本来就是相互学习，也是课程思政很好的体现，不可避免促进了学生表达、沟通交流能力的提升。

（4）一个成熟的课程思政案例多少会占用一些教学时间，需要老师合理规划，精心准备，线上线下配合。

高等数学课程思政教学案例

理学院　赵振华

一、课程基本信息

<table>
<tr><td>课程名称</td><td colspan="3">高等数学</td></tr>
<tr><td>课程性质</td><td>公共基础课</td><td>学科门类</td><td>理学</td></tr>
<tr><td>学分</td><td>11</td><td>授课对象</td><td>大一本科生等</td></tr>
<tr><td>学时</td><td>176</td><td>授课方式</td><td>线下</td></tr>
<tr><td colspan="4">课程简介</td></tr>
<tr><td colspan="4">高等数学课程是学校理工学门类本科部分专业学生的一门必修的重要公共基础课，该课程在大学一年级分两个学期开设，第一学期 80 学时，第二学期 96 学时。
通过高等数学课程的学习，学生获得函数微积分学、微分方程、空间解析几何与向量代数及无穷级数等方面的基本概念、基本理论和基本运算技能，为学习后续课程和进一步获得数学知识奠定必要的数学基础。
高等数学课程是针对有一定数学基础的理工科学生而设置的，其目的是在重应用轻技巧的前提下，提高学生综合能力，加强数学思想、数学素质的培养。在传授数学知识的同时，还具有强大的育人功能，课程包含丰富的文化资源和历史底蕴，是培养学生立德树人非常有效的载体，在专业人才培养方案中具有重要的地位和作用。</td></tr>
</table>

二、教学目标

知识目标	掌握数学基本理论知识（数学概念、定理）、基本技能及数学思想方法。
能力目标	培养学生用数学思想方法解决实际应用问题的能力和创新能力。 （1）通过对本课程的学习，学生在掌握必要的基础知识的同时，具有一定的数学建模思想，并将这种思想贯穿于整个提出问题分析问题解决问题的过程。 （2）通过对本课程的学习，学生具有一定的自学能力和将数学思想扩展到其他领域的能力。
课程思政育人目标	通过数学文化、数学思想和数学精神的渗透，提升数学素养，培养学生积极进取、脚踏实地的作风，增强学生的文化自信和爱国情怀。

三、教学设计

<table>
<tr><td>案例名称</td><td colspan="3">定积分的换元法</td></tr>
<tr><td>授课章节</td><td>第 5 章第 3 节　定积分的换元法和分部积分法</td><td>学时</td><td>1</td></tr>
<tr><td>本节课
教学目标</td><td colspan="3">（一）知识目标
（1）掌握定积分的换元法原理。
（2）掌握定积分的换元法运用方法。
（3）掌握应用定积分的换元法解决问题。
（二）能力目标
（1）通过定积分的换元法原理的证明推导，培养学生的观察力、分析能力，并在严谨的类推对比过程中，提高学生的知识应用能力、逻辑思维能力、抽象思维能力。
（2）通过应用定积分的换元法解决问题，引导学生找出正确的换元方法，提高学生化难为易，化繁为简的解决问题能力。
（3）通过建立新问题与已有知识的联系，来培养学生思维的广阔性，促进学生思维的发展。
（4）通过观察、归纳总结，找出正确的换元方法的过程，来培养学生的观察、探究问题能力以及总结问题的能力。
（三）课程思政育人目标
（1）通过对应用定积分的换元法解决问题的方法和思路讲授，让学生体会“天下难事必作于易，天下大事必作于细”，一个人要想成就一番事业，就得从简单的小事做起，从细节入手，要具有坚持不懈、持之以恒的精神，才能解决问题、达到目标。
（2）通过建立新问题与已有知识的联系，使学生体会从这一点一滴做起、从一件件小事起步，才能够成长为担当民族复兴大任的时代新人。
（3）通过循循引导、设问解答、严密推理、实际问题与数学理论结合，培养学生透过现象洞察本质的能力，观察、探究问题的能力，以及正直、诚实的品质。</td></tr>
<tr><td>本节课
教学设计</td><td colspan="3">（一）教学内容要点
（1）定积分的换元法。
（2）定积分换元法的运用。
➽定积分的换元法属于第 5 章第 3 节定积分的换元法和分部积分法的内容，计划 2 学时；
➽第一学时学习定积分的换元公式并进行证明，同时利用定积分的换元法计算定积分；
➽第二学时学习利用定积分的换元法解决证明题以及积分变限函数的导数问题。
（二）教学重点难点
重点：定积分的换元法原理及运用方法。
难点：应用定积分的换元法解决问题。
（三）融入课程思政的教学过程
1. 组织教学、复习导入（8 分钟）
（1）作业讲评。</td></tr>
</table>

续表

本节课教学设计	①班课视频讲评选择题、填空题、证明题。 **课程思政：** ➢由于课堂时间的限制，根据学生的知识掌握和作业实际情况，把部分作业题讲评录制成视频，发布在班课资源处，学生根据自己的学习情况查看学习，培养学生主动学习的习惯。 ②根据学生作业实际和新课的需要，选取 2 道计算定积分的作业题来讲评。 **教学设计意图：** ➢复习巩固基本的求定积分方法； ➢解决学生学习的难点：分段函数求定积分。 **课程思政：** ➢通过讲评，引导学生在遇到类似问题时，怎样把问题转化成熟悉的、简单的问题，从而培养学生化难为易、化繁为简的解决问题能力，进而达到培养学生透过现象洞察本质的能力，观察、探究问题能力。 （2）导入新课。 **教学设计意图：** ➢通过对知识的回顾，自然过渡到新课，引入新知识。 2. 讲授知识点：定积分的换元法及其证明（10 分钟） （1）定积分的换元公式（本节的重点）。 **定积分的换元法** **定理** 假设函数 $f(x)$ 在区间 $[a,b]$ 上连续，函数 $x=\varphi(t)$ 满足条件： (1) $\varphi(\alpha)=a,\varphi(\beta)=b$； (2) $\varphi(t)$ 在 $[\alpha,\beta]$ 或者 $[\beta,\alpha]$ 上具有连续导数，且其值域 $R_{\varphi}=[a,b]$，则有 $\int_a^b f(x)\mathrm{d}x=\int_\alpha^\beta f[\varphi(t)]\varphi'(t)\mathrm{d}t$ ← 定积分的换元公式 （2）定积分的换元公式的证明。 **课程思政：** ➢通过知识回顾、对比，在证明推导过程中培养学生的观察力、分析能力； ➢通过严谨的类推对比，提高学生的知识应用能力、逻辑思维能力、抽象思维能力。

续表

本节课教学设计

定积分的换元法

证明：设 $F(x)$ 是 $f(x)$ 的一个原函数，

则 $\int_a^b f(x)\mathrm{d}x = F(b) - F(a)$

记 $\Phi(t) = F(\varphi(t))$

⟹ $\Phi'(t) = F'(\varphi(t))\varphi'(t) = f(\varphi(t))\varphi'(t)$

⟹ $\int_\alpha^\beta f[\varphi(t)]\varphi'(t)\mathrm{d}t = \Phi(\beta) - \Phi(\alpha)$

$= F(\varphi(\beta)) - F(\varphi(\alpha)) = F(b) - F(a)$

$$\int_a^b f(x)\mathrm{d}x = \int_\alpha^\beta f[\varphi(t)]\varphi'(t)\mathrm{d}t$$

3. 讲授知识点：应用知识——利用定积分的换元法计算定积分（20 分钟）

应用定积分的换元法解决问题（本节的难点），引导学生找出正确的换元方法（本节的重点），提高学生化难为易、化繁为简的解决问题能力。

（1）典型例题——相对不定积分的第二换元法（讲授 9 分钟）。

注意讲授过程中的难点与易错点，合理设问，通过教师与学生的互动引导学生思维，推进讲授过程。

引领学生抓住问题的实质：被积函数含有这种形式的根号，还含有积分变量 x 的平方（偶次幂），应用不定积分的方法——第二换元法。

课程思政：

➸通过观察、比较，找出正确的换元方法的过程，让学生体会“天下难事必作于易，天下大事必作于细”，一个人要想成就一番事业，就得从简单的小事做起，从细节入手，必须具有坚持不懈、持之以恒的精神；

➸换元后，问题变成定积分的基本运算，提醒学生注意基本知识的掌握，联系实际，这其实就是要求学生做事从一点一滴做起、从一件件小事起步，才能够成长为担当民族复兴大任的时代新人；

➸解决问题过程中思维必须严谨、精确，这有助于培养学生正直、诚实的品质；

➸解决问题过程中，通过两种方法的应用，培养学生的发散思维。

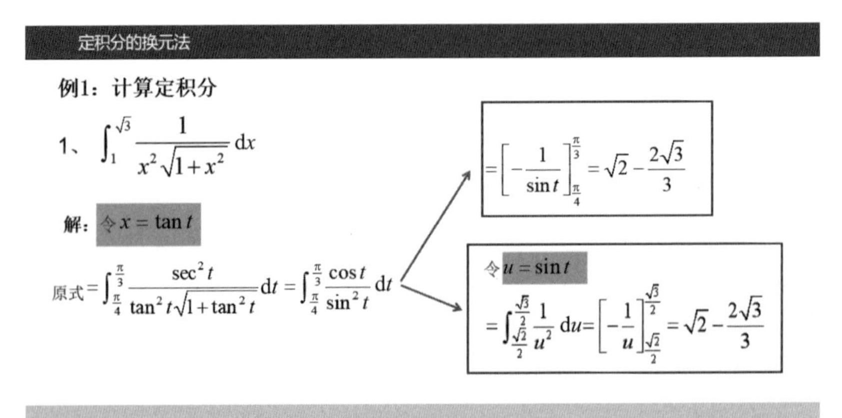

（2）典型例题——相对不定积分的第一换元法（讲授 4 分钟）。

续表

本节课教学设计

引领学生抓住问题的实质：被积函数含有这种形式的根号，最常见的方法是直接换元法，使被积函数中不含有根号。

课程思政：

➸选取已经讨论过的问题，但是采用不同的方法解决问题，培养学生的发散思维；

➸通过观察找出正确的换元方法的过程，培养学生透过现象洞察本质的能力，观察、探究问题能力。

定积分的换元法

例1：计算定积分

2、$\int_1^4\left(\frac{\sqrt{x}-1}{\sqrt{x}}\right)^2\mathrm{d}x$

解：令 $\sqrt{x}=t \quad x=t^2$

$$原式=\int_1^2\left(\frac{t-1}{t}\right)^2\cdot 2t\mathrm{d}t=\int_1^2 2(t-2+\frac{1}{t})\mathrm{d}t$$

$$=\left[t^2-4t+2\ln|t|\right]_1^2=2\ln 2-1$$

（3）典型例题——复合函数的定积分（讲授5分钟）。

引领学生抓住问题的实质：被积函数是复合函数，通过换元法，使被积函数变成已知函数，直接利用积分区间的可加性，对分段函数求定积分。

课程思政：

➸选取类似前面的问题，吸引学生的注意力，激发学生兴趣，引起学生思考，并建立新问题与已有知识的联系，培养学生思维的广阔性，促进学生思维的发展；

➸在建立新问题与已有知识的联系时，用古诗“山重水复疑无路，柳暗花明又一村”，让学生体会找到解决问题方法的喜悦之感，体会数学带来的美感；

➸通过观察找出正确的换元方法的过程，培养学生的观察、探究问题能力，以及化难为易、化繁为简的解决问题能力。

定积分的换元法

例1：计算定积分

3、设函数 $f(x)=\begin{cases}\frac{1}{1+(x-1)^2} & x\geqslant 1\\ x & x<1\end{cases}$，计算 $\int_{-1}^1 f(x+2)\,\mathrm{d}x$.

解：令 $t=x+1$

$$原式=\int_0^2 f(t)\mathrm{d}t=\int_0^1 t\mathrm{d}t+\int_1^2\frac{1}{1+(t-1)^2}\mathrm{d}t$$

$$=\left[\frac{t^2}{2}\right]_0^1+\left[\arctan(t-1)\right]_1^2$$

$$=\frac{1}{2}+\frac{\pi}{4}$$

续表

本节课 教学设计	（4）方法小结（讲授1分钟）。 回到前面的黑板板书，强调定积分的换元法的关键点： ➤换元：积分变量 $\boxed{x}\to\boxed{t}$； ➤换限：$\begin{array}{c\|cc} x & a & b \\ \hline t & \alpha & \beta \end{array}$。 4. 互动练习（7分钟） （1）学生完成练习，通过在线测试提交结果。 （2）教师实际观察学生的练习，掌握学生的学习效果，以便有针对性地指导学生。 **课程思政：** ➤通过实际练习，理解、巩固知识，训练学生的应用知识能力； ➤应用信息技术，掌握学生学习反馈，促进教学相长。
课程思政 元素	家国情怀、科学思维、社会责任、创新精神、追求真理的科学观。

四、课程思政融入效果

（1）学生的观察力、分析能力增强。

（2）提高了学生化难为易、化繁为简的解决问题能力。

（3）提高了学生的知识应用能力、逻辑思维能力、抽象思维能力。

五、教学反思

（1）关注学生的听课状况，调节授课节奏。

（2）加强课后练习情况的掌握和课后学习的在线辅导，鼓励学生多问多思。

（3）增加制作学习难点的视频资源，便于学生复习巩固。

侵权责任法课程思政教学案例

重庆知识产权学院　涂　萌

一、课程基本信息

<table>
<tr><td>课程名称</td><td colspan="3">侵权责任法</td></tr>
<tr><td>课程性质</td><td>专业必修课</td><td>学科门类</td><td>法学</td></tr>
<tr><td>学分</td><td>2</td><td>授课对象</td><td>电子商务及法律专业大二年级</td></tr>
<tr><td>学时</td><td>32</td><td>授课方式</td><td>线上线下混合</td></tr>
<tr><td colspan="4">课程简介</td></tr>
<tr><td colspan="4">立足于法治人才培养中“同步实践教学”模式，以案例为依托，实现课程思政教学、知识教学、实践教学、职业教学、伦理教学的有机统一，能有效区分概念，并以侵权责任法的立法目标为指引，进行具体人格权侵权的社会热点问题分析。</td></tr>
</table>

二、教学目标

<table>
<tr><td>知识目标</td><td>本节属于《民法典》侵权责任编与人格权编知识的交叉范围。教学目标是使学生掌握民事权益中具体人格权的含义，能够有效区分不同类型人格权侵权行为，明确各类型人格权侵权的法律后果，并能预防相关法律风险。通过本节教学，使学生知晓我国法律体系中对公民人格尊严与人的全面发展所作的制度保障。</td></tr>
<tr><td>能力目标</td><td>（1）掌握《民法典》中具体人格权的相关法律规范，能熟悉并准确理解具体人格权侵权责任的承担。
（2）熟悉最高人民法院关于人格权侵权纠纷相关司法解释，掌握相关司法解释的核心要点。
（3）熟悉最高人民法院公布的典型人格权侵权纠纷案例，明确其核心争议和裁判要点。
（4）能够熟练运用中国裁判文书网、北大法宝等裁判文书资源网站查阅相关侵权案例。
（5）在系统掌握侵权责任法的理论和规范的基础上，能够熟练运用所学的知识与案例分析方法，独立分析具体侵权案例。</td></tr>
</table>

续表

课程思政育人目标	（1）社会主义核心价值观的培育：通过侵权责任法课程第 3 章第 2 节具体人格权学习，引导学生认识到我国社会主义核心价值观在《民法典》中对公民人格权益保护中的体现，继而理解侵权责任法保护范围与社会主义核心价值观之间的关系。同时强化学生社会主义核心价值观在日常生活中的融入，提高学生的公民责任感和法治意识。 （2）以人为本的社会主义法治的本质的认知：通过学习民事权益相关制度，增强学生对社会主义法治本质的认识，使其充分明了社会主义法治是反映最广大人民的根本利益和共同意志，是党领导人民制定和实施法律，有效治理社会的方式、过程和状态。社会主义法治建设的根本目的，就是要实现好、维护好、发展好最广大人民的利益，培养学生坚持依法治国、依法执政、依法行政，共同推进法治中国建设的责任感与使命感。 （3）四个自信：我国人格权单独成编，其中蕴含丰富的中国智慧，我们应该牢固树立“制度自信”，并更加坚定“只有党才能领导人民创造丰功伟绩”的信念。 （4）权利受保护与权利受限制的平衡：通过生活中的人格权益的侵权案例教学，启发学生认识到权利和义务是统一的，任何权利都不是绝对的，需要在法律框架内行使。侵权责任法既是侵权责任的保护法，也是侵权责任形成的限制法。世界上没有无限制的权利，权利需要与相应限制及责任相结合。培养学生遵守法律和社会公德，在行使自身权利时主动尊重他人权利的意识。引导学生养成自觉维护法治秩序，认识到权利和义务统一才能促进公平正义，内化遵纪守法的良好习惯。

三、教学设计

案例名称	“大学男生强吻女生事件”“入住新房，发现有装修工人在内自杀事件”“王某为追星改名事件”“春熙路街拍事件”“优衣库偷拍事件”等日常生活案例		
授课章节	第 3 章第 2 节　具体人格权	学时	1
本节课教学目标	**（一）知识目标** 掌握人格权的概念、类型和基本内涵，明确身体权、姓名权、肖像权等在《民法典》中的相关规定；了解人格权侵权纠纷的基本类型、构成要件和法律责任，掌握相关司法解释的核心要义。 **（二）能力目标** 能够准确区分不同类型的人格权纠纷，并指出其具体构成要件；能够运用所学知识分析人格权侵权纠纷案例，指出案件焦点所在；熟练运用裁判文书网站查询相关典型案例，并归纳总结其处理要点；在案例分析中能够运用法律条文，提出问题的合理分析意见。 **（三）课程思政育人目标** 理解人格权的内涵，认识到人格权保护体现了社会主义核心价值观的要求；增强对社会主义法治本质的认识，坚定道路自信、理论自信、制度自信、文化自信；认识到权利和义务统一，遵守法律，注重责任，成为合格公民；增强运用法治手段维权的意识，树立社会主义法治观念。		

续表

<table>
<tr><td>本节课教学设计</td><td>

（一）课前

利用雨课堂发布预习课件和思政阅读资料，要求学生提前预习，阅读相关文献，为BOPPPS教学做好准备。

（1）制作课件，上传雨课堂，要求学生认真进行预习，将本节的核心概念、主要内容和典型案例进行勾画强调。

（2）上传思政相关阅读资料至雨课堂，组织学生阅读，引导学生思考人格权制度与社会主义核心价值观的关系。

（3）设计预习测试题，上传雨课堂供学生课前自测，检查学生的预习效果。

（二）课中

1. 导学

先以提问形式复习上节课的主要内容，然后引出本节的核心概念“民事权益”，组织学生讨论不同观点，引出学习动机。

复习：上节课学过侵权责任法调整的是侵权人与被侵权之间因民事权利（LI?）权益（YI?）遭受到侵犯而引起的法律关系。

引入：是民事权利？民事权力？还是民事权益？还是民事利益？引起学生的学习兴趣——三种说法的正确与否，以及真正的含义对比。

2. 前测

提出核心问题“民事权益是什么”，了解学生对该概念的预习情况和现有知识储备。

学生可能认为是自然人与生俱来的权利，也可能认为是法律赋予自然人处理自己事务的权利。通过适当的引导，保持学生的兴趣度，带着问题和思考进行学习。

参与式学习：组织TPS（思考－配对－分享）讨论，先让学生个体思考典型案例，然后两人一组进行配对讨论，最后选取部分组汇报讨论结果。在此过程中，采用启发式提问，引导学生深入思考，逐步构建身体权、健康权、肖像权等人格权的概念内涵。

引入“大学男生强吻女生事件”，“入住新房，发现有装修工人在内自杀事件”，“王某为追星改名事件”，“春熙路街拍事件”进行讨论。

TPS讨论分组：学生两人一组，向同伴说明自己对问题的想法。学生配对讨论时，教师进行巡视，聆听学生的说法并适当参与引导小组讨论。配对讨论结束后，教师随机抽取两组各一位同学向全班分享讨论结果。在学生讨论的基础上，不断设疑引问，对身体权、健康权、肖像权的内涵及侵权认定进行学习，并思考其背后的法理基础。

3. 后测

让学生举例说明对各种人格权的理解，检查教学效果，并进行总结补充。

让学生分别对三种具体人格权侵权事件进行举例并释明。再思考：现在与刚开始上学时相比，你对身体权、健康权、肖像权有没有新的认识？充分肯定学生在思考上的进步。

4. 总结

对本节的核心概念、主要内容进行系统性总结，并引导学生联系思政资料，认识人格权制度蕴含的中国智慧。

身体权包括身体完整性（打断肢体、剪头发）、身体完满性（强奸、威胁、强制接吻）、身体自由活动（非法拘禁可以同时侵害身体权和人身自由）。健康权包括身心健康。姓名权包括姓名决定权、姓名变更权、姓名使用权。任何人，未经肖像权人允许，擅自实

</td></tr>
</table>

续表

<table>
<tr><td>本节课教学设计</td><td>施制作、公开、使用、丑化、污损其肖像的行为，若无免责事由，即成立侵害肖像权。我国人格权单独成编，其中蕴含丰富的中国智慧，我们应该牢固树立“制度自信”，并更加坚定“只有党才能领导人民创造丰功伟绩”的信念。
（三）课后
布置案例分析作业，要求学生运用所学知识分析案例，并在雨课堂上交流讨论，帮助学生内化运用。
运用所学知识对“优衣库偷拍事件”进行法理分析，思考我国法律保护的民事权益背后的法理基础，并通过雨课堂平台进行留言交流。</td></tr>
<tr><td>课程思政元素</td><td>“四结合”教学方法与雨课堂教学工具：
（1）案例教育与理论教学相结合，思政要素一脉贯穿。选取具有浓厚思政要素的典型案例，通过案例暴露其中的价值问题和技术难点，并在案例的分析解决过程中，使得学生真正掌握通过规则使用将思政价值贯彻于社会生活的本领。
（2）教师讲授与学生参与相结合，学生思政学习主动性显现。通过 BOPPPS 教学模式在雨课堂软件中的深入融合体现，采取小组讨论（TPS 方法），启发式问答、学生思辨等多种方式，使学生能够主动思考和充分展示其对思政价值的理解，通过主动表达加深掌握程度。
（3）课堂内教学与课堂外教学相结合，开拓课堂外思政新领域。课堂外教学包括阅读具有思政元素的经典文献、撰写具有思政元素的学术论文等。在课堂上对课堂外教学效果进行展示和评价，形成课堂内外积极互动的教学格局。
（4）线上教学与线下教学相结合。充分利用雨课堂、微信群等线上手段，对学生学习过程和效果跟踪把控，在线上课外领域旗帜鲜明地对学生思想进行引导并批判错误观点，实现教书育人的效果最大化。</td></tr>
</table>

四、课程思政融入效果

（1）思政教学要融入专业课程的知识教学和案例教学，避免空洞化。在课程设计上，要实现知识学习、案例分析和思政内化的同步推进，将思政元素融入课前、课中、课后各个环节。《民法典》侵权责任编的根基在于解决实际侵权问题及处理案例。法学的生命在于实践，有效的法学课程思政教育亦然。法学课程思政的教学有效性的提高，必须首先解决法学课程中，思想政治教育与知识教学和实践教学的同步化的关系。实现上述目标，须在法学课程设计时，将知识教学与实践教学同步进行，且思想政治教育融入课前、课中、课后各环节。这不能单独依赖某一环节或模式的改革与创新，而需要在教学理念、教学模式、教学工具上进行统一的设计与应用。

（2）课程教学要围绕学生的专业学习与实践需求展开。学生对于专业学习需求表现为强烈的实践需求，教师可采取同步教学模式，将案件阅卷、司法庭审、法律诊所、模拟法庭等多种实践模式纳入日常课程教学，以提高学生专业能力与社会责任感以及国情意识、问题意识等。

（3）合理运用数字化教学平台如雨课堂，提高教学互动性，将思政元素融入平台的课前预习、课中讨论、课后作业等环节，提高学生的接受度。最终实现专业教学、案例教学、思政教育的深度融合，使学生在学习专业知识的同时，进一步树立正确的世界观、人生观、价值观，成为德智体美劳全面发展的社会主义建设者和接班人。

五、教学反思

（1）本次课程思政教学改革在雨课堂平台上进行同步实践教学，取得了一定效果，显示出这种教学模式的可行性。

（2）需要在今后的教学实践中，继续优化教学设计，实现知识学习、思政内化和实践能力培养的高效统一。

（3）可以增加案例教学、参与式课堂等环节，将思政元素融入日常教学各环节，鼓励学生主动参与，提高教学互动性。

（4）要加强过程性监测和效果评估，及时了解学生的学习状况，针对存在的问题进行教学调整。

（5）通过持续的教学实践与反思性改进，进一步提高法学课程思政教育的实效，实现培养德法兼修的社会主义法治人才的教学目标。

（6）教师也要不断提高法学专业教学与思政教育的融合能力，以身作则，以深厚的专业修养和高尚的道德品质助力学生成长。

生物技术制药课程思政教学案例

药学与生物工程学院　付钰洁

一、课程基本信息

<table>
<tr><td>课程名称</td><td colspan="3">生物技术制药</td></tr>
<tr><td>课程性质</td><td>专业核心课程</td><td>学科门类</td><td>生物制药</td></tr>
<tr><td>学分</td><td>2</td><td>授课对象</td><td>大二生物制药专业和制药工程专业本科生</td></tr>
<tr><td>学时</td><td>32（理论 20，实验 12）</td><td>授课方式</td><td>线下</td></tr>
<tr><td colspan="4">课程简介</td></tr>
<tr><td colspan="4">生物技术制药课程以医药生物技术为基础，系统介绍新型药物研制和开发，反映生物技术制药领域的新进展；内容包括基因工程制药、动物细胞工程制药、抗体制药、植物细胞工程制药、酶工程制药和发酵工程制药等；使学生能够系统掌握生物技术药物研发和规模化生产过程，培养和提高学生从事生物技术药物研发和生产的能力。</td></tr>
</table>

二、教学目标

知识目标	掌握发酵工程的定义、研究内容及在生物制药中的应用，掌握发酵工程的基本流程，菌种发酵的基本流程。
能力目标	培养掌握生物技术制药的规律、方法、制造工艺及控制原理的专业型技术人才，熟悉生物医药产品的营销型人才，从事生物医药产品开发研究的科研型人才。
课程思政育人目标	培养学生爱国情怀和科研强国的志向，了解重庆的非遗、生产抗生素的知名药企及驰名的发酵产品品牌，增强爱我家乡、建设家乡、以家乡为荣的情怀。

三、教学设计

<table>
<tr><td>案例名称</td><td colspan="3">中华泱泱发酵史，绽放自主制药花</td></tr>
<tr><td>授课章节</td><td>第八章　发酵工程制药
第一节　概述</td><td>学时</td><td>1</td></tr>
</table>

续表

<table>
<tr><td>本节课
教学目标</td><td>

（一）专业目标

系统掌握现代生物技术制药研发的基本知识，掌握常规生物制药的基本技术路线和工艺过程，了解现代生物技术制药的新技术和最新发展趋势，了解生物药物的研究、开发、临床使用，以及主要生物技术药物（生化药物、生物制品、抗生素药物、重组细胞因子等）的质量控制及药物性质等。

（二）能力目标

培养学生能够利用生物药物生产工艺、质量控制、技术改造和生产管理的基本原理解决实践和工业遇到的问题，培养其自主获取专业知识的能力，加强自身能力、素质的培养，为今后从事医药的研发工作打下坚实基础。

（三）课程思政育人目标

提高学生的学习能力和创新精神，全面激发学生的兴趣和爱好，培养学生投身大健康医药事业的信念。

</td></tr>
<tr><td>本节课
教学设计</td><td>

（1）在讲述发酵的定义前，提问日常生活中有什么产品是发酵得到的，有什么共同特点没有。

在学生自由回答以后，给出山城啤酒、江津老白干、华生园面包、天友酸奶、黄花园酱油和食醋、天友迪瑞司奶酪芝士、乌江榨菜、忠州豆腐乳、涪陵油醪糟、上市的太极集团生产的抗生素等带有重庆地标的发酵产品图片，引导学生说出要得到这些发酵产品参与发酵反应的微生物，比如啤酒酵母、乳酸菌、酵母菌、醋酸菌等。

（2）在讲述传统发酵时让学生观看视频《非遗中国 · 重庆瑰宝》第 6 集忠县忠州豆腐乳制作工艺，除了让学生了解豆腐乳的发酵工艺，也增强学生的家国情怀。

《非遗中国·重庆瑰宝》第6集：忠县忠州豆腐乳

2140播放 · 总弹幕数20　2017-06-04 16:45:09

</td></tr>
</table>

续表

<table>
<tr><td>本节课
教学设计</td><td>（3）在讲述现代工业发酵时，让学生观看视频《中国第一支青霉素诞生记》，让学生了解历史。1942 年汤飞凡从皮鞋霉菌中分离出青霉素菌株，自制化学干燥机，从自己养的猪里提取胃酶，靠着简陋的设备和顽强的科学钻研精神，自制出中国第一支青霉素。用老一辈科学家的责任担当，把不可能变成了可能，潜移默化地培养学生严谨刻苦的素养和精神。
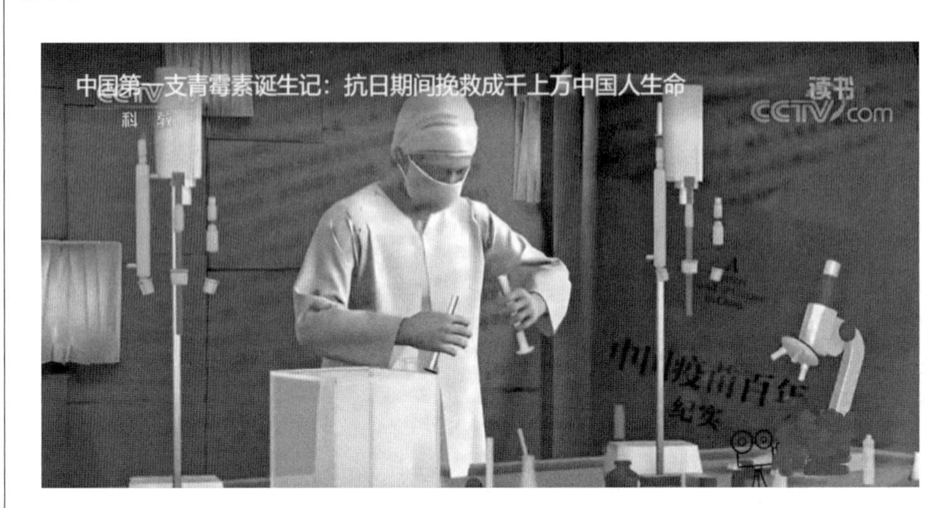

通过两个视频的观看，让学生思考，提炼获得发酵产品（青霉素、豆腐乳）的条件有哪些，适宜的微生物（青霉素菌种、毛霉菌种）有哪些，保证或控制微生物进行代谢的条件（有氧通气，24℃恒温，胃酶；19 ~ 25℃恒温培养，5 ~ 7 天前期发酵，密封 10 ~ 12 个月后发酵）有哪些，进行微生物发酵的设备（液体深层发酵罐、酶箱、密封罐）有哪些。</td></tr>
<tr><td>课程思政
元素</td><td>家国情怀、工匠精神、追求真理的科学观、科学思维。</td></tr>
</table>

四、课程思政融入效果

（1）结合重庆本土特色的发酵产品，引领学生了解发酵的要素，激发学生对重庆区域经济发展的兴趣和热情，提升家国情怀。

（2）以新中国第一支青霉素诞生的实例，让学生真实感受新中国科学家的情怀以及探索精神，培养工匠精神和追求真理的科学观。

（3）用发酵生产实例来促进学生思考，主动学习，总结发酵制药生产需要哪些要素，培养学生的钻研精神，有效将理论联系实际，发展科学思维，增加趣味性。

五、教学反思

（1）在课堂上，多联系实际提出问题，引导学生思考生活现象，引出知识点。用 PPT

展示重庆地域特色的多种发酵产品图片，不仅形象生动、激发学生兴趣，而且使重庆作为老工业基地产品丰富这一点有了实证，启发提问学生这些发酵产品使用了哪些微生物的同时，也让学生熟悉重庆地区带有中国驰名商标的发酵产品及相关特色企业，增强学生对重庆这座老工业城市的了解。

（2）结合生产实例，熟悉发酵工艺，让学生自发总结发酵产品的生产条件。让学生通过看视频自己总结，比单纯灌输知识更有体验感和成就感，因为书上没有现成的知识点，这让学生觉得有挑战、有难度，就像打游戏通关一样可以吸引学生自发地去学习去总结，这样得到的知识，印象更为深刻，更具有迁移性和拓展性。

（3）忠州豆腐乳是重庆地标性的国家级非物质文化遗产，在讲述传统发酵时作为案例，可以让重庆籍的学生了解重庆，以身为重庆人而自豪，同时也可以弘扬重庆有特色的本土文化历史，让外地学生也增进对重庆的了解和认同，激励更多的学生热爱重庆、扎根重庆、建设重庆。

（4）在讲述工业化发酵产品时，必然会提及青霉素，以新中国第一支青霉素的故事来让更多的人了解汤飞凡这位杰出的中国第一代病毒学家。他先是就读于湘雅医学院，后来毕业于美国哈佛大学医学院细菌系，曾任中央防疫处处长。抗战期间一根金条买一盒盘尼西尼，西方国家发表的论文不涉及核心技术，厂房简陋，设备简陋，汤飞凡和他的团队顶着重重困难，没有条件创造条件，终于开发研制出中国自己的第一支青霉素，并投入生产，青霉素在抗战期间挽救了成千上万中国人的性命。这样的人物应该被口口相传，这是新中国老一辈科学家留给我们的巨大精神财富，我们需要在学生心里播下爱国强国的种子，让学生今后出国深造以后仍然怀有一颗愿意回来报效祖国的热忱的心。榜样的力量是无穷的，在艰苦时期汤飞凡都能克服重重困难，研制出中国自己的青霉素，在物质条件丰裕的今天，我们更应该攻克科研难关，力求为祖国、为人民、为社会尽自己的绵薄之力，力求将更多的科研成果转化为对人们有益的、对人类健康有益的实用产品，包括医药类、食品类等。

综合商务英语（4）课程思政教学案例

外国语学院　王　宇

一、课程基本信息

课程名称	综合商务英语（4）		
课程性质	专业基础课	学科门类	商务英语专业
学分	2	授课对象	大二学生
学时	32	授课方式	线上线下混合
课程简介			
该课程旨在围绕商务相关的一系列重要话题，通过“以项目为依托”的教学方法，结合第一、第二课堂，开展线上线下教学实践；以本土红色文化传播为切入点，通过讲述中国故事、对比中西方商务活动行为的异同，夯实语言基础的同时，深化对国产品牌发展、崛起的认识，弘扬中国文化，将课程思政与商务英语专业教育有机结合，实现商务英语课程语言教育与思想政治理论同向同行，形成协同效应，增强学生的民族自豪感和“四个自信”。全员、全过程、全方位培养“三观”正确，具有高尚品德、人文与科学素养、国际视野、社会责任感、敬业与合作精神、创新创业精神、身心健康的复合型、应用型人才。			

二、教学目标

知识目标	本课程为商务英语专业大二学生的专业基础课。学生通过对“交流沟通”（Communication）这一单元话题的学习，做到： （1）积累本话题相关的英文表达，包括常用习语谚语。 （2）学习跨文化沟通中由于文化差异所引起的沟通失败乃至文化冲突的相关案例，掌握跨文化沟通中的沟通技巧与策略，重点夯实说与读的语言基本功，拓展相关商务知识与技能。
能力目标	（1）围绕“交流沟通”（Communication）这一单元话题，重点锻炼语言的输入（阅读）与输出能力（语言表达），拓展相关商务知识与技能。 （2）通过对比中西方文化差异与沟通方式，培养思辨能力；通过讲述重庆本土最具特色的“红色文化”，培养创新能力和跨文化交际能力。

续表

课程思政育人目标	（1）将课程思政与商务英语专业知识、素质培养要求相结合，坚持知识传授和价值引领相统一，在课堂教学中体现“课程思政”模块，全过程培养德才兼备、全面发展的商务英语人才。 （2）提升重庆国际化都市的形象，同时使学生切身感受革命者当年所经历的艰难险阻，珍惜如今来之不易的和平生与幸福。 （3）挖掘地方红色文化资源和特色产业，引导学生了解世情国情党情民情，全方位培养社会主义合格建设者和接班人。

三、教学设计

案例名称	“三全育人”视阈下课程思政理念在教学实践中的应用研究——以综合商务英语课程为例		
授课章节	交流沟通（Communication）	学时	4
本节课教学目标	（1）通过举例、案例分析等多种方式，阐述跨文化沟通中文化差异所导致的沟通失败。（语言与内容的双输入） （2）分析文化差异如何导致沟通的失败。（语言与表达的双输出，训练英语语言能力，积累商务相关知识，体现专业目标与能力目标） （3）思考如何正确看待文化差异，指出跨文化交流中正确的沟通方式、技巧与策略。（体现能力目标中思辨能力） （4）挖掘重庆地方红色资源——“红岩联线”与名人故居，帮助学生了解本土历史与文化，提升重庆的国际化都市形象，培养学生用英语讲好中国故事的能力，进而培养他们的文化自信，实现课程思政育人功能。（体现课程思政育人目标） 综上，将课程思政与商务英语专业教育有机结合，实现商务英语课程语言教育与思想政治理论同向同行，形成协同效应，增强学生的民族自豪感和四个自信。全员、全过程、全方位培养三观正确，具有高尚品德、人文与科学素养、国际视野、社会责任感、敬业与合作精神、创新创业精神，身心健康的复合型、应用型人才。		
本节课教学设计	**（一）文献研究法** 学生以小组为单位，搜集国内外学术期刊、政府部门与高校课程思政以及商务英语专业课程思政相关的政策文件、研究报告、学术论著、行业发布、外贸信息等，并尝试研究及分析，对结果进行整理，在课堂汇报。 **（二）实地调研法** 引导学生走出学校课堂，对重庆最具特色的“红岩联线”以及抗日战争、解放战争时期遗留下来的名人故居中的中英双语翻译情况进行调查研究，从中发现问题、解决问题。这不仅加强学生的语言基本功，有助于提升重庆国际化都市的形象，同时使学生切身感受革命者当年所经历的艰难险阻，珍惜如今来之不易的和平与幸福生活。走出课堂，在“行走”中了解本土历史和文化，使思政课程建设更加贴近生活、贴近学生、贴近实际。		

续表

本节课教学设计

（三）融入课程思政教学方法或形式

"三全育人"视阈下商务英语专业课程思政路径研究

1. 课程思政与专业特色相融合；
2. 知识传授与价值引领相统一

以学生为中心、项目为依托，全过程培养德才兼备的商务英语专业人才

"行走课堂""知行合一""商务主题模块+红色文旅+地方经济"，全方位培养商务英语专业人才

团队合作、师生合力，全员共同参与并完成商务英语专业课程思政建设业课程思政建设

通过以项目为依托的教学方法，开展线上线下教学实践，以本土红色文化传播为切入点，通过讲述中国故事、对比中西方商务活动行为的异同，深化对国产品牌发展、崛起的认识，弘扬中国文化，将课程思政与商务英语专业教育有机结合，增强学生的民族自豪感和"四个自信"。全员、全过程、全方位培养具有爱国主义精神和国际化视野、德才兼备的复合型、应用型商务英语专业人才。

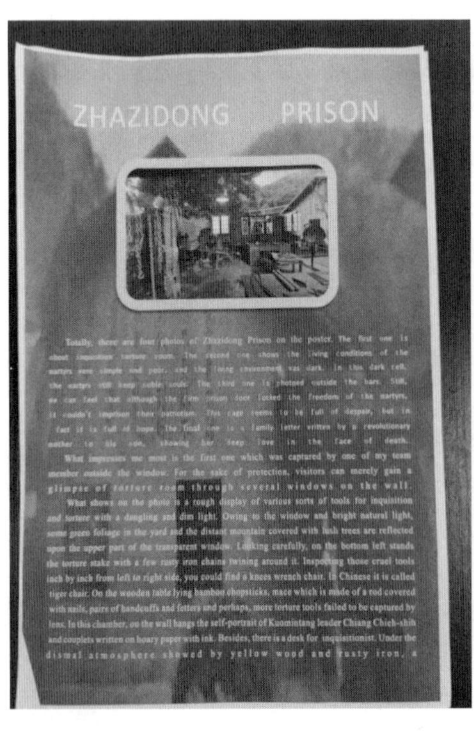

续表

<table>
<tr>
<td>本节课教学设计</td>
<td>

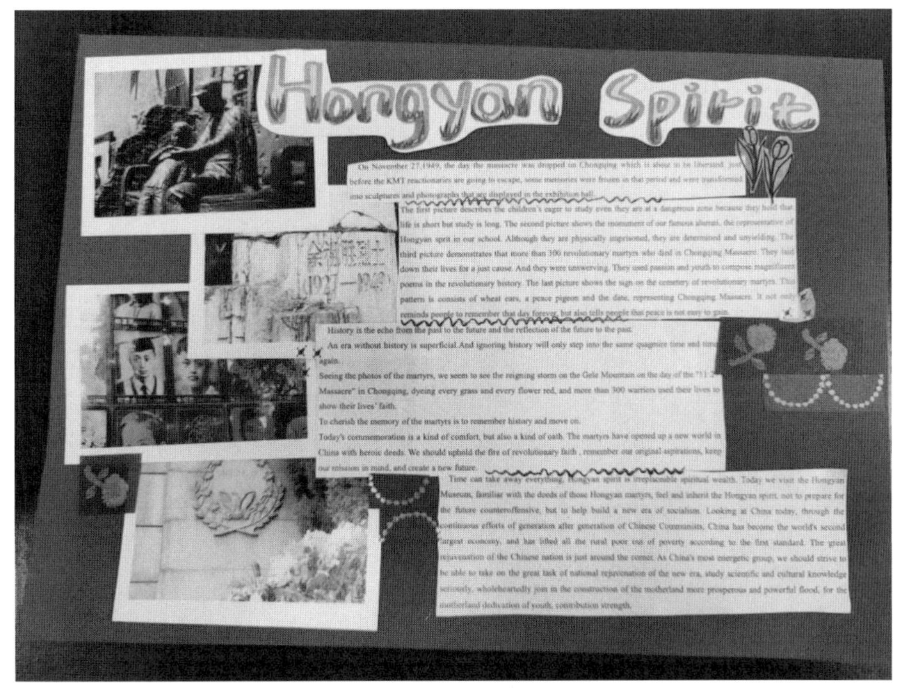

</td>
</tr>
<tr>
<td>课程思政元素</td>
<td>引导学生对中国特色、中国文化、中国案例的关注，实现商务英语课程语言教育与思想政治理论同向同行，形成协同效应，培养“三观”正确，具有高尚品德、人文与科学素养、国际视野、社会责任感、敬业与合作精神、创新创业精神、身心健康的复合型、应用型人才。</td>
</tr>
</table>

四、课程思政融入效果

（1）一方面结合商务英语教学的内容与特色，讲述当代中国故事与中国发展，增强学生的民族自豪感与自信心；另一方面通过重庆地理优势、本土丰富的红色文化资源、本土企业资源，充分挖掘课程中所蕴含的思政元素进行思想政治教育实践活动。

（2）引发学生对中国特色、中国文化、中国案例的关注，将社会主义核心价值观融入商务英语课程的语言教育之中，探索商务英语课程的新路径，引导学生树立正确的世界观、人生观和价值观，激发学生的历史责任感和使命感，具备国际视野，厚植家国情怀。

五、教学反思

（1）国家课程标准明确规定商务英语专业核心课程为 17 门，其主题基本覆盖交际交流、国际营销、技术创新、企业文化、市场竞争、危机管理、电子商务和全球化等话题。如何使商务英语专业课程思政的目标落地生根，在教学改革与探索过程中至关重要。重庆是一座英雄的城市，拥有丰富的红色旅游资源，因此如何利用当地红色文化资源，与专业教学模块相辅相成，使之成为商务英语思想政治教育的教学资源，是思考的重点。

（2）虽然全国课程思政研究与改革发展迅速，但是商务英语专业课程思政研究相对滞后，既缺乏理论依据的讨论，又无实证研究支撑，因此本课程试图挖掘高校商务英语专业课程内容与思政内容之间的联系，探究商务英语专业课程思政的有效途径，这是全国高校思政课程建设的新发展。

（3）综合商务英语是专业基础类核心课程，旨在夯实学生语言基础，加强对商务知识与技能的理解，培养商务沟通能力。通过第一、第二课堂的讲授与实践，不断提高学生英语的综合应用水平，培养学生用英语讲好中国故事的能力。核心是研究如何为商务英语专业课程树魂：坚持“育人为本、德育为先”的育人理念，构建“以学生为中心”的商务英语课堂；通过本土丰富的红色文化资源、本土企业资源，充分挖掘课程中所蕴含的思政元素进行思想政治教育实践活动，引导学生对中国特色、中国文化、中国案例的关注，实现商务英语课程语言教育与思想政治理论同向同行，形成协同效应，培养“三观”正确，具有高尚品德、人文与科学素养、国际视野、社会责任感、敬业与合作精神、创新创业精神、身心健康的复合型、应用型人才。

（4）课程思政建设是潜移默化的思想政治教育，应该隐性地将课程思政元素融合于商务英语专业教学中。因此，我们需要优化教学方法，精心设计课堂教学活动，将抽象的课程思政内容具体化，落实到教学实践活动环节中。

中国古代文学（2）课程思政教学案例

外国语学院　张　会

一、课程基本信息

课程名称	中国古代文学（2）		
课程性质	专业基础课	学科门类	文学
学分	3	授课对象	大二本科生
学时	48	授课方式	线上线下混合
课程简介			
该课程是汉语国际教育专业的专业基础课。为充分发挥教学内容的隐性思政教育功能，按照整体规划、有机融入的原则，从学理上揭示了伟大作家和经典作品内含的高尚情操和现实关怀，坚持价值引领、知识传授和能力培养有机统一，挖掘“家国情怀”“文化自信”“责任担当”“和谐发展”“坚定意志”“工匠精神”“创新思维”“挫折教育”“真挚情感”“地域文化”等十个课程思政主题，厚植家国情怀、弘扬民族精神、坚定文化自信，培养德才兼备的新一代大学生。			

二、教学目标

知识目标	（1）了解杜甫所处时代和人生经历及其和创作的关系。 （2）理解杜甫诗歌的“诗史”特质与形成原因。 （3）领会杜诗沉郁顿挫的写作风格。
能力目标	（1）通过赏析经典作品《兵车行》《秋兴八首》《自京赴奉先县咏怀五百字》等，提高鉴赏、分析和表达能力。 （2）能够活学活用，古为今用。
课程思政育人目标	（1）体会杜甫在贫病交加漂泊无依的时候仍抱有的忧国忧民的情怀，树立学生的社会责任意识。 （2）理解杜甫在儒家思想影响下“诗史”的创作历程和家国之情，厚植学生的家国情怀。 （3）赏析杜甫在重庆期间的名作，如《登高》《秋兴八首》等，使学生感受家乡优秀人文精神和自然风光，讲好家乡故事，诠释家国情怀。

三、教学设计

案例名称	厚植家国情怀　树立责任意识——杜甫诗歌的内容与风格		
授课章节	第五章　杜甫	学时	4
本节课教学目标	（1）理解诗人的经历同创作的关系。 （2）理解杜甫诗歌的“诗史”特质与形成原因，树立责任意识。 （3）通过文本细读，领会杜诗沉郁顿挫的艺术风格。感受家乡优秀人文精神和壮美的自然风光，诠释家国情怀。		

本节课教学设计

总体设计：以 OBE 理念为指导，进行线上线下混合式教学，共 4 学时（线上 2 学时、线下 2 学时）。		
线上教学		
教学内容	教学过程与思政育人点切入	教学方法
1. 学习教学视频 （1）国家不幸诗家幸——社会动乱与诗人杜甫。 （2）“语不惊人死不休”——杜诗的“诗史”特质与儒家“淑世情怀”。  金秋乙 12011020114 邱风 12011020116 陈寒 12011020112	杜甫所处时代、人生经历和“诗史”特质的表现属于基本知识点，线上教学训练学生的自主学习能力。 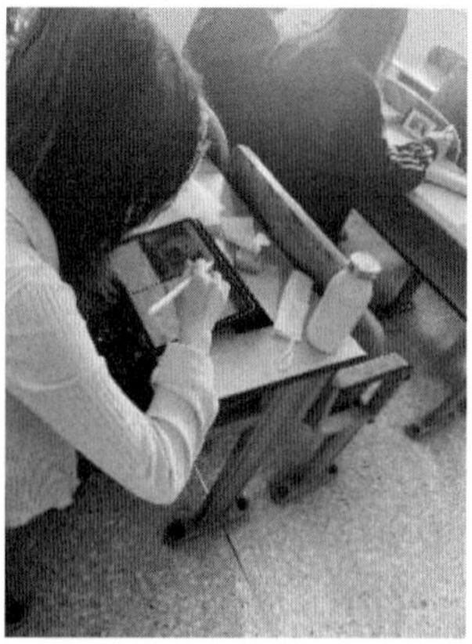	学生自主学习。整理学习笔记，拍照上传雨课堂。

续表

<table>
<tr><td rowspan="9">本节课教学设计</td><td colspan="3">续表</td></tr>
<tr><td colspan="3">线上教学</td></tr>
<tr><td>教学内容</td><td>教学过程与思政育人点切入</td><td>教学方法</td></tr>
<tr><td rowspan="2">2. 小组讨论与师生讨论
讨论话题 1：结合具体作品，谈谈社会变动与个人经历对杜甫诗歌创作的影响，结合当下，有哪些体会？
罗昊彦
12011020121
杜甫所接受的主要是儒家仁政民本的思想，青年时代的杜甫励志要"致君尧舜上，再使风俗淳"除了自己读书历练，还有跟李白的交往，对杜甫的一生都有巨大的影响。良好的家世、远大的理想、读书的经历、朋友的交游、高远的期待都是青年时期的杜甫的特征。但安史之乱的爆发，让杜甫由"会当凌绝顶，一览众山小"的理想变成了"朱门酒肉臭，路有冻死骨"的社会警示。这个时期的杜甫由良好的家世沦落为平民，生活穷苦，也影响了杜甫诗歌风格的转变，开始关注穷苦民众。遭遇不幸的同事也为杜甫诗歌带来了许多名篇。现实生活中，我们也应当怀有仁爱之心和强烈的责任意识，要讲杜诗所展现的积极入世思想内涵外化为我们奋斗的不竭动力，深刻认识到自身肩负的时代使命，对国家对社会怀有强烈的责任感，以积极的态度融入社会建设当中
讨论话题 2：结合作品谈谈杜甫“诗史”特质表现，结合当下，怎样理解家国情怀？
家国情怀：
忠孝一体、家国同构是古人家国情怀的核心要义。家国情怀是中华传统文化的优良质素和闪亮因子，是华夏儿女最真挚的情感归宿和最浓烈的精神底色。在国人的传统观念里，国与家紧密相连、休戚与共，家是缩小的国，国是放大的家，个人命运与民族存亡息息相关。无论是《礼记》里修身齐家治国平天下的价值追求，还是《岳阳楼记》中先忧后乐的责任担当，抑或是《病起书怀》中"位卑未敢忘忧国"的使命驱动，家国情怀往往与摄人心魄的文学书写紧密相连，与情真意切的诗意表达密不可分。如今，"家国情怀"是一个人对自己国家和人民所表现出来的深情大爱，是对国家富强、人民幸福所展现出来的理想追求。它是对自己国家一种高度认同感和归属感、责任感和使命感的体现，是一种深层次的文化心理密码。</td><td>讨论话题的设置旨在让学生深入理解时代变迁和人生经历与创作的关系。同时，挖掘古代文学作品所承载的优秀文化精神对现代生活的意义。</td><td rowspan="2">（1）问题驱动法：以问题驱动思维，促进深度学习，培养学生良好的思维习惯，提升其思维能力。
（2）讨论法：从被动听课转变为主讲，体现以学生为中心，解决了传统教学的难题。</td></tr>
<tr><td>话题讨论 1 切入思政育人点：旨在让学生从家庭、交友、漫游、理想等几个方面理解杜甫所具有的儒家思想；儒家思想影响下的家国情怀。
话题讨论 2 切入思政育人点：旨在启发学生深入思考杜诗“诗史”的成因；结合当下，认识到大学生应树立社会责任意识。</td></tr>
<tr><td>3. 课程总结并布置作业
对学生讨论进行总结，并希望学生理解杜甫在贫病交加漂泊无依的时候仍抱有的家国情怀，并以强烈的社会责任感进行“诗史”的创作。
作业：精读《登高》《秋兴八首》，分析其写作风格。</td><td>课程总结呼应开头，进一步强化思政育人点：当代大学生应树立责任意识，厚植家国情怀。</td><td>讲授法</td></tr>
<tr><td colspan="3">线下课堂教学</td></tr>
<tr><td>教学内容</td><td>教学过程与思政育人点切入</td><td>教学方法</td></tr>
<tr><td>1. 导入：线上知识点总结回顾</td><td>思政育人点切入：根据杜甫的成就，大学生应重视积累和开阔视野，重视读万卷书行万里路。</td><td>讲授法</td></tr>
</table>

续表

<table>
<tr><td rowspan="8">本节课教学设计</td><td colspan="3">续表</td></tr>
<tr><td colspan="3">线下课堂教学</td></tr>
<tr><td>教学内容</td><td>教学过程与思政育人点切入</td><td>教学方法</td></tr>
<tr><td rowspan="2">2. 学生展示
展示一：《秋兴八首》与“诗史”特质。
展示二：杜甫在重庆的创作与杜诗的艺术风格。
</td><td>学生展示的设置旨在促进其深入分析，理解杜甫在抒发闲情逸趣的题材中，也常融入身世飘零、忧国忧民之情，体现出鲜明的时代风貌和个性特征。</td><td rowspan="2">学生 PPT 展示：训练表达能力、写作能力 PPT 制作能力</td></tr>
<tr><td>展示一切入思政育人点：旨在使学生理解杜甫以博大的胸襟和坚定的信念支撑起的家国情怀。
展示二切入思政育人点：旨在让学生感受重庆的壮美风光和人文情怀，从而讲好家乡故事，诠释家国情怀。</td></tr>
<tr><td rowspan="3">3. 点评学生展示并总结杜诗艺术风格
（1）点评学生展示过程中出现的问题和忽视的部分。
（2）细读《登高》《秋兴八首》等，并引导学生思考总结出杜诗沉郁顿挫的风格。
（3）梳理出杜甫在重庆的创作并引发学生思考。
</td><td>此部分旨在促使学生在细读文本的基础上，自己总结出诗人的写作风格，并引出地域文化。</td><td rowspan="3">（1）讲授法。
（2）文本细读法：训练鉴赏能力、分析能力。</td></tr>
<tr><td>杜诗艺术风格切入思政育人点：优秀作品的创作，需要生活体验的丰富真切、感情的饱满有力。</td></tr>
<tr><td>杜甫在重庆创作切入思政育人点：赏析的作品都是诗人在重庆期间的创作，引导学生感受诗人笔下的自然风光。</td></tr>
</table>

续表

<table>
<tr>
<td>本节课教学设计</td>
<td>
续表
<table>
<tr><th colspan="3">线下课堂教学</th></tr>
<tr><th>教学内容</th><th>教学过程与思政育人点切入</th><th>教学方法</th></tr>
<tr><td>4. 课程总结、布置作业
总结并强调应活学活用，古为今用。
作业：分析杜诗在重庆创作的诗歌是如何体现沉郁顿挫风格的。</td><td>进一步强化思政育人点：应重视中国古代文学所承载的优秀文化精神对现代生活的意义。</td><td>讲授法</td></tr>
</table>
<table>
<tr><th>序号</th><th>知识要点</th><th>教学目标</th><th>思政素材</th><th>育人价值</th></tr>
<tr><td>知识点 1</td><td>社会动乱与杜甫人生的四个阶段</td><td>理解诗人的经历同创作的关系。</td><td>杜甫在儒家思想影响下所具有的社会责任意识。</td><td>树立责任意识。</td></tr>
<tr><td>知识点 2</td><td>杜甫诗歌的“诗史”特质。</td><td>理解杜甫诗歌的“诗史”特质与形成原因。</td><td>修身、齐家、治国、平天下思想体系下的家国一体思想。</td><td>厚植家国情怀。</td></tr>
<tr><td>知识点 3</td><td>杜甫诗歌沉郁顿挫的风格与在重庆期间的创作。</td><td>通过文本细读，领会杜诗沉郁顿挫的艺术风格。</td><td>杜甫在重庆寓居近两年，忠县、云阳、奉节、巫山都有诗人留下的足迹，这期间写诗四百多首，如《科兴八首》《登高》等。</td><td>感受家乡优秀人文精神和壮美的自然风光，讲好家乡故事，诠释家国情怀。</td></tr>
</table>
</td>
</tr>
<tr>
<td>课程思政元素</td>
<td>“家国情怀”“文化自信”“责任担当”“和谐发展”“坚定意志”“工匠精神”“创新思维”“挫折教育”“真挚情感”“地域文化”等十个课程思政主题，厚植家国情怀、弘扬民族精神、坚定文化自信，培养德才兼备的新一代大学生。</td>
</tr>
</table>

四、课程思政融入效果

（1）中国古代文学承载着中华优秀传统文化，以贴近学生生活的方式传授知识，发挥了不说教、不枯燥，但有深度、有思想、有立场的优势，是实现课程思政的有效手段。

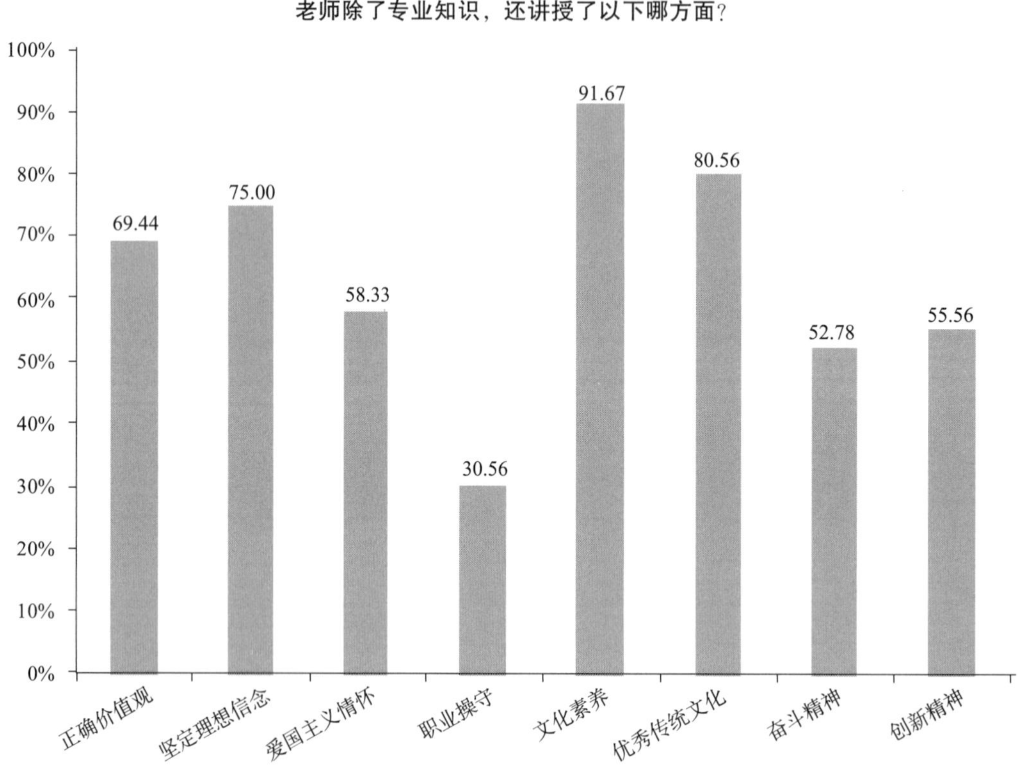

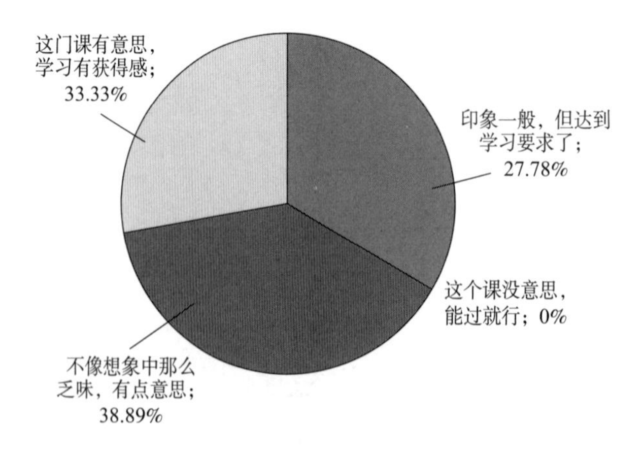

（2）以 OBE 理念为指导，明确课程思政教学目标，从知识与能力、情感与态度、价值与立场这三个维度组织课堂教学和自主学习，提高了育人效果。

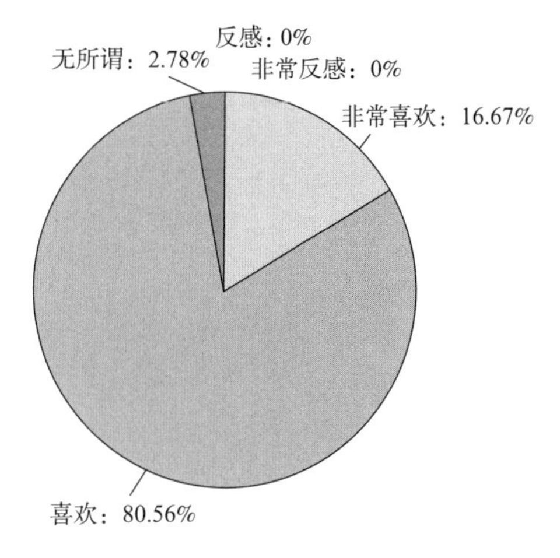

（3）SPOC 模式的线上线下混合式教学，可以利用网络资源，体现“以学生为中心”，课堂互动感强，学生参与度高，提高了学生的语言表达能力、团队协作能力、综合思维和写作能力。

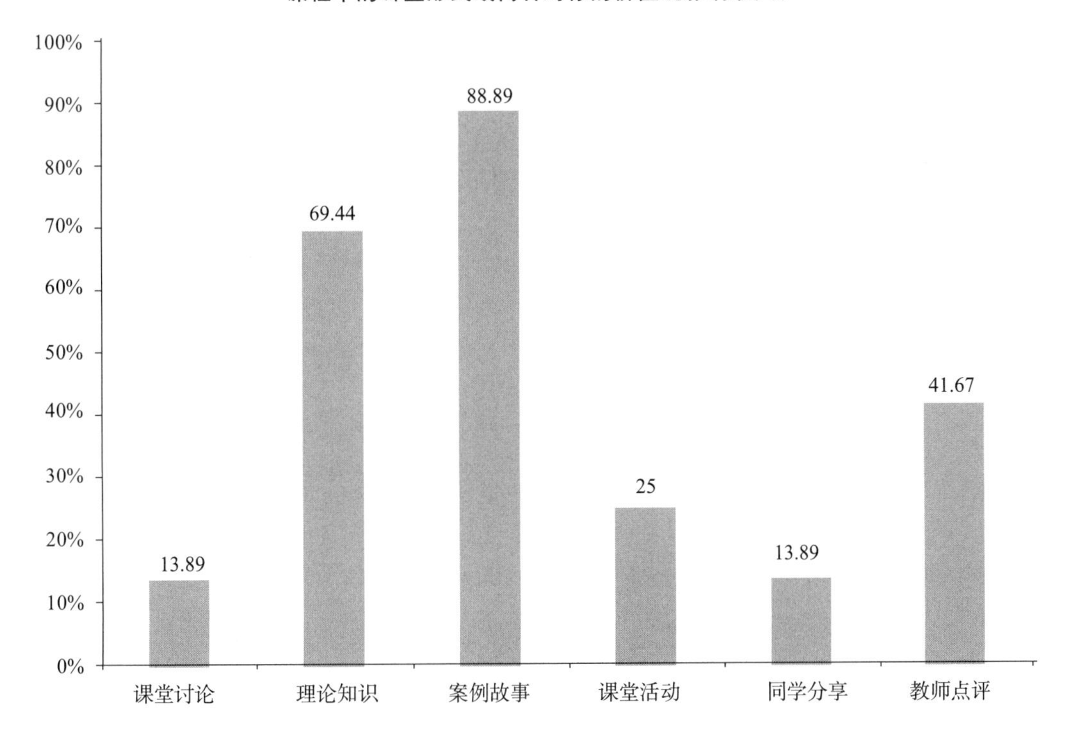

（4）做好课程设计，重视知识 - 技能的转化，设计互动和讨论环节，可以促进学生由被动学习转变为主动学习。

学生对课程的评价

答案文本	查看答卷
课程内容丰富	查看答卷
灵活，在教授理论知识和视频资料，加上自己的总结进行学习，可以学到更多知识；较强的思维，需要对学习的知识进行自己的梳理	查看答卷
热爱文学，传递积极的人生观	查看答卷
优点：1.形式多样，线上线下结合；2.教师讲授与学生讲授相结合；3.课堂互动较多，气氛活跃。缺点：过多的线上内容，课余时间部分作业量过多，学生讲授花费时间长	查看答卷
温柔引人入胜	查看答卷
文化内涵丰富，很有趣，能引经据典，分享的故事能让人穿梭千年回到过去，给人以深刻启示	查看答卷
强调线上自主学习，注重学生自己的思考和讨论	查看答卷
幽默	查看答卷
首先当然是将线上和线下的教学资源整合起来，形式多样、灵活，一定程度上有利于拓宽知识面。并且每节课几乎会布置讨论任务，在某一个学习阶段后也会布置单元测试，有利于学生巩固知识，讨论这件事旨在提高学生思考意识，对于一个问题形成一个自己的思考逻辑	查看答卷
不同于传统的教学模式，更灵活，也更有挑战性；学到了理论以外的知识	查看答卷

五、教学反思

（1）作为隐性教育，课程思政应与教学内容有机融合，在“润物细无声”中实现价值引领。因此，在思政内容和素材的选择上，应做到和知识点的精准对接。

（2）应保持课程思政的系统化、常态化，从整门课程的角度对课程思政内容进行构建。

（3）在过程化考核和期末测试中应体现关于课程思政的评价。

机械制造基础训练Ⅳ课程思政教学案例

工程训练与经管实验中心　王玥霁

一、课程基本信息

课程名称	机械制造基础训练Ⅳ		
课程性质	技术基础课	学科门类	工科
学分	4	授课对象	本科生
学时	64	授课方式	线上线下混合
课程简介			
“新工科”建设要求工科教育模式由“科学范式”向“工程范式”转变。其中，工程训练课程作为高校进行综合性的工程实践和现代制造工艺教学必不可少的技术基础课，承担着本科生工程素质、实践能力和创新能力培养的重要任务。快速成型教学在学校工程训练课程中处于承上启下的关键性位置，本课程教学主要围绕与快速成型相关的制造原理讲解、设计方法传授、部件制备组装和应用前景展开，同时融入思政教学内容，有效破解了思政教育与实践课程教育“两张皮”的问题。			

二、教学目标

知识目标	（1）先进制造技术。 （2）FDM 打印新技术。 （3）安全制度与操作流程。 （4）先进制造学科相关知识回顾。
能力目标	（1）3D 建模工具。 （2）UG 建模实操。 （3）FDM 打印实操。
课程思政育人目标	（1）创新精神。 （2）安全意识。 （3）成本意识。 （4）合作意识。 （5）敬业精神。

三、教学设计

<table>
<tr><td>案例名称</td><td colspan="3">鲁班锁系列徽章的制作</td></tr>
<tr><td>授课章节</td><td>快速成型</td><td>学时</td><td>17.5（理论 2，实践 15.5）</td></tr>
<tr><td>本节课
教学目标</td><td colspan="3">以培养高素质应用型人才为宗旨，以快速成型制备技术传授为主线，以树德、增智、育美为培养目标，通过线上线下的理论与实践教学有机结合，培养学生定义问题、分析问题、解决问题的能力，同时，把思政元素融于课程体系，实现学生综合工程素质及实践创新能力递增式的培养。</td></tr>
<tr><td>本节课
教学设计</td><td colspan="3">

（一）教学内容及进程安排

秉承“以学生为中心”理念，构建知识、能力、素养三位一体的课程体系，将思政教育、先进制造文化教育、工程素养教育自然融入教学全过程，基于 OBE 理念，基于高素质应用型人才培养规律和工程素养养成规律，深挖蕴含的思政元素，以及承载思政元素的知识点和教学环节，构建了实现学生综合工程素质及实践创新能力递增式培养的教学内容，实现“专业知识－思政教育－能力培养”融通渗透（如图 1 所示）。

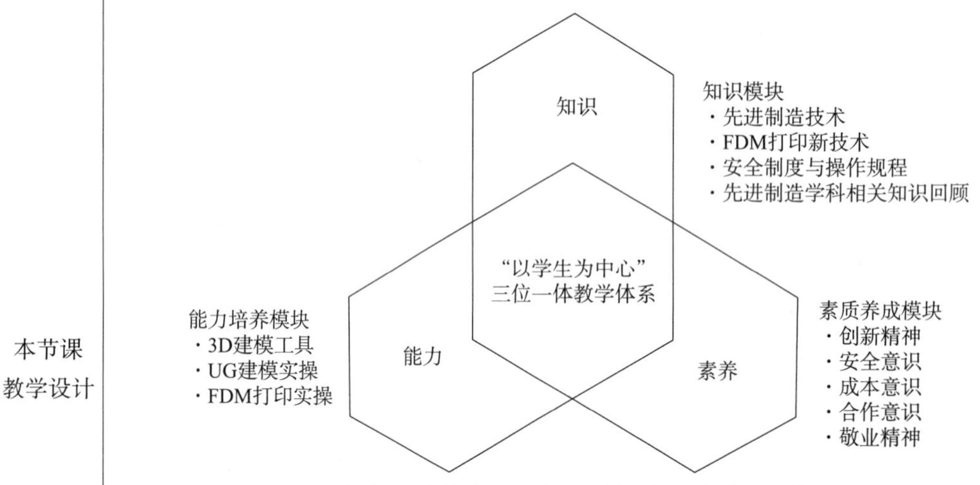

图 1 “以学生为中心”三位一体教学体系设计

课程教学针对快速成型制造基本知识、模型构建、3D 打印三部分内容，围绕责任使命、科创精神、工匠精神、社会责任感四个重点设计 9 个思政元素，配套 12 个经典案例和 20 余个视频和雨课堂学习资料，从而将知识传授、能力培养和价值塑造紧密融合，具体如表 1 所示。

表 1 课程教学内容、设计及对应的思政元素

序号	教学内容	教学时数/学时	思政元素	教学方法	
				线下	线上
1	先进制造技术发展	0.5	民族自豪感 文化自信	案例分析法	影视教学法
2	快速成型技术与 FDM 打印新技术	1.0	民族使命感 创新意识	案例分析法	影视教学法

</td></tr>
</table>

续表

本节课教学设计

续表

序号	教学内容	教学时数/学时	思政元素	教学方法	
				线下	线上
3	安全制度与操作规程	0.5	安全意识 劳动意识	案例分析法	—
4	先进制造学科相关知识回顾	0	文化自信	—	雨课堂自学
5	3D 建模工具	0.5	社会责任感 国际视野	案例分析法	—
6	UG 定模实操	6	系统思维 创新意识 美学思维 职业规范	直接引导法 案例分析法	影视教学法
7	FDM 打印实操	9	工匠精神 成本意识 劳动意识 合作精神	直接引导法 案例分析法 小组讨论法	影视教学法

（二）融入课程思政教学方法或形式

从 2014 年起，我们将德育纳入教育综合改革重要项目，逐步探索从思政课程到课程思政的转变。2020 年，教育部印发《高等学校课程思政建设指导纲要》，全面推进高校课程思政建设。机械制造基础训练之快速成型作为学校工程训练课程的重要模块，课程组利用影视教学法、案例分析法、直接引导法、小组讨论法等先进教学方法，采用 OBE 理念，通过专题嵌入、隐藏渗透、答辩评比等方式将课程思政融入教学过程中，让学生从传统教学的被动聆听者转变为课堂的主要参与者，充分发挥学生的主观能动性，鼓励学生积极思考，探寻解决问题的答案。

聚焦本课程的教学目标，基于 OBE 理念下的课程思政教学设计如下：

1. 课程章节一：先进制造技术发展

本章节教学主要采用影视教学法、案例分析法实现了思想政治教育与教学内容相结合，潜移默化地影响学生的世界观、人生观、价值观，增强学生的民族自豪感和文化自信。

本章节先采用线上课程，利用影视教学法，组织学生提前观看“神舟”系列宣传片与“奋斗者”号载人潜水器宣传片，以毛泽东诗词“可上九天揽月，可下五洋捉鳖，谈笑凯歌还”引入中国先进制造领域的发展壮举，让学生感受我国先进制造领域的发展与强大，增强学生的民族自豪感。组织学生线上学习《中国制造 2025》，对比欧美先进制造，思考中国先进制造在中国共产党的领导下为什么能，增强学生的文化自信。基于神舟飞船、载人潜水器等大国重器需求，利用线下案例分析法，引导学生了解各种典型复杂表面零件的加工、具有特殊要求零件的加工等，引入快速成型概念。

2. 课程章节二：快速成型技术与 FDM 打印新技术

本章节教学主要采用影视教学法、案例分析法实现了思想政治教育与教学内容相结合，

续表

本节课教学设计	通过线下线上课程引导学生了解快速成型技术的应用领域和发展趋势，同时融入思政元素，增强学生的民族使命感和创新意识。 本章节先采用线上课程，利用影视教学法，组织学生提前观看由北京航空航天大学王华明院士主讲的第九期《科创中国 · 院士开讲》：3D 打印，重大装备制造业的新机会。在线下课程中，利用案例教学法，介绍 3D 打印在中国空间站和神舟系列飞船的应用和未来发展，同时设置问题，一是引导学生思考快速成型技术在民用领域的应用与未来可能，二是布置课程课后作业，以小组讨论形式组织学生思考讨论 3D 打印在碳达峰与碳中和的中国之路上的作用，从而增强学生的民族使命感和创新意识。 3. 课程章节三：安全制度与操作规程 本章节教学主要采用案例分析法把安全意识和热爱劳动贯穿于教育教学和教学保障过程，实现了安全意识教育、劳动意识教育与教学内容相结合，增强学生的纪律观念、安全意识和劳动意识。 工程训练时间长且不连续，安全是一项重中之重的内容，因此在教学中注重体现企业文化的渗透，如安全文化、质量文化等，建立健全管理与安全规章制度，把安全意识贯穿于教育教学和教学保障过程之中。例如：纪律严明，严格执行考勤和请假旷课制度，培养学生诚实守时的品德；所有学生进车间必须穿戴好劳保用品，学生上岗前严格进行安全教育，引导学生学会自我保护、珍惜生命、爱护生命；规定学生实训结束后，必须打扫清洁机床、场地、整理工具等，培养学生热爱劳动和整洁有序的习惯。 4. 课程章节四：先进制造学科相关知识回顾 本章节教学主要采用雨课堂的线上课程，由学生自主学习先进制造学科相关知识，同时通过作业形式，让学生思考与快速成型制造相关的中国制造、由中国人提出的先进制造技术与原型，增强学生的文化自信。 5. 课程章节五：3D 建模工具 本章节教学主要采用案例分析法实现了思想政治教育与教学内容相结合，通过线下线上课程引导学生了解 3D 建模工具的应用领域和发展趋势。 通过案例教学法，引入世界各国在 3D 建模软件的发展，重点介绍美国的 UG（即 NX，西门子收购）、PRO/E（CREO）、AUTAOCAD、Fusion360，法国的 CATIA、SolidWorks，德国的 SolidDesigner（即 CreoDirect，PTC 收购），英国的 Vero、Delcam，意大利的 Think3（Thinkdesign），日本的 CADmeister，俄罗斯的 KOMPAS，以及中国的 CAXA 实体设计、ZW3D、华天 SINOVATION、华云 CrownCAD 等，介绍中国 3D 建模软件的优势与劣势。以“知识产权保护”为切入点，引导学生开展小组讨论，引导学生正确认识存在的差距，认识到自主知识产权的重要性和建立中国标准的紧迫性，培养学生的社会责任感，拓宽学生的国际视野，激励学生为国家从制造大国向制造强国的转型贡献个人力量。 6. 课程章节六：UG 建模实操 本章节教学主要采用影视教学法、案例分析法及直接引导法实现了思想政治教育与教学内容相结合，通过线下线上课程引导学生掌握 UG 建模实际操作，同时融入思政元素，培养学生的民族自豪感、系统思维、创新意识、美学思维及职业规范。 本章教学首先采用影视教学法，通过一步步实际操作的讲授让学生掌握 UG 建模的基本操作。其次，通过案例教学法，教授学生利用 UG 软件完成鲁班锁系列之拼图立方体（如图 2 所示），同时将鲁班锁的发展历史传授给学生，让学生了解中华文化的博大精深。

续表

本节课教学设计	通过现场指导学生动手拼装鲁班锁，来体悟鲁班锁精湛技艺中体现的工匠精神和系统思维。最后，为了加深学生对 UG 建模的理解和掌握，通过直接引导法，以小组为单位，在教师指导下自主完成中国共产党党徽样章的 UG 设计与装配（如图 3 所示）。主要分成三个部分完成：一是查阅中国共产党的历史资料，进一步了解中国共产党党徽；二是 UG 设计；三是答辩评比。通过小组讨论 + 党史教育，学生能够切实体会到中国共产党领导下的中国为什么能，能够切实感受到团结合作的重要性。同时引导学生从 UG 设计中发现“真”和“美”。“真”表现为尺寸、形状、位置和机械物理性能的真实存在，不是可以任意改变的，任何不真实都会反映在产品性能和功能的不满足上面。“美”主要表现为简洁美、精确美、真实美。一个零件结构精细、配合精密是美，安全可靠、易于操作更是美。在教学中要有意识引导学生发现“真”和“美”，践行“真”和“美”，从而追求“真”和“美”。 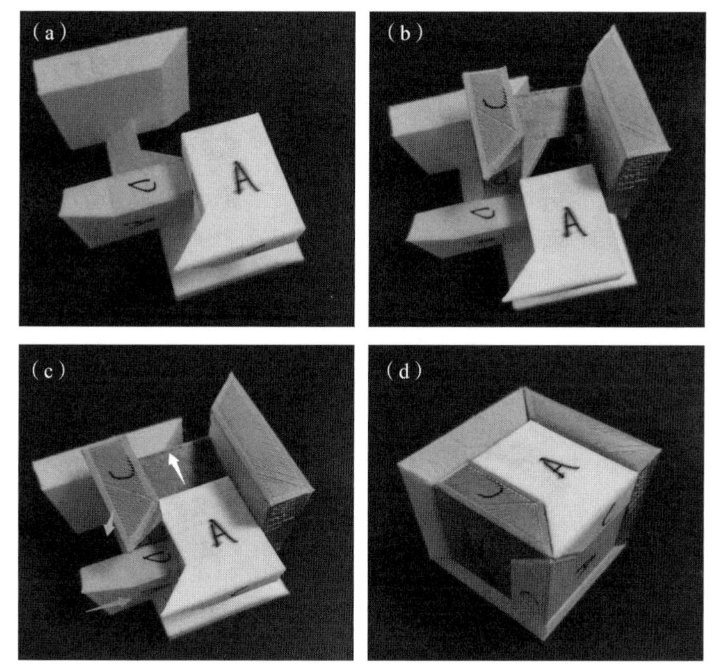 **图 2　FDM 打印鲁班锁拼图立方体的装配过程** （a）保持其中一个零件不动，将另一个零件倒置；（b）将最后一个零件置于前两个零件的上方，使得交于一点；（c）推动 3 个零件，向着单个零件的 E 面方向移动；（d）最终将得到如图所示的完整拼图立方体  **图 3　党徽样章的设计**

续表

本节课教学设计	7. 课程章节七：FDM 打印实操 本章节教学通过线上课程，首先利用影视教学法，引导学生了解 Makerbot 设备，知晓其基本操作，深刻理解掌握 FDM 打印操作工艺，如分层厚度、填充间隔、打印速度以及最佳成型方位等加工工艺参数的设置。其次，通过案例分析法，引导学生讨论设备操作规范的重要性，培养学生的安全意识和职业规范；通过直接引导法，设置 FDM 打印工艺参数，利用小组讨论加深学生对 FDM 打印工艺参数设计的理解掌握，加深学生的工业设计制造成本意识、劳动意识和工程师素养。再次，利用案例分析法，引导学生完成鲁班锁的 FDM 打印，并组装成型。最后，指导学生完成中国共产党党徽样章的打印与组装。利用小组讨论法，开展鲁班锁与党徽样章优秀作品展示与研讨。讨论时，采用案例分析法，引入胡双钱的故事，介绍他创造的打磨零件百分之百合格的惊人纪录。通过人物的行为来熏染学生的人格，弘扬劳模精神和工匠精神，营造劳动光荣和精益求精的训练氛围。同时，采用直接引导法，给学生讲述中国共产党党徽诞生历程和美学设计，增强学生的民族自豪感、民族使命感和凝聚力。通过学习讨论让学生能切实感受到工匠精神、合作精神、成本意识对完成好一个工程项目的重要性。
课程思政元素	（1）实现了以学生为中心，激发其主人翁意识和创造性思维。通过线下线上课程引导学生了解快速成型技术的应用领域和发展趋势，增强学生的民族使命感和创新意识。 （2）实现了思想政治教育与教学内容相结合，让学生了解由中国人提出的先进制造技术与原型，潜移默化地影响学生的世界观、人生观、价值观，增强学生的民族自豪感和文化自信。 （3）实现了安全意识教育、劳动意识教育与教学内容相结合，增强学生的纪律观念、安全意识和劳动意识。

四、课程思政融入效果

（1）课程影响范围广。充分挖掘授课内容中的思政元素，并将其有机融入课程内容中，每年为学校 3000 余名学生开展了快速成型教育教学培养。

（2）课程实施效果好。从学生课程评价结果来看，参与学生不仅不反感，反而能够欣然接受，学生通过本课程学习，了解了国家的先进制造，掌握了 FDM 打印技术，树立了正确的工程素养，培养了家国情怀。

（3）课程后期影响大。学生对课程的评价好，创新意识和集体荣誉感明显增强，还积极开展各班班徽等徽章元素的设计，积极参加 3D 打印相关的学科竞赛。近年来，学校机械类学生先后获得与 3D 打印相关的全国大学生工程训练综合能力竞赛特等奖等 80 多个奖项。

五、教学反思

通过思政教育与课程教学相融合，本课程教学取得了较好成效，但仍然存在小组讨论参与度不够、学生合作意识尚待提高等问题。下一步，一是要进一步完善思政元素与课程教学内容的融合方式方法，二是以学生为中心完善设置讨论主题，尤其是针对思政教育设置讨论主题，要能够切实调动学生兴趣、学习主动性和参与积极性，进而实现学生综合工程素质及实践创新能力递增式培养的目的。